Low Voice

The French Song Anthology Complete Package

with Pronunciation Guide and Accompaniments

Edited by Carol Kimball & Richard Walters

Joel K. Boyd, assistant editor

Translations and International Phonetic Alphabet by Martha Gerhart

Diction Lesson recordings by Pierre Vallet

Accompaniment recordings by Laura Ward

To access companion recorded diction lessons
and accompaniments online, visit:
www.halleonard.com/mylibrary

Enter Code
5342-2971-3472-6876

Cover painting: Monet, *The Tuileries*, 1876

ISBN 978-1-4803-2966-9

HAL•LEONARD®
CORPORATION
7777 W. BLUEMOUND RD. P.O. BOX 13819 MILWAUKEE, WI 53213

Visit Hal Leonard Online at
www.halleonard.com

Contents

Preface

"In the art of music, it is the interpreter's performance which we come to regard as the work itself."

—Pierre Bernac

Clarity, elegance, and subtlety are all defining qualities of French music, and nowhere are they more important than in French song. Classical French song, or mélodie, has been called a combination of lyricism and precision, based on the art of suggestion. Good examples are the songs of Gabriel Fauré, in which he creates the atmosphere of the poem by cocooning it in a musical setting of subtly drawn emotions and delicate descriptive moods, devoid of overt details. Does the graceful restraint inherent in the French style render mélodie bloodless and lacking in emotional power? Far from it. Distinguished French baritone Gérard Souzay describes the difference between French and German music this way: "I think that German music kisses you on the forehead and French music on the neck. French music is more sensual—much more sensual—and it is not physical sensuality, it is aesthetic sensuality…French music, like all French art, whether Impressionist or otherwise, wishes to please . . . "

Between 1870 and 1925, Paris emerged as the musical capital of Europe. A specifically French musical nationalism also developed during this period. As the arts developed and flourished, lines of demarcation between them blurred; poets, musicians, and visual artists interconnected in creative projects and social affairs (the notes in this anthology chronicle some of those relationships). During this period French song developed and defined itself. The years spanning the turn of the century (1885-1914) were called *La Belle Époque* (the beautiful age). It was a time of peace, prosperity and artistic ferment in Paris. The city had been redefined geographically by Baron Haussmann into a geometrical grid of avenues and boulevards. Paris was like a large stage, parading its social conventions, taste and fashions for the world to see. Art Nouveau decorated buildings and métro entrances. The music hall and café-concerts became wildly popular venues, spin-offs from the craze for light-opera that Jacques Offenbach had made popular. As the twentieth century appeared, non-Western music from the Great Expositions provided composers with new sources of melody and rhythm, and art and literature also adopted elements from the Orient.

During this explosion of the arts, the mélodie came into its own on Paris' most exclusive stages —the salons. Salons were private gatherings and concerts hosted in the homes of well-to-do patrons of the arts. Salons were places to meet prominent poets, artists, musicians, and novelists of the day. Musical and theatrical performances were spotlighted in the salons. Mélodies were written principally for performance in these settings. Singers were talented amateurs or professionals. Composers often accompanied singers in these performances. Mélodies were also heard at concerts in small halls that retained the intimacy demanded by the form.

The composers included in this volume wrote songs that provide a perspective from which to view the development of French song, and perhaps also, the development of French musical style. Massenet, Gounod, and Bizet are better known for their operas, yet Gounod is termed "the father of the mélodie" and wrote a prolific number of songs. Duparc penned only sixteen songs we know of, but is considered a master of the form. Fauré's songs, numbering more than 100, constantly evolved in style, extending the musical parameters of the genre. Fauré, Duparc and Debussy perfected the mélodie as a true art song form. Franck's influence as a teacher overshadowed his music, but several of his songs are considered classics. Chausson, a Franck disciple, enjoyed working in small forms, and his mélodies contain some exquisite examples of the genre. Possibly the composer most attuned to blending poetry and music was Debussy. Satie's song catalog is quite slim, but his musical style and thought had far-reaching influence. In the twentieth century, Poulenc's fascination with the voice produced 150 mélodies of lasting importance.

The most important forerunner of the mélodie was the *romance*, a simple strophic song form from the eighteenth century. It featured a tuneful vocal line with a modest piano accompaniment (see Martini). By the middle of the nineteenth century, the popularity of the *romance* was waning. Publication and circulation of Schubert's Lieder in France from 1833 on spawned an awareness of the possibilities of merging poetry and music as a strong artistic statement. Midway in the nineteenth century, new romantic poetry by Théophile Gautier, Victor Hugo, Charles Baudelaire, and the Parnassian poets appeared on the scene. Composers seized upon the new, freer verse for their songs. Text and musical setting gradually acquired a closer blend of style and refinement, culminating in the mélodies of Henri Duparc, Ernest Chausson, Emmanuel Chabrier, and the early songs of Gabriel Fauré. Poet Paul Verlaine, who had followed the Parnassians in their elegant but impassive style, broke away to give free rein to his innate lyricism. His work became the touchstone for nineteenth century mélodie. Verlaine created poetry in which word rhythms and nuances attempted to free themselves from prescribed and confining meters, creating verse with its own unique musicality. Poet Stéphane Mallarmé modeled the continuous flow of his texts on Wagner's music. In the early twentieth century, Guillaume Apollinaire's experiments with poetic images and forms found a musical voice in the mélodies of Francis Poulenc. From the Parnassians through Apollinaire, the freer prosody of the new poetry offered composers material from which they fashioned songs with ever stronger musical synthesis between voice and piano.

Since French poetry was a dominant factor in defining the development of the mélodie, the singer needs to be aware of shaping melodic phrase and varying tone color expressively but naturally, to produce the most distinctive vocalization of tone and word. Jane Bathori (1877-1970) and Claire Croiza (1882-1946), two singers who championed the "mélodie française moderne" and worked closely with its composers, repeatedly stressed the importance of the poetry in their master classes and lectures. For Croiza, the *sound of the text* took a secondary role to the *interpretation of the text:* "Here [in singing mélodies], more often than in the theater, the word becomes an element of choice with the fullness of sound, sense, and the beauty of the syllable—a beauty of which our French language is so marvelously rich." Jane Bathori believed the act of artistic creation was based on shaping the musical material; to her, the coherence, clarity and distinction of musical details had tremendous impact on the work as a whole: "In a mélodie, the text is as important as the music; it is necessary to give the color and expression which will best emphasize it. I am not talking about the necessary musicality, but of style and taste, which must be acquired slowly because it changes with the expression of the words, the era that they reflect, and therein resides the difficulty."

The French language itself is often an intimidating barrier to singers tackling French song for the first time. However, the lack of tonic accent in French makes the French repertoire a rich source of material for developing concepts of legato and shaping musical phrase. French should be thought of as a *bel canto* language—it slides and glides in an unstoppable flow. Singing French demands well-placed vowels and clear, rapid consonants. An effective exercise for discovering word meaning and musical structure is to read the poem aloud. It should be declaimed as the composer set it, with all the musical markings on the page. Working with text in this manner heightens aesthetic awareness of the poetry and sharpens response to word meaning, vowel color, and phrase nuance.

In the greatest of French songs, poetry and music join to create a form in which both arts share significantly and depend equally upon each other. Beauty of line and sensuous enjoyment of sound were hallmarks of Paul Verlaine's poetry, which inspired many of the masterpieces of French vocal literature, notably works by Debussy and Fauré. In *Art poétique* (1885) Verlaine wrote that above all, poetry should be "music." Singers working with French song must make the poems sing.

Editors' note: The songs in this anthology are arranged alphabetically by composer. Original keys have been cited where known. In some cases, publication history has made the original key difficult to determine. For the English translations, in general, a word-by-word approach was used, line by poetic line; however, word order was changed to accommodate differences in French and English language structure.

The following sources were consulted in writing the preface and commentaries for the mélodies:

Jane Bathori, *On the Interpretation of the Mélodies of Claude Debussy,* translated and with an introduction by Linda Laurent (Stuyvesant, NY: Pendragon Press, 1998).

Jane Bathori, R.T.F. 1957. Bathori archives. Bibliothèque Nationale, Paris, France.

Claire Croiza Exposition catalogue. Paris: Bibliothèque Nationale, 1984, no. 95.

Pierre Bernac, *The Interpretation of French Song* (New York. W.W. Norton, 1978).

Elaine Brody, Paris: *The Musical Kaleidoscope 1870-1925* (New York: George Braziller, 1987).

Emmanuel Chabrier. *Mélodies (2 vols.)* Le Pupitre, Collection de musique ancienne publiée sous la direction de François Lesure. Edition par Roger Delage. Musica Gallica (Paris: Heugel).

Margaret Cobb, *The Poetic Debussy* (Boston: Northeastern University Press, 1982).

Victor E. Graham, ed., *Sixteenth-Century French Poetry* (Toronto: University of Toronto Press, 1964).

Reynaldo Hahn, *On Singers and Singing (Du chant),* transl. Léopold Simoneau (Portland: Amadeus Press, 1990).

Graham Johnson, Liner notes to *The Songs of Chausson* (Hyperion Records. The Hyperion French Song Edition. CDA 67321/2).

Graham Johnson and Richard Stokes, *A French Song Companion* (Oxford: Oxford University Press, 2000).

Carol Kimball, Song: *A Guide to Style and Literature* (Seattle: Pst., Inc. 1999).

Louise Labé, *Sonnets.* Introduction and commentaries by Peter Sharratt (Austin: University of Texas Press, 1972).

Gerald Larner, *Maurice Ravel* (London: Phaidon Press, 1996).

Timothy LeVan, *Masters of the French Art Song* (Metuchen, NJ: Scarecrow Press, 1991).

Jean-Michel Nectoux, *Gabriel Fauré: a musical life.* transl. by Roger Nichols (Cambridge: Cambridge University Press, 1991).

Sydney Northcote, *The Songs of Henri Duparc* (London: Dennis Dobson, 1959).

Frits Noske, *French Song from Berlioz to Duparc* (New York: Dover, 1970).

Arbie Orenstein, *Ravel: Man and Musician* (New York: Columbia University Press, 1975).

Francis Poulenc, *Moi et mes amis: Confidences recueillies par Stéphane Audel* (Paris: La Palatine, 1963).

Francis Poulenc, *Diary of my Songs [Journal de mes mélodies].* transl. by Winifred Radford (London: Victor Gollancz, Ltd. 1985).

Marie Claire Rohinsky, editor, *The Singer's Debussy* (New York: Pelion Press, 1987).

Louis Simpson, *Modern Poets of France* (Ashland, OR: Story Line Press, 1998).

Roger Shattuck, *The Banquet Years* (New York: Vintage Books, 1968).

Gérard Souzay, Televised interview, collection "Musica: Musicarchive," *Arte,* French documentary by Christian Labrande (O 1962/1994), produced by Philippe Trufo, broadcast 15 October 1995.

Stephen Moore Whiting, *Satie the Bohemian:* from cabaret to concert hall (New York: Oxford University Press, 1999).

Villanelle
from *Les nuits d'été*

Théophile Gautier
(1811-1872)

Hector Berlioz
(1809-1869)

Composed 1840-41. Song no. 1 of *Les nuits d'été*, a cycle of six songs to poems of Théophile Gautier, from his *Comédie de la mort* (1838). In 1843, Berlioz orchestrated "Absence" (no. 4). He completed the remaining orchestrations in 1856, the year he began composing his opera *Les Troyens*. The theme of the six songs is romantic love and longing, seen in various guises. "Villanelle" and the last song, "L'île inconnue," are light-hearted and extroverted. Between these charming "bookend" mélodies are more intense, passionate songs, including two laments. Gautier dedicated this poem "to Mlle. Wolf, singer at the ducal court of Weimar." Berlioz made slight changes to Gautier's original poem, which was titled "Villanelle rhythmique." Other alterations appear in four lines of the poem; the original words are given here in brackets: Stanza 2: Dit ses [des] vers au rebord du nid/Oh! Viens donc sur ce [le] banc de mousse; Stanza 3: Faisant [Faisons] fuir le lapin caché... Puis chez nous, tout heureux [joyeux], tout aises. Berlioz was the first composer to use the term "mélodie" in connection with his songs.

Villanelle

Quand viendra la saison nouvelle,
Quand auront disparu les froids,
Tous les deux nous irons, ma belle,
Pour cueillir le muguet aux bois;
Sous nos pieds égrenant les perles
Que l'on voit au matin trembler,
Nous irons écouter les merles
    Siffler!

Le printemps est venu, ma belle;
C'est le mois des amants béni,
Et l'oiseau, satinant son aile,
Dit ses vers au rebord du nid.
Oh, viens, donc, sur ce banc de mousse,
Pour parler de nos beaux amours,
Et dis-moi de ta voix si douce:
    Toujours!

Loin, bien loin, égarant nos courses,
Faisant fuir le lapin caché,
Et le daim au miroir des sources
Admirant son grand bois penché;
Puis chez nous, tout heureux, tout aises,
En paniers, enlaçant nos doigts,
Revenons, rapportant des fraises
    Des bois!

Villanelle

When the new season comes,
When the cold has disappeared,
We two will go, my sweet
To gather lilies-of-the-valley in the woods;
Our feet scattering the pearls of dew
One sees trembling each morning,
We will go to hear the blackbirds
    Whistling!

Spring has come, my sweet
This is the month that lovers bless,
And the bird, smoothing his wing,
Sings verses on the edge of its nest.
Oh, come then, to this mossy bank,
To speak of our beautiful love,
And say to me, in your sweet voice:
    Forever!

Far, very far we'll stray from our path
Startling the rabbit from its hiding place,
And the deer in the mirror of the springs,
Admiring its great lowered antlers;
Then towards home, happy and content,
Our fingers interlaced for baskets,
We'll return, bringing back wild strawberries
    From the woods!

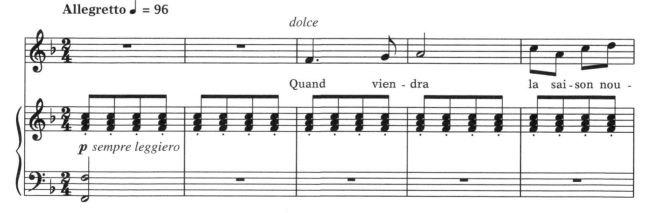

vel - le,   Quand au - ront dis - pa - ru les froids, _____

p decresc.

_____   Tous les deux nous i - rons, ma

bel - le,   Pour cueil - lir le mu - guet aux bois;

Sous _____ nos pieds é - gre - nant les

per - les Que l'on voit, au ma - tin trem - bler, _____

Nous i - rons é - cou - ter les

mer - les, Nous i - rons é - cou - ter les mer - les, Sif - fler!

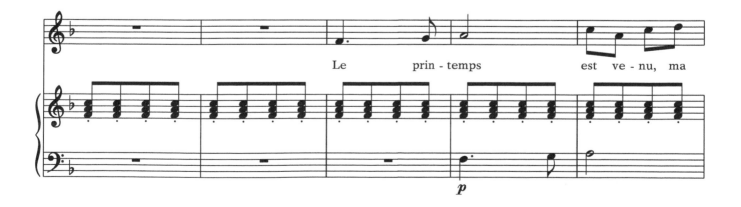

Le prin - temps est ve - nu, ma

bel - le; C'est le mois des a - mants bé - ni, _____

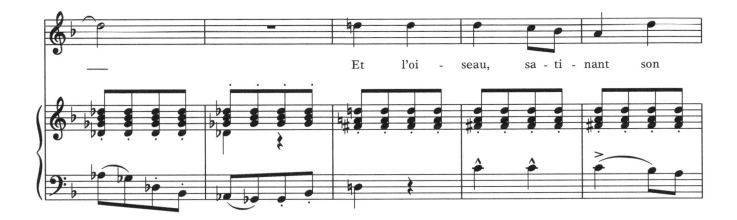

Et l'oi - seau, sa - ti - nant son

ai - le, Dit ses vers au re - bord du nid.

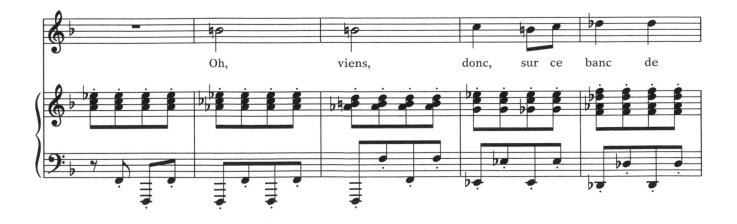

Oh, viens, donc, sur ce banc de

mous - se, Pour par - ler, de nos beaux a - mours, _____

Et dis - moi de ta voix si

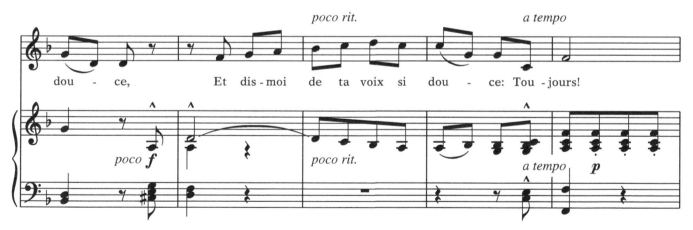

poco rit. — *a tempo*

dou - ce, Et dis - moi de ta voix si dou - ce: Tou - jours!

Loin, bien loin, é - ga - rant nos cour - ses,

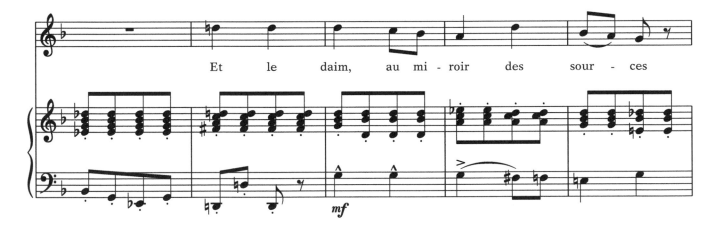

Fai - sant fuir le la - pin ca - ché, _____

Et le daim, au mi - roir des sour - ces

sans presser

Ad - mi - rant son grand bois pen - ché;

Puis chez nous, tout heu - reux, tout ai - ses,

pp

decresc.

En pa - niers, en - la - çant nos doigts, _____

decresc.

Re - ve - nons, rap - por - tant des frai - ses,

pp *poco* *f*

rit. *a tempo*

Re - ve - nons, rap - por - tant des frai - ses Des bois!

a tempo *pp*

rit. *p*

Chanson d'avril

Louis Bouilhet
(1821-1869)

Georges Bizet
(1838-1875)

Composed 1866. No. 1 of Volume 1 (20 songs) published by Choudens (Choudens published 2 volumes of Bizet songs). Here is Bizet at his most melodic, the setting moving squarely in the footsteps of Gounod. Bizet composed 28 mélodies, some of which were published posthumously. His flair for the dramatic and a fine instinct for vocal writing are always predominant qualities of his mélodies.

Chanson d'avril

Lève-toi! le printemps vient de naître!
Là-bas, sur les vallons, flotte un réseau vermeil!
Tout frissonne au jardin, tout chante, et ta fenêtre,
Comme un regard joyeux, est pleine de soleil!

Du côté des lilas aux touffes violettes,
Mouches et papillons bruissent à la fois
Et le muguet sauvage, ébranlant ses clochettes,
A réveillé l'amour endormi dans les bois!

Puisqu'avril a semé ses marguerites blanches,
Laisse ta mante lourde et ton manchon frileux;
Déjà l'oiseau t'appelle, et tes sœurs les pervenches
Te souriront dans l'herbe en voyant tes yeux bleus!

Viens, partons! au matin, la source est plus limpide;
Lève-toi ! Viens, partons!
N'attendons pas du jour les brûlantes chaleurs;
Je veux mouiller mes pieds dans la rosée humide,
Et te parler d'amour sous les poiriers en fleurs!

April Song

Arise! the spring is just born!
There, over the valleys floats a rosy veil!
All the garden shivers and sings, and your window,
Like a joyful glance, is full of sunshine!

By the lilacs, purple-clustered,
Flies and butterflies hum together
And wild lilies of the valley shaking their tiny bells,
Have wakened love, sleeping in the woods!

Since April has sown her white daisies,
Put aside your heavy cloak and your cozy muff;
Already birds are calling you, and your sisters the periwinkles
Will smile in the grass as they see your blue eyes!

Come! Let's go! in the morning the springs are clearer!
Arise! Come, let's go!
Let's not await the burning heat of day;
I want to wander with damp feet through the morning dew,
And talk to you of love under the flowering pear trees!

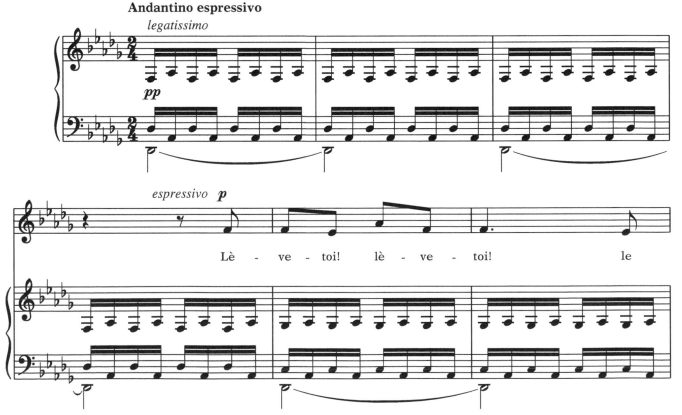

de so - leil! _____ Du

cô - té des li - las _____ aux _____ touf - fes vi - o -

cresc.

let - tes, du cô - té des li - las Mou -

ches et pa - pil - lons bru - is - sent à la

fois   Et le mu - guet sau - va - ge, é -

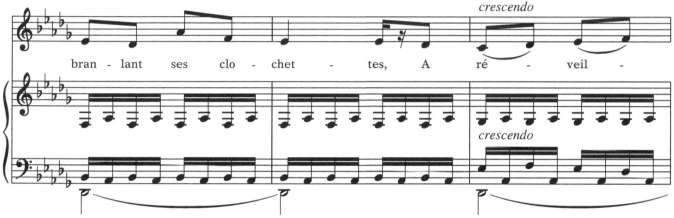

bran - lant ses clo - chet - tes, A ré - veil -

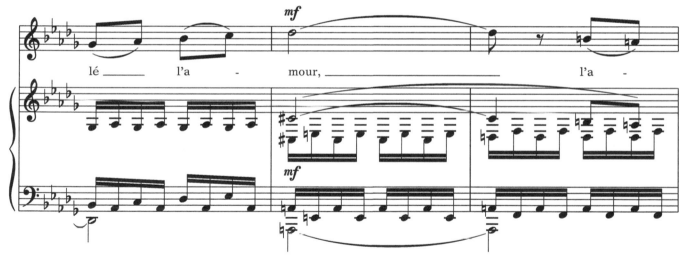

lé _____ l'a - mour, _____ l'a -

mour en - dor - mi dans les bois! _____

A ré - veil - lé l'a - mour __ en - dor -

mi _____ dans les bois!

Puisqu'

av - ril a se - mé ses mar - gue - ri - tes
pp
blan - ches, Lais - se ta man - te lourde et ton man -
chon fri - leux;
p
Dé - jà l'oi - seau t'ap -
pelle, et tes sœurs les per - ven - ches Te

sou - ri - ront dans l'her - be en voy - ant _____ tes yeux

bleus! _____ Viens,

par - tons! au ma - tin, _____ la _____ source est plus lim -

cresc.

pi - de; Lè - ve - toi! Viens, par - tons! N'at -

ten - dons pas du jour les brû - lan - tes cha -

leurs; Je veux mouil - ler mes pieds dans

la ro - sée hu - mi - de, Et te ____ par -

ler ____ d'a - mour, _____ d'a -

mour   sous   les   poi - riers   en   fleurs!

cresc.

f

Et   te   par - ler   d'a - mour   sous

dim. e rall. molto

les   poi - riers   en   fleurs!

suivez

p *a tempo*

calando

e smorzando

Guitare

Victor Hugo
(1802-1885)

Georges Bizet
(1838-1875)

Composed 1866. Song no. 4 of *Feuilles d'Album* (six mélodies to poems of Musset, Ronsard, Hugo, Millevoye and Lamartine). Publisher: Heugel. Bizet composed this mélodie while he was writing his opera *La jolie fille de Perth* (1867). The composer's use of the bolero rhythm animates the song; he referred to it as "exuberant." Bizet added the "Tra-la-las" to the text; they not only lengthen the mélodie, they help underline the uninhibited personality of the protagonist. The leading character of Bizet's masterpiece *Carmen* surely was born from this family tree. Hugo's poem, written in 1838, was titled "Autre guitare," and not "Guitare." A number of other composers set this verse: Victor Massé ("Ramez, dormez, aimez!"), Saint-Saëns ("Guitare"), Liszt ("Comment disaient-ils") and Lalo. Bizet's version is the most famous.

Guitare

Comment, disaient-ils,
Avec nos nacelles,
Fuir les alguazils?
—Ramez, disaient-elles.

Comment, disaient-ils,
Oublier querelles,
Misère et périls?
—Dormez, disaient-elles.

Comment, disaient-ils,
Enchanter les belles
Sans philtres subtils?
—Aimez, disaient-elles.

Guitar

Tell us, said the men
With our small skiffs
Can we flee from the alguazils?
—Row, said the fair ones.

How, said the men
Can we forget quarrels,
Poverty and danger?
—Sleep, said the fair ones.

How, said the men,
Can we enchant beauties
Without rare potions?
—Love, said the fair ones.

Tra, la, la, la, la, la, _____

_____ Com - ment, _ di-saient - ils, _____

Tra, la, la, la, la, la, _____

A - vec __ nos na-cel - les, Com-ment, di - saient-ils,

A - vec nos na - cel - - - les, Fuir ___ les _ al - gua -

zils? _____ Ra - mez, _____ ra - mez, ___

ra - mez, _____ di - saient - el - - -

- les. _____

Tra, la, la, la, la, la, _____

Com - ment, ___ di-saient - ils, _____ Tra, la, la, la, la,

la, _____ Ou - bli - er que-

rel - les, Com - ment, di - saient-ils, Ou - bli-er que - rel -

- les, Mi - sère et ___ pé - rils? _____

Dor - mez, _____ dor - mez, ___ dor - mez, ___ di - saient -

el - - les. _____

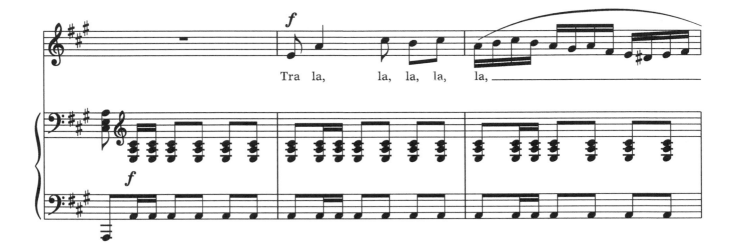

Tra la, la, la, la, la, _____

Com - ment, _ di-saient - ils, _____

Tra, la, la, la, la, la, _____

En - chan-ter les bel - les, Com-ment, di - saient-ils

En - chan-ter les bel - les, Sans __ phil - tres sub -

tils?.. _____ Ai - mez, __ ai - mez, __

ai - mez, __ di - saient - el - les. __

Ouvre ton cœur

Louis Delâtre
(1815-1893)

Georges Bizet
(1838-1875)

Composed 1859/60. Published by Choudens, volume 2. This song began life as part of a dramatic piece Bizet composed as a student in Rome, the ode-symphony *Vasco de Gama* (1859/60). The work, a composite of opera, oratorio, and symphony, is hardly known today. "Ouvre ton cœur" was published separately and posthumously. It features the bolero rhythm that Bizet was so fond of, and has become a favorite of singers who respond happily to its vocal energy and color. As in "Guitare," this song, with its evocation of Spanish music, also looks forward towards Bizet's opera *Carmen*, especially the "Chanson Bohèmienne" which opens Act 2.

Ouvre ton cœur	*Open your heart*
La marguerite a fermé sa corolle,	*The daisy has closed its flowery crown,*
L'ombre a fermé les yeux du jour.	*Twilight has closed the eyes of day,*
Belle, me tiendras-tu parole?	*My lovely beauty, will you keep your word?*
Ouvre ton cœur à mon amour.	*Open your heart to my love.*
Ouvre ton cœur, ô jeune ange, à ma flamme,	*Open your heart to my desire, young angel*
Qu'un rêve charme ton sommeil.	*May a dream charm your slumber*
Je veux reprendre mon âme,	*I want to take back my soul*
Comme un fleur s'ouvre au soleil!	*As a flower opens to the sun!*

Allegretto

31

La mar - gue - rite _____ a fer - mé sa co -

rol - le, _____ L'om - bre a fer - mé _

les _ yeux du jour, les _ yeux du jour. _____

Bel - le, _____ me tien - dras - tu pa -

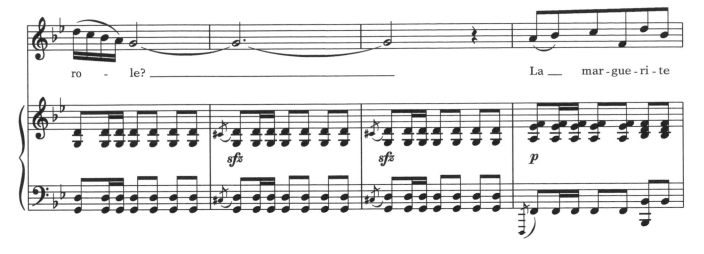

ro - le? _____ La __ mar-gue-ri-te

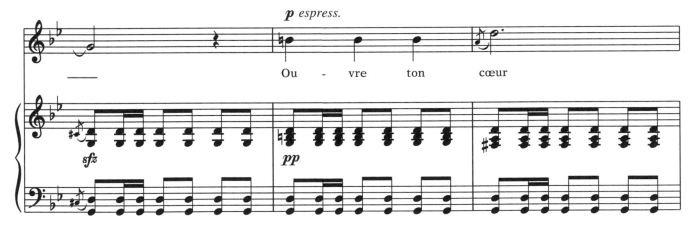

a fer-mé sa co - rol - le, ____

Ou - vre ton cœur à mon a - mour,

à mon a - mour, ou - vre ton cœur ____

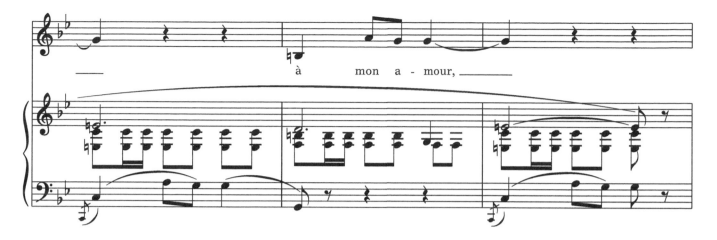

à mon a - mour, _____

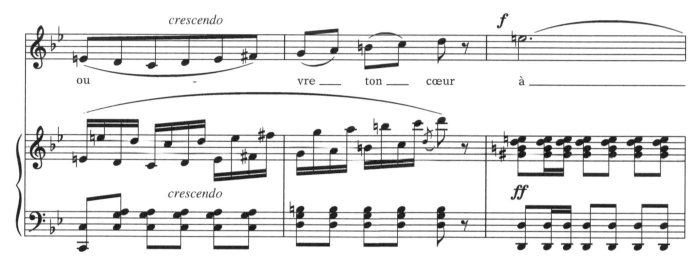

crescendo

ou - vre _____ ton _____ cœur à _____

crescendo

f

ff

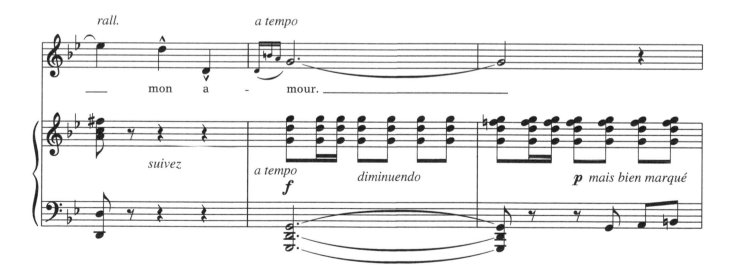

rall. *a tempo*

_____ mon a - mour. _____

suivez

a tempo *diminuendo* *p mais bien marqué*

f

cresc.

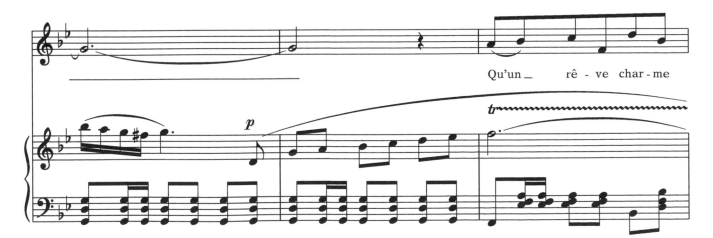

ton _____ som - meil, Ou - vre ton cœur. _____

pp

_____ Je _____ veux _____

p

_____ re - pren - dre mon â - me, _____

pp

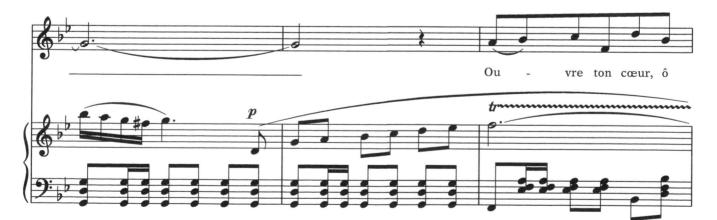

_____ Ou - vre ton cœur, ô

p

jeune ange,   à   ma flam   -   me. _____

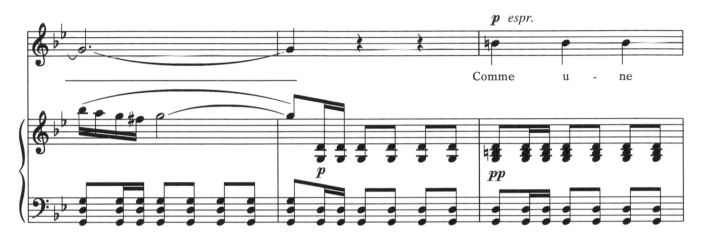

Comme   u   -   ne

fleur   s'ouvre au   so   -   leil!

Ou   -   vre ton cœur, _____   ou   -   vre ton cœur, _____

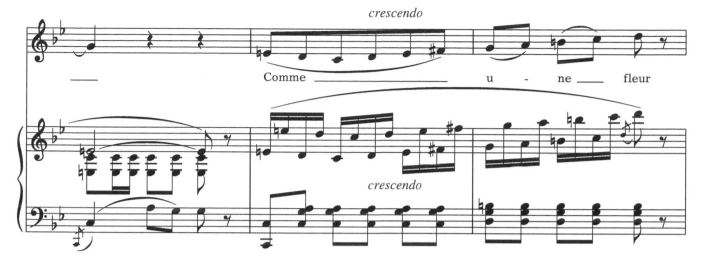

Comme _____ u - ne _ fleur

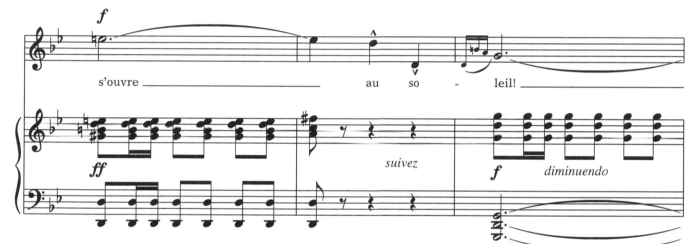

s'ouvre _____ au so - leil!

suivez

Les cigales

Rosemond Gérard
(1866-1953)

Emmanuel Chabrier
(1841-1894)

Composed 1890. Song no. 5 of *Six mélodies*. Published by Enoch, 1890 in two versions, one with "simplified piano accompaniment." The original version is published here. Enoch was afraid Chabrier's difficult accompaniments would discourage amateur pianists and cut back on sales. Chabrier's response: "It seems to me quite useless to redo a few chords here and there; the men or women who sing it will be *musicians*; you cannot claim to be selling it in humble thatched cottages or to be having it sung by adolescents or mere dunderheads . . . " The mélodie is dedicated to Isabelle Jacmart, Chabrier's young niece. Emmanuel Chabrier was the quintessential Gallic personality. His amiable nature is mirrored in his mélodies which infused French song repertoire with wit, whimsy, and good humor (for more information on Chabrier, see "Villanelle des petits canards"). Poetess Rosemond Gérard was eighteen when she met Chabrier. Her first volume of poetry, *Les pipeaux*, had just been published. Among her verses and those of fiancé Edmond Rostand, Chabrier discovered a little bestiary of humorous poems—insightful observations of ducks, turkeys, pigs, and cicadas. He laughingly called these mélodies his "barnyard suite." In setting Gérard's poem, Chabrier made some changes. Her original verse for Stanza 4, verses 3 and 4 was: "Dans les oliviers rabougris/Aux imperceptibles fleurs pâles"; and Stanza 5 read: "Et sur les euphrobes aussi/Agonisant sur la pierraille/C'est encor leur voix qui s'éraille/Dans le pauvre gazon roussi." See the text below for Chabrier's alterations.

Les cigales

Le soleil est droit sur la sente,
L'ombre bleuit sous les figuiers,
Ces cris au loin multipliés,
C'est Midi, c'est Midi qui chante!

Sous l'astre qui conduit le chœur,
Les chanteuses dissimulées
Jettent leurs rauques ululées,
De quel infatigable cœur!

Les cigales, ces bestioles,
Ont plus d'âme que les violes,
Les cigales, les cigalons,
Chantent mieux que les violons!

S'en donnent elles, les cigales,
Sur les tas de poussière gris,
Sous les oliviers rabougris,
Étoilés de fleurettes pâles.

Et grises de chanter ainsi,
Elles font leur musique folle;
Et toujours leur chanson s'envole
Des touffes du gazon roussi!

Les cigales, ces bestioles,
Ont plus d'âme que les violes,
Les cigales, les cigalons,
Chantent mieux que les violons!

Aux rustres épars dans le chaume,
Le grand astre torrentiel,
À larges flots, du haut du ciel,
Verse le sommeil et son baume.

Tout est mort, rien ne bruit plus
Qu'elles, toujours, les forcenées
Entre les notes égrenées
De quelque lointain angélus!

Les cigales, ces bestioles,
Ont plus d'âme que les violes,
Les cigales, les cigalons,
Chantent mieux que les violons!

The cicadas

The sun is right above the footpath,
The shade turns blue under the fig trees,
Those cries, multiplied in the distance
It is Midday, it's Midday that sings!

Under the star which conducts the chorus,
The hidden singers
Utter their raucous song
And with what tireless heart!

The cicadas, those tiny insects,
Have more soul than the viols,
The cicadas, the little cicadas,
Sing better than violins!

They give it their all, the cicadas,
On the piles of gray dust,
Under the gnarled olive trees
Starred with pale blossoms.

And exhilarated from singing like this,
They make their crazy music,
And still their song soars relentlessly
From the tufts of scorched grass!

The cicadas, those tiny insects,
Have more soul than the viols,
The cicadas, the little cicadas,
Sing better than violins!

To the peasants scattered in the fields,
The great burning sun,
Flooding down from the high heavens,
Pours sleep and its balm.

Everything is dead, there is no sound but theirs
Frenzied and incessantly heard
Amid the far-flung notes
Of some distant angelus!

The cicadas, those tiny insects,
Have more soul than the viols,
The cicadas, the little cicadas,
Sing better than violins!

Très animé

pp

decresc.

una corda

ppp

mezza voce

Le so - leil est droit sur la sen - - te,

très arpègé et très égal

sempre pp

L'om - bre bleu -it sous les fi -guiers, Ces cris____ au loin____

poco cresc.

poco cresc.

f

mf

____ mul - ti - pli - és, C'est Mi - di, c'est Mi - di qui chan - te! Sous

f

l'as - tre qui con - duit le chœur, Les _ chan - teu - ses dis - si - mu -

lé - es _ Jet - tent leurs rau - ques u - lu - lé - es, De quel in - fa - ti -

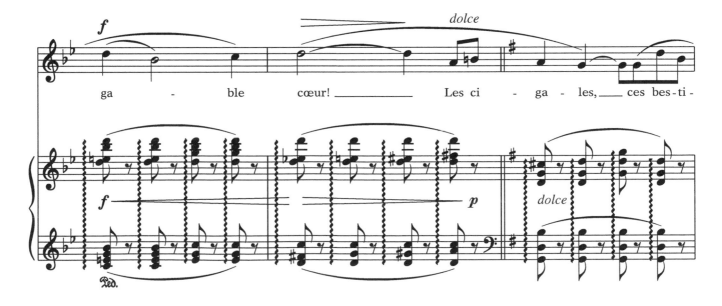

ga - ble cœur! _ Les ci - ga - les, _ ces bes - ti -

o - les,_____ Ont plus d'â - me_____ que les vi - o - les,_____ Les ci -

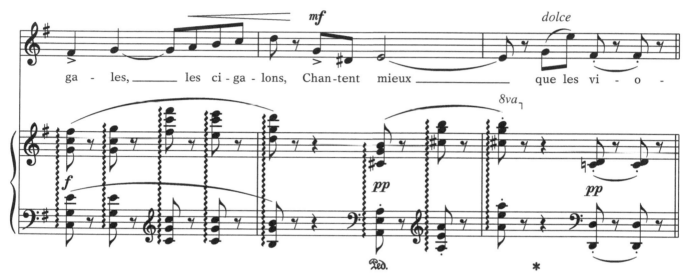

ga - les,_____ les ci - ga - lons, Chan-tent mieux _____ que les vi - o -

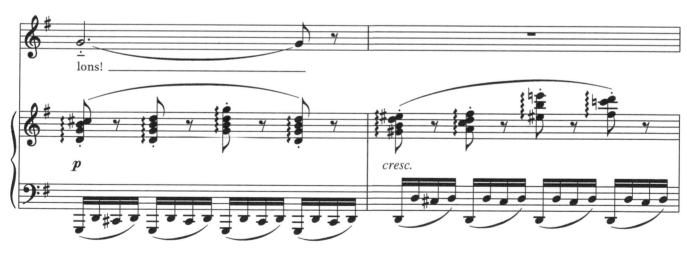

lons! _____

S'en don-nent el-les, les ci - ga - - les,

Sur les tas de pous-siè-re gris, Sous les o - li-viers

ra-bou-gris, É - toi - lés de fleu-ret - tes pâ - les; Et

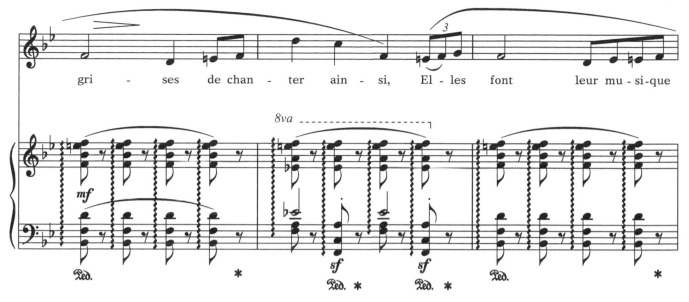

gri - ses de chan - ter ain - si, El - les font leur mu - si - que

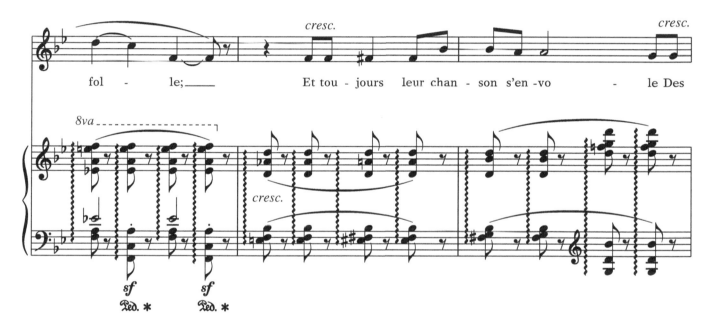

fol - le;____ Et tou - jours leur chan - son s'en - vo - le Des

touf - fes du ga - zon rous - si! _____ Les ci - ga - les, ____ ces - bes - ti -

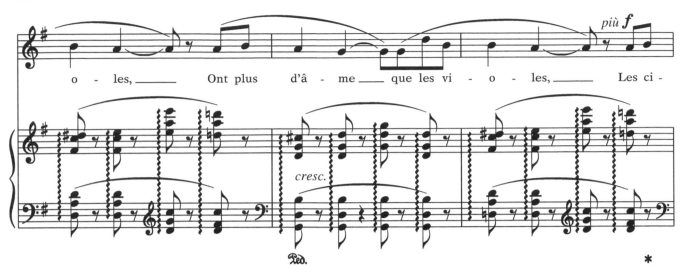

o - les,_____ Ont plus d'â - me____ que les vi - o - les,_____ Les ci -

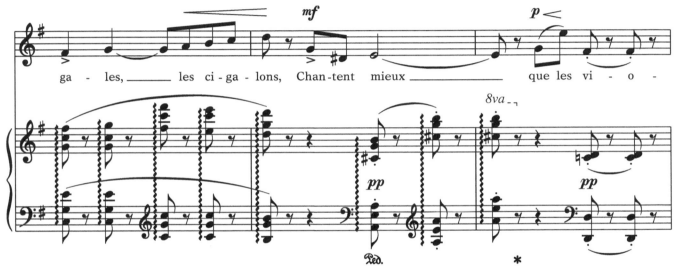

ga - les,_____ les ci - ga - lons, Chan-tent mieux_____ que les vi - o -

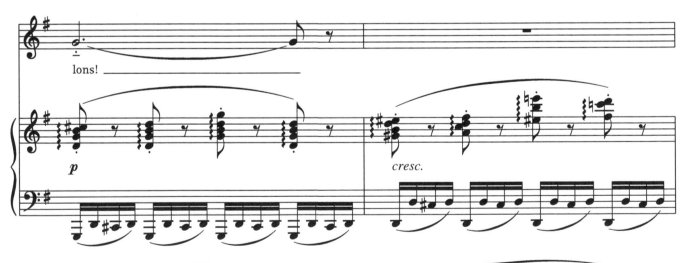

lons!_____

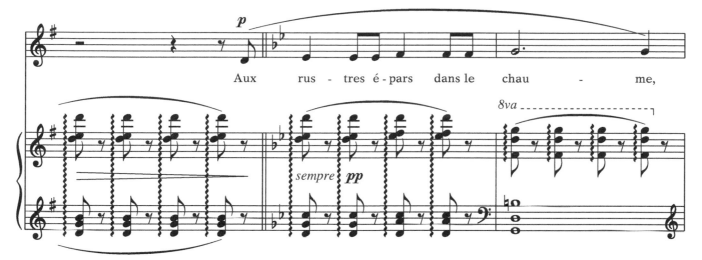

Aux rus - tres é - pars dans le chau - me,

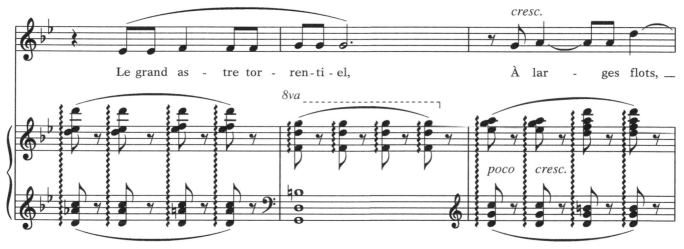

Le grand as - tre tor - ren-ti - el, À lar - ges flots, __

__ du haut du ciel, Ver - se le som-meil et __ son bau - me. __

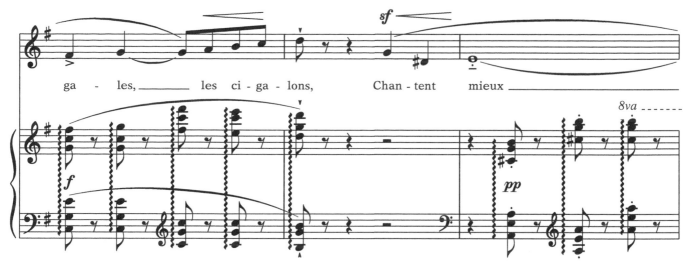

ga - les, _____ les ci - ga - lons, Chan - tent mieux _____

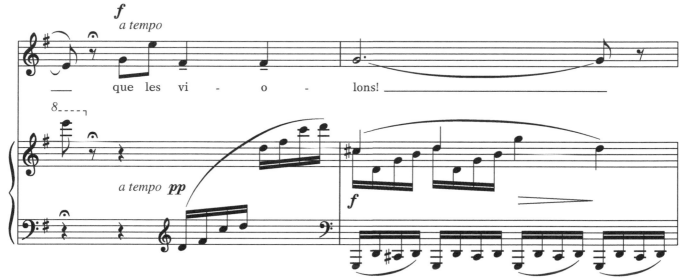

___ que les vi - o - lons! _____

Villanelle des petits canards

Rosemond Gérard
(1866-1953)

Emmanuel Chabrier
(1841-1894)

Composed 1890. No. 1 of *Six mélodies*. Published by Enoch, 1890. Dedicated to Mlle. Mily-Meyer. First performance: Paris, 7 March 1890, Théâtre du Vaudeville, by the dedicatée. Chabrier described her as a "light singer—the smallest, the prettiest, the most fragile of operetta stars—she is the Tom Thumb of the theatrical world." Of his "barnyard suite" settings (see "Les cigales") Chabrier wrote: ". . . these songs cannot make it straight off; they are new and disconcerting; at first, only smart people will find them funny, then the others will join in . . . in order for them to please, you must have two artists, one at the piano, the other standing up, and no dullards in the audience. It's a lot to ask for, but it will come in time." Chabrier was as interested in poetry and painting as he was in music, and enjoyed the friendship of some of the most distinguished writers and artists of his day. He collected paintings by Cezanne, Renoir, and Manet long before they were recognized masters. Chabrier's portrait was painted by Manet, Degas, and Fantin-Latour. Rollo Meyers points out that Chabrier is too often dismissed as a minor composer of light music: " . . . it should not be forgotten that he was also a bold innovator who anticipated, in his harmonic language especially, many of the procedures which later became an integral part of the idiom of composers like Debussy and Ravel—both of whom, incidentally, thought very highly of him." Composer Francis Poulenc showed his high regard for Chabrier by writing a biography of the composer: "Ah! Chabrier, I love him as one loves a father! An indulgent father, always merry, his pockets full of tasty tidbits. Chabrier's music is a treasure house you can never exhaust; I just-could-not-do-without-it! It consoles me on my darkest days."

Villanelle des petits canards

Ils vont, les petits canards,
Tout au bord de la rivière,
Comme de bons campagnards!

Barboteurs et frétillards,
Heureux de troubler l'eau claire,
Ils vont, les petits canards,
Ils semblent un peu jobards,
Mais ils sont à leur affaire,
Comme de bons campagnards!

Dans l'eau pleine de têtards,
Où tremble une herbe légère,
Ils vont, les petits canards,
Marchant par groupes épars,
D'une allure régulière,
Comme de bons campagnards!

Dans le beau vert d'épinards
De l'humide cressonnière,
Ils vont, les petits canards,
Et quoiqu'un peu goguenards,
Ils sont d'humeur débonnaire
Comme de bons campagnards!

Faisant, en cercles bavards,
Un vrai bruit de pétaudière,
Ils vont, les petits canards,
Dodus, lustrés et gaillards,
Ils sont gais à leur manière,
Comme de bons campagnards!

Amoureux et nasillards,
Chacun avec sa commère,
Ils vont, les petits canards,
Comme de bons campagnards!

Villanelle of the little ducks

They go, the little ducks,
All along the river bank,
Like good countryfolk!

Paddling and waggling their tails,
Happy to muddy the clear water
They go, the little ducks,
They look a little foolish
But they take care of their business,
Like good countryfolk!

In the water full of tadpoles,
Where delicate reeds tremble,
They go, the little ducks,
Marching in scattered groups
At a well-regulated pace,
Like good countryfolk!

In the beautiful spinach-green
Of the moist watercress bed
They go, the little ducks,
And though a little roguish
They are really good-natured,
Like good countryfolk!

Making, in chattering circles,
A really terrible racket,
They go, the little ducks,
Plump, glossy, and merry
They are gay in their own way,
Like good countryfolk!

Amorous and nasal,
Each one with its crony,
They go, the little ducks,
Like good countryfolk!

Allegretto con moto

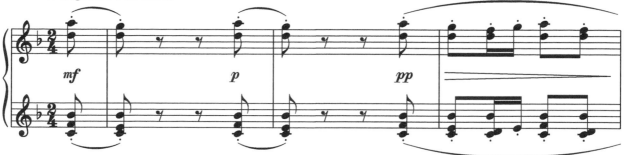

très simplement et très rythmé

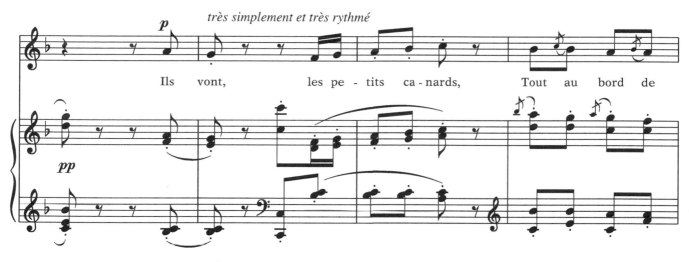

Ils vont, les pe - tits ca - nards, Tout au bord de

la ri - viè - re, Com - me de bons cam-pa - gnards!

Bar - bo - teurs et fré - til - lards, Heu - reux de trou-bler l'eau

claire, Ils vont, les pe - tits ca - nards, Ils sem - blent un

peu jo - bards, Mais ils sont à leur af - fai - re,

Com - me de bons cam - pa - gnards! _____

Dans l'eau plei - ne de tê - tards, Où

tremble une her - be lé - gè - re, Ils vont, les pe - tits ca - nards,

Mar - chant par grou - pes é - pars, D'une al - lu - re

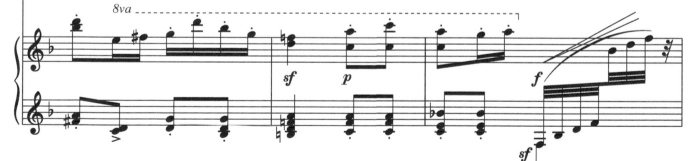

ré - gu - liè - re, Com - me de bons cam - pa - gnards! _____

Dans le beau vert d'é - pi - nards De l'hu -

mi - de cres-son - niè - re, Ils vont, les pe - tits ca-nards,

Et quoi-qu'un peu go - gue-nards, Ils sont d'hu - meur dé - bon - nai - re

Com - me de bons cam - pa - gnards! _____

Fai - sant, en cer - cles ba - vards, Un vrai

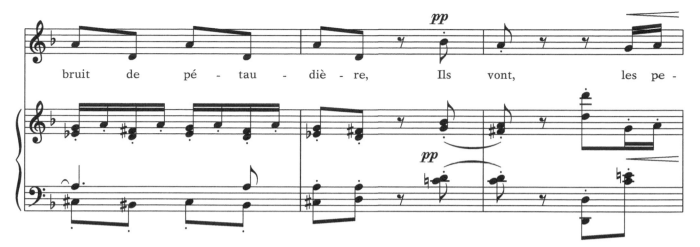

bruit de pé - tau - diè - re, Ils vont, les pe -

tits ca - nards, Do - dus, lus - trés et gail - lards,

Ils sont gais à leur ma - niè - re, Com - me de

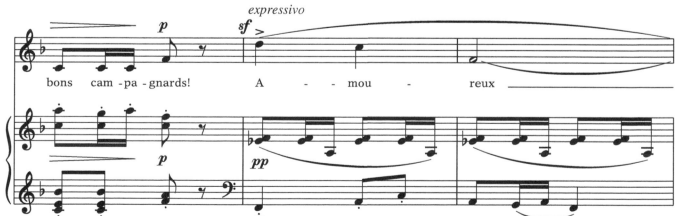

bons cam - pa - gnards! A - mou - reux

Lamento

Théophile Gautier
(1811-1872)

Henri Duparc
(1848-1933)

Composed 1883. Original key: D minor. Published by Rouart-Lerolle, 1911. Dedicated to Gabriel Fauré. The poem, taken from Gautier's *Comédie de la Mort* (1832) was also used by Berlioz in *Les nuits d'été* (titled "Au cimetière"). Duparc used only three stanzas of the original poem's six stanzas. Between stanzas 1 and 2 of the mélodie there is one omitted stanza; between stanzas 2 and 3 there are two omitted stanzas. Gautier's poem is full of repeated vowel sounds (*roucoulement, doucement / l'unison, tombe, l'ombre, colombe*) that call to mind the plaintive cooing sounds of the dove, and perpetuate the melancholy poetic mood. Duparc's somber opening motive is repeated hypnotically throughout the song. The composer's dedication to Fauré is also significant. Duparc might have composed this song in homage; the vocal line shows the suppleness and elegant curve characteristic of Fauré's style, and the overall musical setting is one of studied restraint.

Lamento	Lament
Connaissez-vous la blanche tombe	*Do you know the white tomb*
Où flotte avec un son plaintif	*Where with a plaintive sound, floats*
L'ombre d'un if?	*The shadow of a yew tree?*
Sur l'if une pâle colombe,	*On the yew a pale dove,*
Triste et seule au soleil couchant,	*Sad and alone in the setting sun,*
Chante son chant.	*Sings its song.*
On dirait que l'âme éveillée	*As though the awakened soul*
Pleure sous terre à l'unisson	*Weeps, under the earth, in unison*
De la chanson,	*With the song,*
Et du malheur d'être oubliée	*And from the unhappiness of being forgotten*
Se plaint dans un roucoulement,	*Moans in cooing sounds*
Bien doucement.	*Very softly.*
Ah! jamais plus près de la tombe	*Ah! Nevermore near the tomb*
Je n'irai, quand descend le soir	*Shall I go, when night descends*
Au manteau noir,	*In its black cloak,*
Écouter la pâle colombe	*To hear the pale dove*
Chanter, sur la branche de l'if,	*Sing on the branch of a yew*
Son chant plaintif?	*Its plaintive song.*

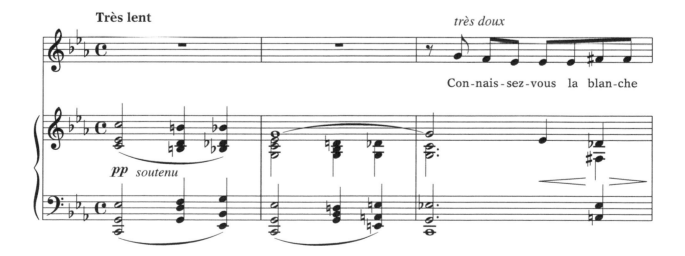

tom - be   Où   flotte a - vec un son   plain - tif   L'om - bre   d'un   if?   Sur

l'if   u - ne pâ - le co - lom - be,   Triste   et seule au so - leil   cou - chant,   Chan - te son

poco più **f**   *dim.*   **pp**

poco cresc.   **pp**

sempre **pp**

chant.   On di - rait que l'âme é - veil - lé - e   Pleu - re sous terre ____ à l'u - nis - son   De la chan -

sempre **pp**

son, Et du mal-heur d'ê - tre ou-bli-é - e Se plaint dans un rou-cou-le -

ment, Bien dou - ce - ment.

Ah! ja - mais plus près de la

tom - be Je n'i - rai, quand de - scend le

soir Au man - teau noir, É - cou -

ter la pâ - le co - lom - be Chan -

ter, sur la bran - che de l'if,_____

rit.　　　*a tempo*

Son chant plain - tif!

rit.　　*a tempo*　　*poco a poco*

dim.　　*pp*

Chanson triste

Jean Lahor
(1840-1909)

Henri Duparc
(1848-1933)

Composed 1868. Original key: E-flat. Later orchestrated by the composer. Published by Rouart-Lerolle, 1911. Dedicated to M. Leon MacSwiney, Duparc's brother-in-law. MacSwiney was an amateur singer—obviously of considerable skill. Duparc left only sixteen songs, but they are among the most beautiful in the French repertoire. He continually polished and revised his mélodies and often destroyed many he felt were not worthy of publication. Duparc conceived most of his songs for what he called "the violin-voice," capable of fluent, flexible phrasing and real intensity of tone. "Chanson triste" was Duparc's first mélodie. Its slightly sentimental qualities link it to the salon style of Gounod, although Duparc's stylistic fingerprints can also be seen: a rich piano texture of arpeggios that urge the song forward, an expressive bass line, and spacious, flowing vocal phrases. Duparc chose poetry of living poets, all from the Parnassian school. (The Parnassians were a group of French poets were chiefly concerned with the classic ideals of the Greeks. Their poetry is elegant but highly impersonal in style, often containing a colorful orientalism.) Jean Lahor was one of the pen names of Dr. Henri Cazalis, a well-traveled intellectual. He was highly interested in oriental culture and thought, and his Buddhist sympathies earned him the title "Hindou du Parnasse Contemporain." His verses inspired two other Duparc songs: "Extase," and "Sérénade Florentine."

Chanson triste

Dans ton cœur dort un clair de lune,
Un doux clair de lune d'été,
Et pour fuir la vie importune
Je me noierai dans ta clarté.

J'oublierai les douleurs passées,
Mon amour, quand tu berceras
Mon triste cœur et mes pensées,
Dans le calme aimant de tes bras.

Tu prendras ma tête malade
Oh! quelquefois sur tes genoux,
Et lui diras une ballade
Qui semblera parler de nous.

Et dans tes yeux pleins de tristesses,
Dans tes yeux alors je boirai
Tant de baisers et de tendresses
Que, peut-être, je guérirai…

Sorrowful Song

In your heart sleeps moonlight,
A soft summer moonlight,
And to escape life's worries,
I shall drown myself in your light.

I will forget past sorrows,
My love, when you cradle
My sad heart and my thoughts,
In the loving calm of your arms.

You will take my sick head
Oh! sometimes on your knee
And will tell it a ballad
That will seem to speak of us.

And from your eyes full of sadness
From your eyes I shall drink
So many kisses and so much tenderness
That, perhaps, I will heal…

Lent avec un sentiment tendre et intime

Toujours très liè

Tu pren -dras ma tê - te ma - la - de Oh! quel - que-

fois sur tes ge - noux, _____ Et lui di - ras u - ne bal-

la - de, u - ne bal-

poco rit.   *a tempo*

la - de Qui sem - ble - ra par-ler de nous. _____

très doux

Et dans tes yeux pleins de tris-tes - ses,

cresc.

Dans tes yeux a-lors je boi-rai Tant de bai -

sers et de ten-dres - ses

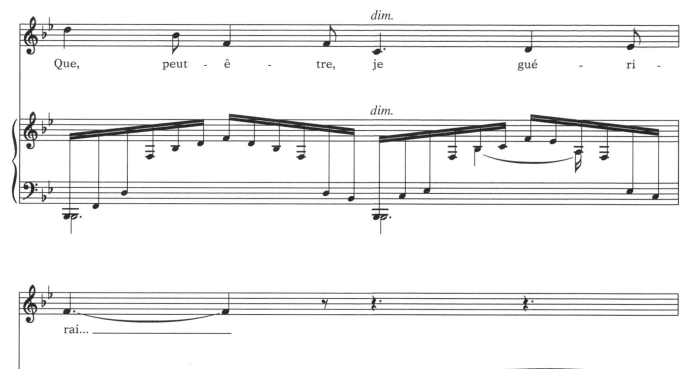

Que,   peut - ê - tre,   je   gué - ri -

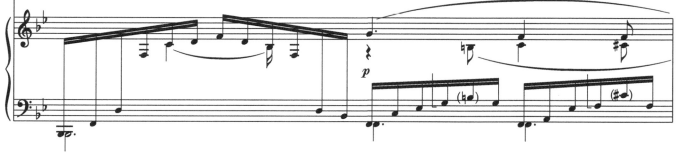

rai... _____

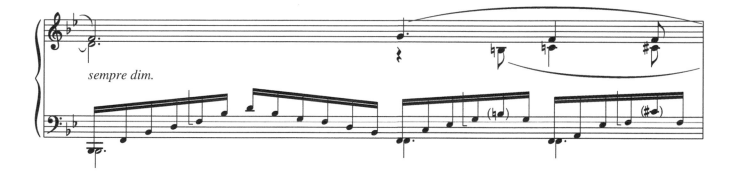

sempre dim.

rall.

La vie antérieure

Charles Baudelaire
(1821-1867)

Henri Duparc
(1848-1933)

Composed 1884. Originally composed for voice and orchestra. Original key: E-flat major. Dedicated to J. Guy Ropartz. Published by Rouart-Lerolle, 1911. Charles Baudelaire, the greatest of the poets set by Duparc, is often called the "father of modern poetry." A perverse and troubled genius, Baudelaire was drawn to unique, dark themes, and had a predilection for mysticism and ritualistic religion. His intensely personal poems reflect his decadent life style. "La vie antérieure" is extracted from Baudelaire's *Les fleurs du mal* (1857) which created a scandal when it first appeared. The author, publisher, and printer were successfully prosecuted and the book was suppressed because of its alleged immorality. Singer Charles Panzéra (1896-1976) describes this mélodie as "glowing with that strange Baudelairian light—near and far away, captivating and mysterious." Duparc's indication for the last section of the song is "almost half voice, with no nuance, like a vision." In the third stanza, Duparc repeats "C'est là" as if to emphasize the seductive force of that illusion. "La vie antérieure" was Duparc's last mélodie.

La vie antérieure

J'ai longtemps habité sous de vastes portiques
Que les soleils marins teignaient de mille feux,
Et que leurs grands piliers, droits et majestueux,
Rendaient pareils, le soir, aux grottes basaltiques.

Les houles, en roulant les images des cieux,
Mêlaient d'une façon solennelle et mystique
Les tout-puissants accords de leur riche musique
Aux couleurs du couchant reflété par mes yeux.

C'est là que j'ai vécu dans les voluptés calmes,
Au milieu de l'azur, des vagues, des splendeurs
Et des esclaves nus, tout imprégnés d'odeurs,

Qui me rafraîchissaient le front avec des palmes,
Et dont l'unique soin était d'approfondir
Le secret douloureux qui me faisait languir.

The former life

For a long time I lived under vast porticos
Which the suns of the sea tinted with a thousand fires
And whose great pillars, straight and majestic,
Made them look, at evening, like caves of basalt.

The surging waves, mirroring the image of the skies,
Solemnly and majestically mingled
The all-powerful chords of their rich music
With the colors of the sunset reflected in my eyes.

It is there I lived in calm, sensual pleasure,
Amid azure skies, waves, splendors
And naked slaves, lavishly perfumed,

Who cooled my brow with palm fronds,
And whose only care was to deepen
The sad secret that made me languish.

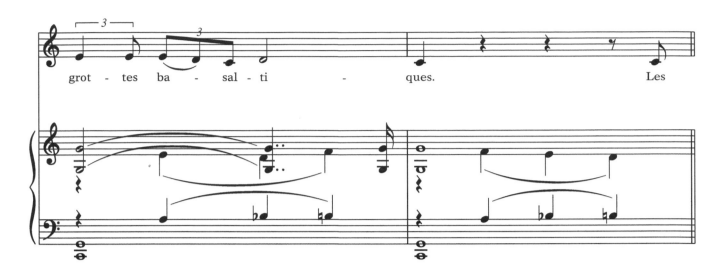

grot - tes ba - sal - ti - ques. Les

Un peu plus vite mais très peu

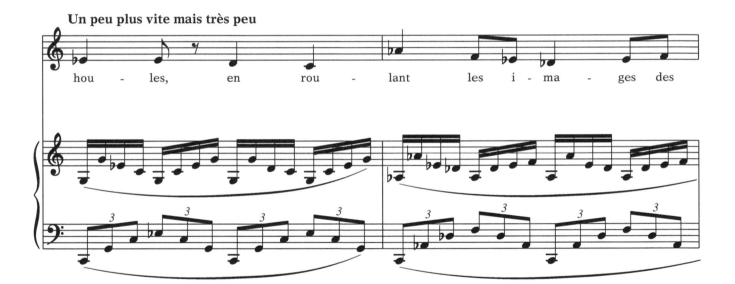

hou - les, en rou - lant les i - ma - ges des

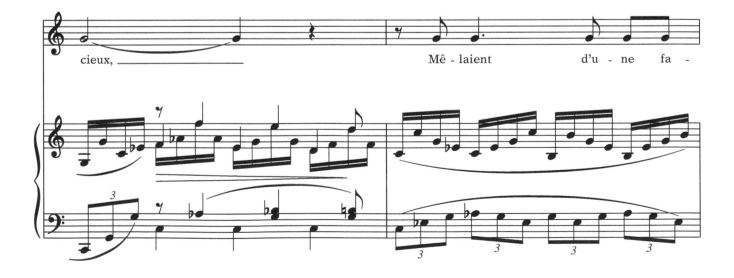

cieux, _____ Mê - laient d'u - ne fa -

poco a poco cresc.

çon   so - len - nelle   et   mys - ti   -   que   Les

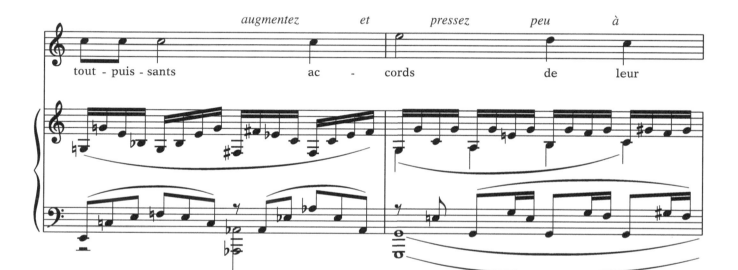

augmentez   et   pressez   peu   à

tout - puis - sants   ac   -   cords   de   leur

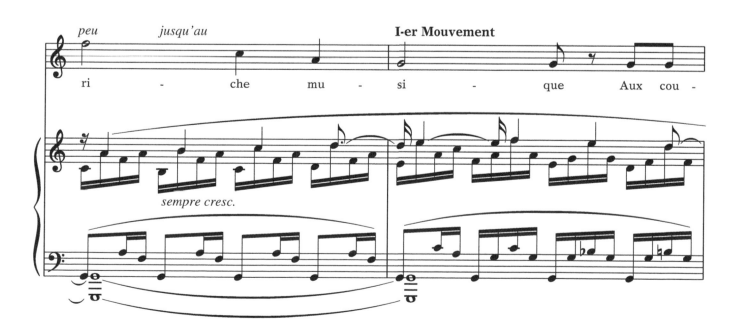

peu   jusqu'au   **I-er Mouvement**

ri   -   che   mu - si   -   que   Aux cou -

sempre cresc.

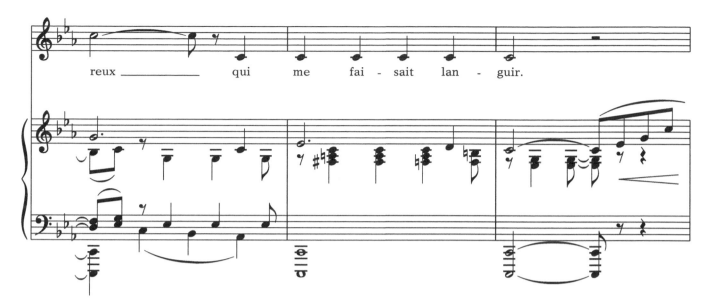

reux _____ qui me fai - sait lan - guir.

un peu ralenti

dim.   **pp**   *perdendo*

Hébé

Louise Ackermann
(1813-1890)

Ernest Chausson
(1855-1899)

Composed 1882. Opus 2, no. 6, subtitled "Chanson grecque dans le mode phrygien." Publisher: Hamelle. Dedicated to Mlle. Eva Callimaki-Catargi, a young woman probably of Greek origin. She was painted twice by Fantin-Latour. In his painting titled *La leçon de dessin* she is portrayed copying a Greek plaster. Louise Ackermann, née Victorine Choquet, was a late romantic poetess. "Hébé" is found in her collection titled *Contes et poésies* (1863). Chausson was fascinated by eastern religions, especially Buddhism, and his attraction to this volume of poetry might have stemmed from its material on Savitri and Sakuntala. The divine cupbearer of the gods, Hébé, pours the elixir of youth. The poem is austere but elegant in its illustration of the young Grecian goddess; Chausson's use of the Phrygian mode evokes a mood of antiquity. Despite the grandeur of the poetic content, there is a sense of intimacy in the little scene of Hébé and the gods, a microcosm suspended in time, classic and complete.

Hébé

Les yeux baissés, rougissante et candide,
Vers leur banquet, quand Hébé s'avançait,
Les Dieux charmés tendaient leur coupe vide,
Et de nectar l'enfant la remplissait.

Nous tous aussi, quand passe la jeunesse,
Nous lui tendons notre coupe à l'envi.
Quel est le vin qu'y verse la Déesse?
Nous l'ignorons; il enivre et ravit.

Ayant souri dans sa grâce immortelle,
Hébé s'éloigne; on la rappelle en vain.
Longtemps encor, sur la route éternelle,
Notre œil en pleurs suit l'échanson divin.

Hébé

Her eyes lowered, blushing and ingenuous,
When Hébé drew near their banquet
The enchanted Gods held out their empty cups,
And the child refilled them with nectar.

All we too, when youth has passed.
Hold out our cup to her with longing.
What is the wine the Goddess pours there?
We do not know; it intoxicates and delights.

Having smiled in her immortal grace,
Hébé goes on her way; we call her back in vain.
On the eternal path, for a long time still
Our tearful eyes follow the divine cup-bearer.

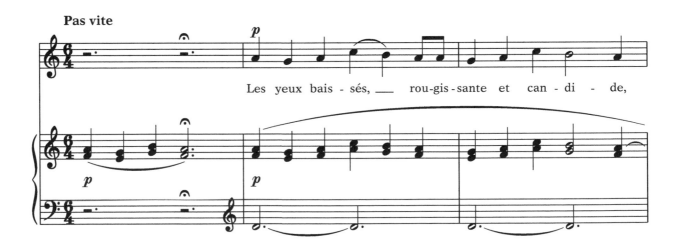

Vers leur ban-quet, quand Hé - bé s'a - van - çait, Les Dieux _ char-més ten -

daient leur cou-pe vi - de, Et de nec - tar _ l'en - fant la rem-plis-sait.

Nous tous aus - si, quand pas - se la _ jeu -

nes - se, Nous lui ten - dons no-tre coupe à l'en - vi. _____

Quel est le vin ___ qu'y

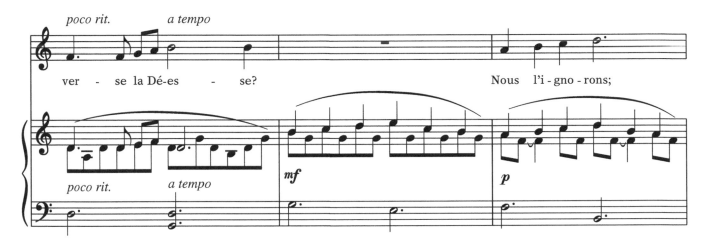

poco rit.   *a tempo*

ver - se la Dé-es - se?   Nous l'i - gno - rons;

il en - ivre ___ et ra - vit.

Tempo I

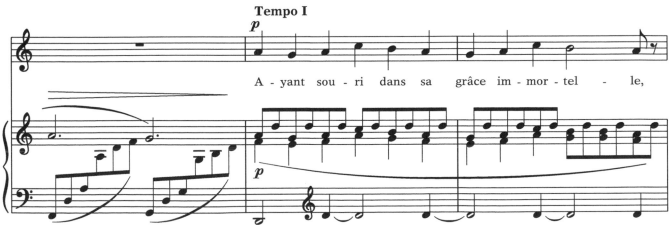

A - yant sou - ri dans sa grâce im - mor - tel - le,

Hé - bé s'é - loi - gne; on la rap-pelle en vain. Long-temps en-cor, sur la

route é - ter - nel - le, Notre œil en pleurs

suit l'é - chan - son di - vin.

Le charme

Armand Silvestre
(1837-1901)

Ernest Chausson
(1855-1899)

Composed 1879. Op. 2, No. 2. Publisher: Hamelle. Armand Silvestre's poem appears in *Chansons des heures*. The poem is titled "Pour une voix," and is found in the section of poems titled *Vers pour être chanté*. Fauré set "Le plus doux chemin" from this volume. Silvestre was a well-known poet and novelist of the day. His poetry is extricably bound up with the history of French song; Fauré and Massenet used his verses extensively. Silvestre poems were also set by Bizet, Delibes, Duparc, Lalo, and Roussel. "Le charme" is one of the very earliest of Chausson's songs. It has all the simplicity and attractive qualities of a salon song. At the time he composed it, Chausson was studying with Jules Massenet, and had just begun attending the classes of César Franck. Perhaps Massenet's fondness for Silvestre's poetry prompted Chausson's choice of text for this song. It was to be Chausson's only setting of the poet.

Le charme	*The Charm*
Quand ton sourire me surprit,	*When your smile surprised me*
Je sentis frémir tout mon être,	*I felt all my being tremble*
Mais ce qui domptais mon esprit	*But what had subdued my spirit*
Je ne pus d'abord le connaître.	*At first I could not know.*
Quand ton regard tomba sur moi,	*When your gaze fell upon me*
Je sentis mon âme se fondre,	*I felt my soul melt,*
Mais ce que serait cet émoi,	*But what this emotion might be,*
Je ne pus d'abord en répondre.	*At first I could not understand.*
Ce qui me vainquit à jamais,	*What vanquished me forever*
Ce fut un plus douloureux charme,	*Was a much sadder charm,*
Et je n'ai su que je t'aimais,	*And I did not know that I loved you*
Qu'en voyant ta première larme.	*Until I saw your first tear.*

Le temps des lilas

Maurice Bouchor
(1855-1929)

Ernest Chausson
(1855-1899)

Composed 1886. Publisher: Rouart-Lerolle. This poem is found in Maurice Bouchor's volume *Les poèmes de l'amour et de la mer* (1876) in the section titled "La mort de l'amour." Chausson's setting for voice and piano is probably his most famous mélodie. He later used the song as the third movement of his orchestral song cycle titled *Poème de l'amour et de la mer*, Opus 19. Its memorable opening theme was also the basis for the second movement of that work, the orchestral Interlude. A full score was published in 1919, after the composer's death. Chausson dedicated the *Poème de l'amour et de la mer* to Henri Duparc. The first performance was sung by Désiré Demest in Brussels, 21 February 1893. Maurice Bouchor and Chausson were contemporaries and close friends. Chausson composed a total of eight mélodies to Bouchor's verses during the period from 1878 to 1888. As the century drew to a close, reminiscence became a prominent poetic theme. Bouchor's poem emphasizes loss, change, and nostalgia for things past.

Le temps des lilas	*The time of lilacs*
Le temps des lilas et le temps des roses	*The time of lilacs and the time of roses*
Ne reviendra plus à ce printemps-ci;	*Will not return again this spring*
Le temps des lilas et le temps des roses	*The time of lilacs and the time of roses*
Est passée, le temps des œillets aussi.	*Is passed, the time of carnations too.*
Le vent a changé, les cieux sont moroses,	*The wind has changed, the skies are gloomy,*
Et nous n'irons plus courir, et cueillir	*And we will go no more to gather*
Les lilas en fleur et les belles roses;	*The flowering lilacs and the beautiful roses;*
Le printemps est triste et ne peut fleurir.	*The spring is sad and cannot blossom.*
Oh! joyeux et doux printemps de l'année,	*Oh! joyful and sweet spring of the year,*
Qui vins, l'an passé, nous ensoleiller,	*That came last year to bathe us in sunshine,*
Notre fleur d'amour est si bien fanée,	*Our flower of love is now so withered*
Las que ton baiser ne peut l'éveiller!	*Alas! your kiss cannot revive it!*
Et toi, que fais-tu? pas de fleurs écloses,	*And you, what are you doing? No budding flowers,*
Point de gai soleil ni d'ombrages frais;	*No cheerful sunlight or cool shadows*
Le temps des lilas et le temps des roses	*The time of lilacs and the time of roses*
Avec notre amour est mort à jamais.	*With our love, is dead forever.*

Le temps des li - las _____ et le temps des ro - ses _____

Ne re-vien-dra plus   à ce prin-temps-ci; _____

Le temps des li - las   et le temps des ro - ses Est pas - sée, _____

le temps des œil-lets aus - si. _____

peut _____ l'é - veil -

ler! _____ Et toi que fais -

tu? pas de fleurs é - clo - - ses, Point de gai so -

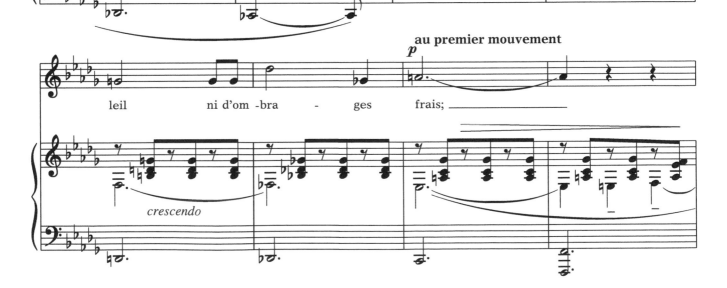

leil ni d'om -bra - ges frais; _____

Le colibri

Charles-Marie-René Leconte de Lisle
(1818-1894)

Ernest Chausson
(1855-1899)

Composed 1882. Opus 2, no. 7. Publisher: Hamelle. Dedicated to Lady Harbord. The seven songs of Opus 2 ("Nanny," "Le charme," "Les papillons," "Le dernière feuille," "Sérénade italienne," "Hébé," and " Le colibri") contain a variety of subject matter, but are especially notable for their effective synthesis of music and poetry. Chausson was particularly attracted to the poetry of Charles-Marie-René Leconte (known as de Lisle because of his birthplace), the leader of the Parnassian poets. The Parnassians stressed restraint, objectivity, and precise description in their poetry. De Lisle's verse is rich in imagery, color, rhythm, and veiled sensuality. Chausson's setting is full of subtle nuance; even the unusual metric signature (5/4) seems natural. The sultry world of the hummingbird could easily be linked to the paintings of Paul Gauguin, a friend of Chausson. Chausson's superb personal collection of paintings included not only canvasses by Gauguin, but also Delacroix, Corot, Renoir, Degas, and Japanese prints by the great masters. It is little wonder that Chausson was drawn to de Lisle's poetic images.

Le colibri	The hummingbird
Le vert colibri, le roi des collines,	The green hummingbird, the king of the hills,
Voyant la rosée et le soleil clair	Seeing the dew and the bright sunlight
Luire dans son nid tissé d'herbes fines,	Shining on his nest woven from fine grasses
Comme un frais rayon s'échappe dans l'air.	Like a fresh ray, escapes into the air.
Il se hâte et vole aux sources voisines,	He hurries and flies to the nearby springs
Où les bambous font le bruit de la mer,	Where bamboos make a sound like the sea
Où l'açoka rouge, aux odeurs divines,	Where the divinely perfumed red hibiscus
S'ouvre et porte au cœur un humide éclair.	Unfolds the dewy brilliance of its heart.
Vers la fleur dorée il descend, se pose,	To the gilded flower he descends, he hovers
Et boit tant d'amour dans la coupe rose	And drinks so much love from the red cup
Qu'il meurt, ne sachant s'il l'a pu tarir.	That he dies, not knowing if he has drained it!
Sur ta lèvre pure, ô ma bien-aimée,	On your pure lips, o my beloved
Telle aussi mon âme eut voulu mourir	My soul would also have wished to die
Du premier baiser qui l'a parfumée!	Of the first kiss which perfumed it!

clair Lui-re dans son nid tis - sé d'her-bes fi - nes, ___

Comme un frais ra - yon s'é - chap-pe dans l'air. ___

Il se hâte ___ et vole aux sour-ces voi - si - nes, ___

en pressant peu à peu

Où les bam-bous font le bruit de la mer, ___

en pressant peu à peu

Où l'a - ço - ka rouge aux o - deurs _ di - vi - nes, ____

S'ouvre et porte au cœur un hu - mide é - clair. ____ Vers ____ la

fleur do - rée, il de - scend, ____ se po - se, Et

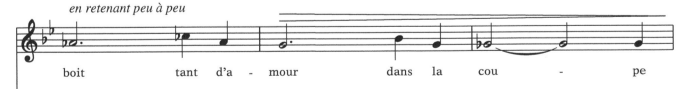

boit tant d'a - mour dans la cou - pe

ro - se _____ Qu'il meurt, _____ ne sa-chant s'il l'a pu - ta-

rir! _____ Sur ta lèv-re pu - re,

ô ma bien -ai - mé - e, Telle aus - si mon âme eut vou-lu mou - rir, _____

Du pre-mier bai-ser, __ qui l'a par-fu - mé - e. _____

Beau soir

Paul Bourget
(1852-1935)

Claude Debussy
(1862-1918)

Some sources date this song 1877/78; however Rohinsky dates it 1882, and Cobb suggests 1883 as a likely year for its composition. Bourget's poem is found in *Les Aveux II*, first published in 1882; "En voyage", no. VII, in *Dilettantisme*. Published by Vve E. Girod 1891; Fromont, 1919; Jobert, n.d. Arranged for violin and piano by A. Bachmann (Jobert, 1909); for orchestra by H. Mouton (Jobert, 1926); and for cello and piano (Jobert, 1923). Debussy composed "Beau soir" at twenty or twenty-one years of age, and before his journey to Rome in 1884 as winner of the Prix de Rome. It was not published until 1891, the year before the premiere of *Pelléas et Mélisande*. It is difficult to recognize much of Debussy's characteristic musical style in this early mélodie. He does, however, tip his cap to Massenet with supple, graceful vocal phrases. See "Les cloches" for information on Bourget.

Beau soir

Lorsque au soleil couchant les rivières sont roses,
Et qu'un tiède frisson court sur les champs de blé,
Un conseil d'être heureux semble sortir des choses
Et monter vers le cœur troublé.

Un conseil de goûter le charme d'être au monde
Cependant qu'on est jeune et que le soir est beau,
Car nous nous en allons, comme s'en va cette onde:
Elle à la mer, nous au tombeau.

Beautiful evening

When at sunset the rivers are rose-tinted
And a warm breeze shivers across the wheat fields,
A suggestion to be happy seems to emanate from all things
And rises towards the restless heart.

A suggestion to savor the pleasure of being alive
While one is young and the evening is beautiful
For we shall go, as this wave goes:
It to the sea, we to the tomb.

93

viè - res sont ro - ses, Et qu'un tiè - de fris-

son court sur les champs de blé, _____

Un con - seil d'être heu - reux sem - ble sor - tir des cho - ses

Et mon - ter vers le cœur _____ trou -

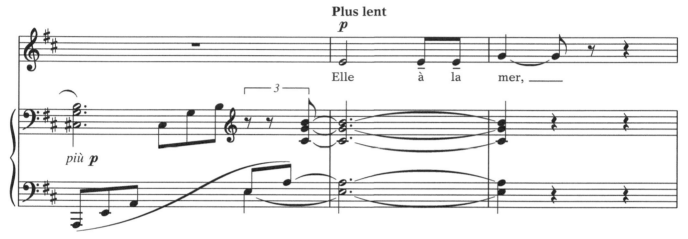

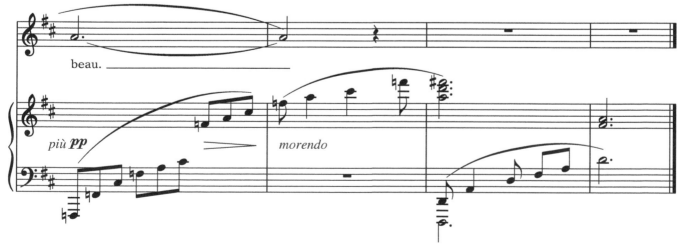

Les cloches

Paul Bourget
(1852-1935)

Claude Debussy
(1862-1918)

Composed 1891? No. 2 *Deux romances* (No. 1 is "Romance"). Publisher: Durand, 1891. The style of *Deux romances* suggests the two songs were probably composed well before publication; Cobb suggests the date 1886. The text is taken from Bourget's *Dilettantisme*, in *Les Aveux II*, 1882. The title of Bourget's poem is "Romance." The song manuscript is untitled; the publisher added the title "Les cloches." Paul Bourget, critic and novelist noted for his intellect, was a poet associated with a number of Debussy's early songs. Debussy's settings of Bourget's verses are lyrical and nostalgic (see "Beau soir"), and are musically linked to early Fauré or Massenet in style.

Les cloches	The bells
Les feuilles s'ouvraient sur le bord des branches,	The leaves opened on the edges of the branches,
Délicatement,	Delicately,
Les cloches tintaient, légères et franches,	The bells pealed, light and clear,
Dans le ciel clément.	In the mild sky.
Rythmique et fervent comme une antienne,	Rhythmic and fervent like an anthem,
Ce lointain appel	That distant peal
Me remémorait la blancheur chrétienne	Brought to mind the Christian whiteness
Des fleurs de l'autel.	Of altar flowers.
Ces cloches parlaient d'heureuses années,	Those bells spoke of happy years,
Et dans le grand bois,	And in the great woods,
Semblaient reverdir les feuilles fanées	Seemed to turn green again the faded leaves
Des jours d'autrefois.	Of days gone by.

Mandoline

Paul Verlaine
(1844-1896)

Claude Debussy
(1862-1918)

Composed 1882. Song no. 3 in the *Vasnier Songbook*. Publisher, *La Revue illustrée*, September 1, 1890, with illustrations by Willette; Durand et Schoenewerk, Paris, 1890; Durand 1905, 1907. Arranged for voice and orchestra by Louis Beydts; Durand, 1930. There are two manuscripts: a dated manuscript with the dedication in the Bibliothèque Nationale, Paris, and an undated manuscript in the Houghton Library, Harvard University. There are text changes in the undated manuscript: C'est Tircis et c'est *Lycandre* (Debussy)/ C 'est Tircis et c'est *Aminte* (Verlaine); D'une lune *grise et rose* (Debussy)/ D'une lune *rose et grise* (Verlaine). On the back of the last page of this manuscript are found the first sixteen bars of an early version of "En sourdine," without the words. "Mandoline" is dedicated to Mme. Vasnier ("These songs that lived only through her and that would lose their charming grace were they nevermore to issue from her melodious fairy mouth, the author eternally grateful.") Marie-Blanche Vasnier was a gifted amateur singer with whom the young Debussy was infatuated. Debussy composed a volume of thirteen songs, the so-called "Vasnier Songbook," as a gift for her. Their tumultuous liaison ended around 1887. Debussy was the first composer of importance to set Verlaine's poetry. Fauré, Hahn, Chabrier, Milhaud, Ravel, Chausson, and others followed him. (See Fauré's "Mandoline", composed eight years later).

Mandoline	Mandolin
Les donneurs de sérénades Et les belles écouteuses, Échangent des propos fades Sous les ramures chanteuses.	*The serenaders* *And their lovely listeners,* *Exchange trivial banter* *Under the singing boughs.*
C'est Tircis et c'est Aminte, Et c'est l'éternel Clitandre, Et c'est Damis qui pour mainte Cruelle fait maint vers tendre.	*It is Tircis and Aminte,* *And the tiresome Clitandre,* *And Damis, who for many a* *Cruel woman writes many a tender verse.*
Leurs courtes vestes de soie, Leurs longues robes à queues, Leur élégance, leur joie, Et leurs molles ombres bleues,	*Their short silken jackets,* *Their long dresses with trains* *Their elegance, their merriment,* *And their soft blue shadows,*
Tourbillonnent dans l'extase D'une lune rose et grise, Et la mandoline jase Parmi les frissons de brise.	*Whirl wildly in the rapture* *Of a pink and gray moon,* *And the mandolin chatters on* *Amid the shivering breeze.*

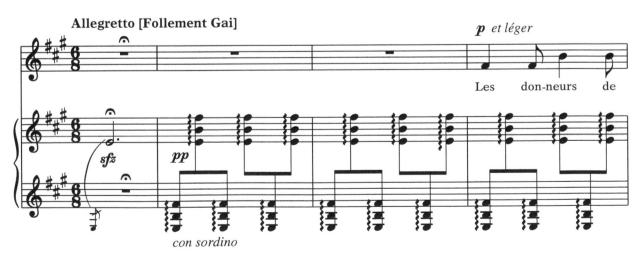

sé - ré - na - des Et les bel - les é - cou-teu - ses É-chan - gent

des pro-pos fa - des Sous les ra - mu-res chan - teu - -

ses. _____ C'est Tir - cis et c'est _ A - min - -

- te, Et c'est l'é-ter-nel Cli - tan - -

bleu - es, Tour - bil - lon - nent dans _ l'ex - ta - se

D'u - ne lu - ne rose _ et gri - se, Et la man - do -

li - ne ja - se par - mi les fris - sons de bri -

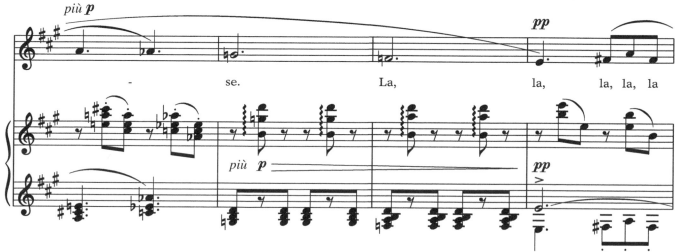

- se. La, la, la, la, la

Noël des enfants qui n'ont plus de maisons

Claude Debussy

Claude Debussy
(1862-1918)

Composed 1915. Published by Durand & Cie, Paris, 1916; also Durand, 1916, in a version for piano and two sopranos. The manuscript for voice and piano as well as a version for children's chorus and piano are in the Bibliothèque Nationale, Paris. Jane Monjovet gave the first performance at a concert of the Amitiés franco-étrangères in the Grand Amphitheater of the Sorbonne, 9 April 1916. This is Debussy's last song, written to his own text on the eve of his first operation for the cancer that ended his life two years later. Enraged by the invasion of northern France by the German armies during World War I, he composed this personal protest. When Henri Büsser asked for permission to orchestrate the song, Debussy replied: "No, no, I have already refused it to André Caplet. I want this piece to be sung with the most discreet accompaniment. Not a word of this text must be lost, inspired as it is by the rapacity of our enemies. It is the only way I have to fight the war."

Noël des enfants qui n'ont plus de maisons

Nous n'avons plus de maisons!
Les ennemis ont tout pris,
    tout pris, tout pris,
    jusqu'à notre petit lit!
Ils ont brûlé l'école et notre maître aussi.
Ils ont brûlé l'église et monsieur Jésus-Christ
Et le vieux pauvre qui n'a pas pu s'en aller!

Nous n'avons plus de maisons!
Les ennemis ont tout pris,
    tout pris, tout pris,
    jusqu'à notre petit lit!

Bien sûr! Papa est à la guerre,
Pauvre maman est morte!
Avant d'avoir vu tout ça.
Qu'est-ce que l'on va faire?
Noël! Petit Noël! N'allez pas chez eux,
    n'allez plus jamais chez eux.
Punissez-les!

Vengez les enfants de France!
Les petits Belges, les petits Serbes,
    et les petits Polonais aussi!
Si nous en oublions, pardonnez-nous.
Noël! Noël! surtout, pas de joujoux,
Tâchez de nous redonner le pain quotidien.

Noël! Écoutez-nous,
Nous n'avons plus de petits sabots:
Mais donnez la victoire aux enfants de France!

Christmas carol for homeless children

We have no homes!
The enemy has taken everything,
    everything, everything,
    Even our little beds!
They have burned the school and our schoolmaster too.
They have burned the church and Mr. Jesus Christ
And the poor old man who could not get away!

We have no homes!
The enemy has taken everything,
    everything, everything,
    even our little beds!

Of course! Papa is away at war,
Poor Mama is dead!
Before she could see all of that.
What are we to do now?
Christmas! Little Father Christmas! Never visit their homes,
    never go to their homes again.
Punish them!

Avenge the children of France!
The little Belgians, the little Serbs,
    and the little Poles too!
If we've forgotten any, forgive us.
Christmas! Father Christmas! above all no toys,
Try to give us again our daily bread.

Christmas! Hear us,
We have no little shoes left:
But give victory to the children of France!

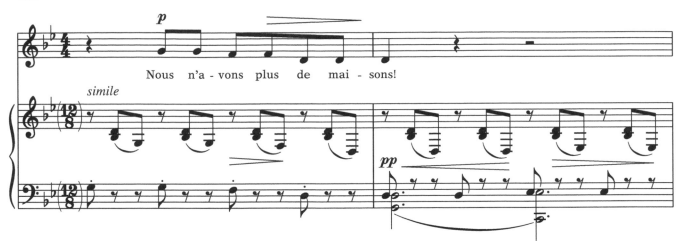

Nous n'a - vons plus de mai - sons!

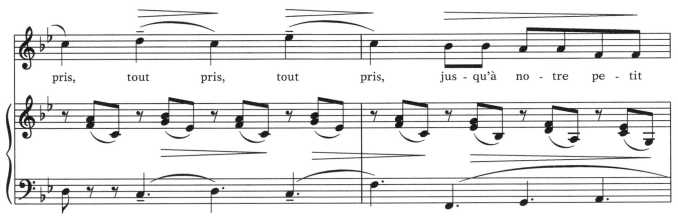

Les en - ne - mis ont tout

pris, tout pris, tout pris, jus - qu'à no - tre pe - tit

lit! Ils ont brû - lé l'é -

sons!

Les en - ne - mis ont tout pris, tout pris, tout

pris, jus - qu'à no - tre pe - tit lit!

p

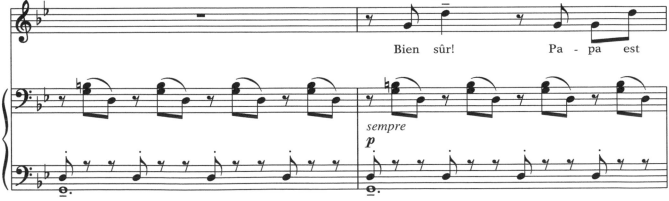

Bien sûr! Pa - pa est

sempre
p

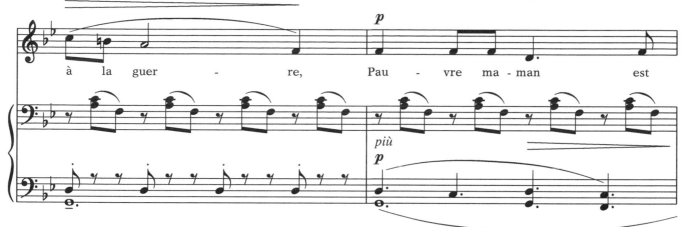

à la guer - re, Pau - vre ma - man est

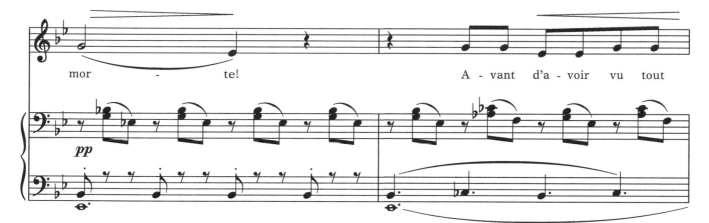

mor - te! A - vant d'a - voir vu tout

ça. Qu'est-ce que l'on va fai -

- re? No - ël!

pe - tit No - ël!   n'al - lez pas chez eux,

n'al - lez plus ja - mais chez eux,   Pu - nis-sez - les!

Ven - gez les en -

Poco animato

fants de Fran - ce!   Les pe - tits Bel - ges,

les pe - tits Ser - bes, et les pe - tits Po - lo - nais aus -

Sempre animato

crescendo poco a poco

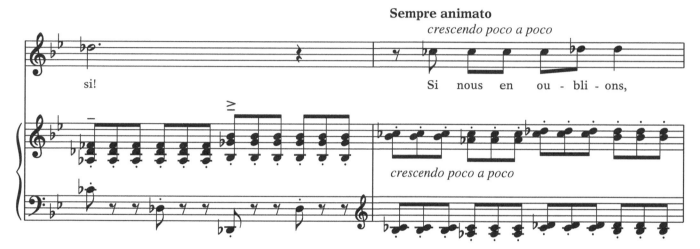

si! Si nous en ou - bli - ons,

crescendo poco a poco

par - don - nez - nous. No - ël!

f

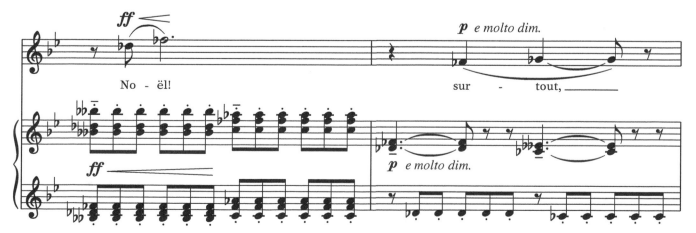

No - ël! sur - tout,

ff *p e molto dim.*

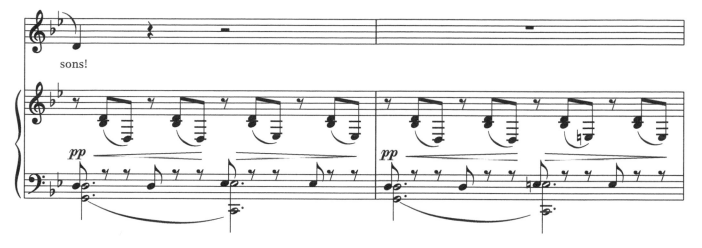

sons!

Les en - ne - mis ont tout pris, tout pris, tout

decresc.

pris jus - qu'à no - tre pe - tit lit!

Ils ont brû - lé, l'é - cole et no - tre maître aus - si.

Ils ont brû - lé l'é - glise et mon - sieur Jé - sus - Christ

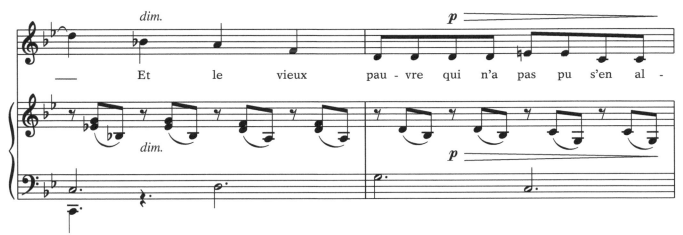

Et le vieux pau - vre qui n'a pas pu s'en al -

ler!

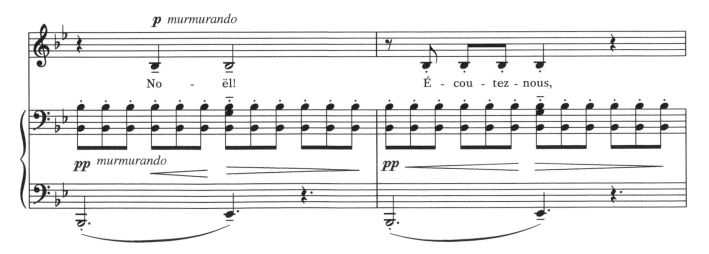

No - ël! É - cou - tez - nous,

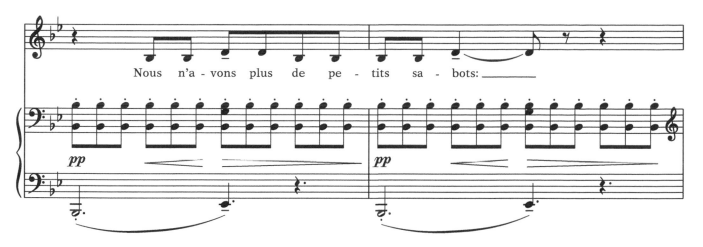

Nous n'a - vons plus de pe - tits sa - bots: _____

Tempo I

crescendo molto

Mais don - nez la vic - toire aux en - fants de

crescendo molto

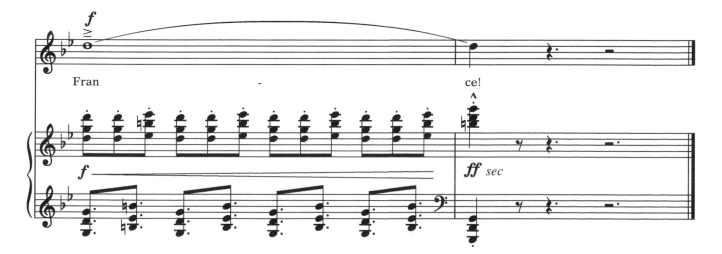

Fran - ce!

Après un rêve

Romain Bussine
(1830-1899)
After an anonymous Tuscan poet

Gabriel Fauré
(1845-1924)

Composed 1878? Op. 7, no. 1. The publisher, Hamelle added the opus number, at the request of Fauré, in 1896. Dedicated to Madame Marguerite Baugnies. Published by Choudens, 1878; Hamelle, 1887, first collection, no. 15. First performance, Société nationale de musique, 11 January 1879, Henriette Fuchs, soprano. Romain Bussine, professor of singing at the Paris Conservatoire, adapted the text from an Italian poem titled "Levati sol che la luna é levatai." It is written in an Italianate *bel canto* style, no doubt inspired by Fauré's relationship with the Viardot family. Fauré was engaged to Marianne Viardot, daughter of Pauline Viardot (see "Fleur desséchée"). Marianne terminated the engagement, and Fauré composed this song—the evocation of a lost vision of love—soon after. Fauré's other Italianate settings ("Sérénade toscane," "Barcarolle" and "Chanson du pêcheur") also belong to this period. The popularity of this mélodie has occasioned many instrumental transcriptions.

Après un rêve

Dans un sommeil que charmait ton image
Je rêvais le bonheur, ardent mirage;
Tes yeux étaient plus doux, ta voix pure et sonore,
Tu rayonnais comme un ciel éclairé par l'aurore.

Tu m'appelais et je quittais la terre
Pour m'enfuir avec toi vers la lumière;
Les cieux pour nous, entr'ouvraient leurs nues,
Splendeurs inconnues, lueurs divines entrevues…

Hélas, hélas, triste réveil des songes!
Je t'appelle, ô nuit, rends-moi tes mensonges;
Reviens, reviens radieuse,
Reviens, ô nuit mystérieuse!

After a dream

In a sleep charmed by your image
I dreamed of happiness, ardent mirage;
Your eyes were soft, your voice pure and rich,
You were radiant as a sky lit by the dawn.

You called me, and I left the earth
To flee with you towards the light.
The heavens parted their clouds for us
Unknown splendors, glimpses of divine light…

Alas, alas, sad awakening from dreams!
I call to you, o night, give me back your illusions;
Return, return in radiance,
Return, o mysterious night!

heur, ar-dent mi-ra - ge; Tes yeux é-taient plus doux, ____ ta voix pure et so-no - re, Tu ray - on - nais comme un ciel ____ é-clai-ré par l'au-ro - re. Tu m'ap-pe - lais ____ et je quit-tais la ter - re Pour m'en-fuir a-vec

toi vers la lu - miè - re; Les cieux _ pour _

nous, _____ en - tr'ou - vraient leurs nu - es, Splen - deurs _____ in - con -

nu - es, lu - eurs di - vi - nes en - tre - vu - es... Hé -

las, hé - las, tris - te ré - veil _ des son -

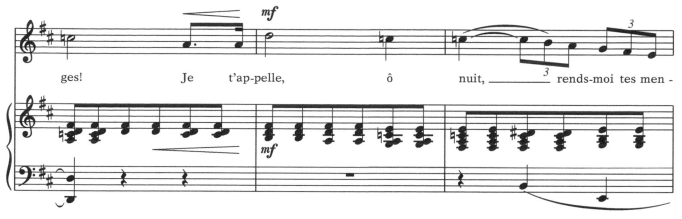

ges! Je t'ap-pelle, ô nuit, rends-moi tes men -

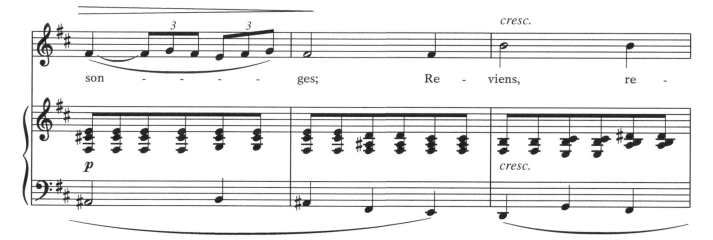

son - - - ges; Re - viens, re -

viens ra - di - eu - se, Re - viens, ô

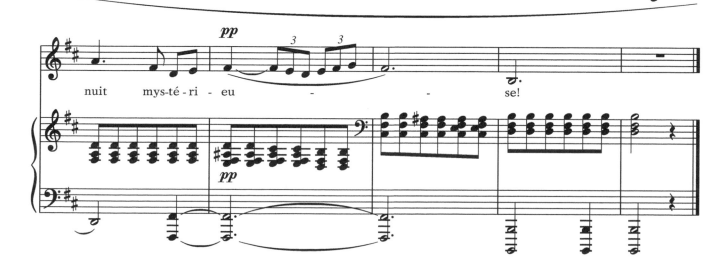

nuit mys-té - ri - eu - se!

Chanson d'amour

Armand Silvestre
(1838-1901)

Gabriel Fauré
(1845-1924)

Composed 1882. Op. 27, no. 1. Dedicated to Madamoiselle Jane Huré. Published by Hamelle, 1882; second collection. no. 10. First performance: Société nationale de musique, 9 December 1882, Jane Huré, soprano. Armand Silvestre wrote graceful verse often criticized as sentimental and lacking in depth. However, composers such as Fauré and Duparc seemed able to work easily with his poetry. Fauré composed ten mélodies and one choral work using Silvestre's verses. In this setting, Fauré lengthened the poem by using the first four lines as a refrain.

Chanson d'amour

J'aime tes yeux, j'aime ton front,
O ma rebelle, ô ma farouche,
J'aime tes yeux, j'aime ta bouche
Où mes baisers s'épuiseront.

J'aime ta voix, j'aime l'étrange
Grâce de tout ce que tu dis,
O ma rebelle, ô mon cher ange,
Mon enfer et mon paradis!

J'aime tout ce qui te fait belle,
De tes pieds jusqu'à tes cheveux,
O toi vers qui montent mes vœux,
O ma farouche, ô ma rebelle!

Love Song

I love your eyes, I love your forehead,
O my rebel, o my wild one,
I love your eyes, I love your mouth
Where my kisses will exhaust themselves.

I love your voice, I love the strange
Grace of all you say,
O my rebel, o my darling angel,
My hell and my paradise!

I love everything that makes you beautiful,
From your feet to your hair,
O you towards whom all my desires fly,
O my wild one, o my rebel!

J'ai-me tes yeux, j'ai-me ta bou - che Où mes bai-sers s'é-pui-se-ront.

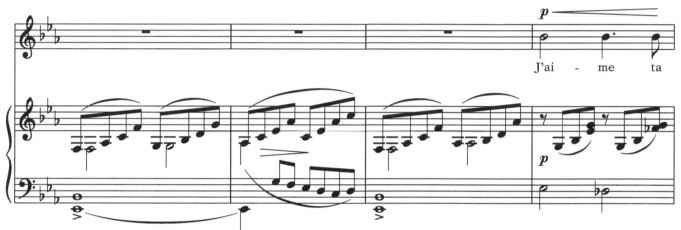

J'ai - me ta

voix, j'ai - me l'é-tran-ge Grâ - ce de tout ce que tu dis, O ma re-belle,

ô mon cher an - ge, Mon en-fer et mon pa-ra-dis! J'ai - me tes yeux,

j'ai-me ton front, O ma re-belle, ô ma fa-rou - che, J'ai - me tes yeux,

senza rigore (a tempo)

j'ai-me ta bou - che Où mes bai-sers s'é-pui-se-ront.

marcato

p

J'ai - me tout ce qui te fait bel - le,

cresc. poco a poco *mf*

De tes pieds jus-qu'à tes che-veux, O toi vers qui mon-tent mes vœux, O ma fa-

cresc. poco a poco

rouche, ô ma re-bel - le!   J'ai - me tes yeux,   j'ai - me ton front,

O ma re-belle, ô ma fa - rou - che,   J'ai - me tes yeux,   j'ai - me ta bou - che

Où mes bai-sers s'é-pui-se - ront.   Où   mes bai-sers s'é-pui-se - ront.

Clair de lune

Paul Verlaine
(1844-1896)

Gabriel Fauré
(1845-1924)

Composed 1887, Op. 46, no. 2. Dedicated to Monsieur Emmanuel Jadin. Published by Hamelle, 1888; second collection, no. 19; London, Metzler, 1897. Orchestrated by the composer in 1888. First performance, Société nationale de musique April 1888; Marice Bagès, tenor, with orchestra. The poem is taken from Verlaine's *Fêtes galantes* of 1869. Verlaine blends world of the *commedia dell'arte** with the atmosphere of the *Fêtes galantes* (romantic festivities) as depicted in eighteenth-century paintings by Watteau—scenes of charming, elegantly dressed couples, amusing themselves in great parks amidst fountains and statues (see "Mandoline"). Fauré always created an atmosphere or poetic mood in his songs, nowhere more elegantly than here—an extraordinary example of text and music that mutually enhance one another. This song was Fauré's first setting of Verlaine.

*The *commedia dell'arte* was a popular comedy form improvised by strolling players, using stock characters such as Columbine and Harlequin.

Clair de lune

Votre âme est un paysage choisi
Que vont charmant masques et bergamasques*
Jouant du luth et dansant et quasi
Tristes sous leurs déguisements fantasques.

Tout en chantant sur le mode mineur
L'amour vainqueur et la vie opportune,
Ils n'ont pas l'air de croire à leur bonheur
Et leur chanson se mêle au clair de lune.

Au calme clair de lune triste et beau,
Qui fait rêver les oiseaux dans les arbres
Et sangloter d'extase les jets d'eau,
Les grands jets d'eau sveltes parmi les marbres.

Moonlight

Your soul is a rare landscape
Charmed by masks and bergamasks
Playing the lute and dancing, and almost
Sad beneath their fantastic disguises.

While singing in the minor key
Of victorious love and the good life,
They do not seem to believe in their happiness,
And their song blends with the moonlight.

With the calm moonlight, sad and beautiful,
That makes the birds dream in the trees,
And the fountains sob with rapture,
The tall slender fountains among the marble statues.

*Although the term "bergamask" normally refers to a dance, Verlaine was apparently using the word to refer to those characters of the Italian comedy, such as Harlequin, who spoke in the dialect of Bergamo.

Votre âme est un pa-y-sa-ge choi-si

Que vont char-mant mas - ques et ber-ga - mas - ques _____

Jou - ant du luth et dan - sant et qua - si

Tris - tes sous leurs dé - gui - se - ments fan -

tas - ques.

dolce

Tout en chan - tant sur le mo-de mi - neur L'a - mour vain - queur

et la vie op - por - tu - ne,

Ils n'ont pas l'air de croire à leur bon -

heur Et leur chan - son se mêle au clair de

lu - ne.

decresc.

pp

Au   cal - me clair de lu - ne

espressivo e dolce

* Ped.   *

triste   et   beau,   Qui

dolce

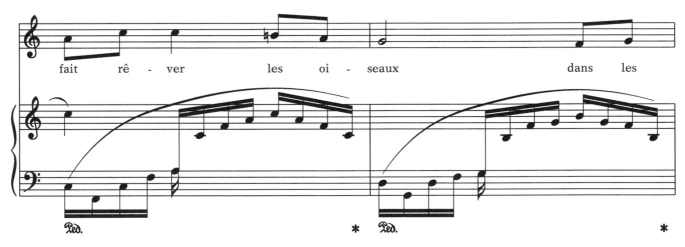

fait   rê - ver   les   oi - seaux   dans   les

Ped.   * Ped.   *

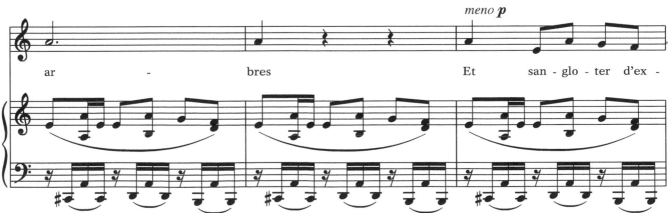

ar - bres   Et   san - glo - ter   d'ex -

meno **p**

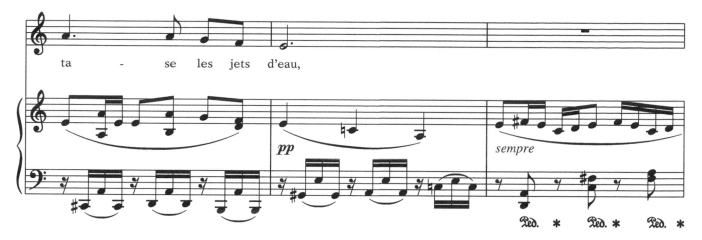

ta - se les jets d'eau,

pp

sempre

Ped. * Ped. * Ped. *

poco più

decresc.

Les grands jets d'eau svel - tes par - mi __ les __

Ped. * Ped. * Ped. * Ped. * Ped. * Ped. *

mar - bres.

dolce

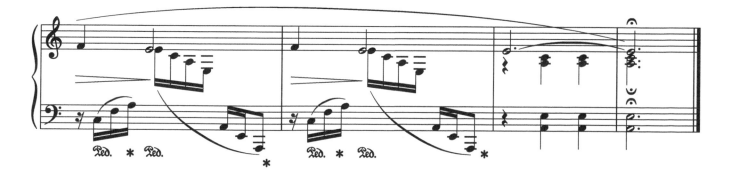

Ped. * Ped. * Ped. * Ped. *

Lydia

Charles-Marie-René Leconte de Lisle
(1818-1894)

Gabriel Fauré
(1845-1924)

Composed c.1870. Op. 4, no. 2. Published by G. Hartmann, 1871; Choudens, 1877; Hamelle, 1887, first collection. no. 8. Dedicated to Mme. Marie Trélat. First performance, Société nationale de musique, 18 May 1872, Marie Trélat, mezzo-soprano. This is Fauré's first setting of Leconte de Lisle (see "Le Colibri"). De Lisle's poem in Hellenic style is elegant and beautifully balanced. Fauré mirrored its simplicity and antique mood by using the Lydian mode and simple vocal phrases with graceful curving lines. Fauré altered the poem slightly, probably to improve the vocal flow. "Chanter sur *tes lèvres* en fleur" was changed to "Chanter sur *ta lèvre* en fleur." In the first verse, Fauré omits the bracketed words in his setting: "Et sur ton col frais et si blanc / [Que le lait,] roule étincelant." He gives the omitted words to the piano, which melodically initiates the phrase, removing the comparison of "white" and "milk." The song became personally significant when Fauré used its first measures as a recurring symbolic motif* in his song cycle *La bonne chanson* (1892-94).

*"Lydia" presumably referred to Emma Bardac, with whom Fauré was having an affair at the time he composed *La bonne chanson*.

Lydia

Lydia, sur tes roses joues,
Et sur ton col frais et si blanc,
[Que le lait,] roule étincelant
L'or fluide que tu dénoues.

Le jour qui luit est le meilleur;
Oublions l'éternelle tombe.
Laisse tes baisers, tes baisers de colombe
Chanter sur ta lèvre en fleur.

Un lys caché répand sans cesse
Une odeur divine en ton sein:
Les délices, comme un essaim,
Sortent de toi, jeune Déesse!

Je t'aime et meurs, ô mes amours,
Mon âme en baisers m'est ravie!
O Lydia, rends-moi la vie,
Que je puisse mourir toujours!

Lydia

Lydia, onto your rosy cheeks
And onto your neck, so fresh and white
There rolls down, gleaming
The flowing gold that you loosen.

The day that is dawning is the best;
Let us forget the eternal tomb.
Let your kisses, your dove-like kisses
Sing on your blossoming lips.

A hidden lily ceaselessly spreads
A divine scent in your bosom.
Delights, like swarming bees,
Emanate from you, young goddess!

I love you and die, oh my love,
My soul is ravished in kisses
O Lydia, give me back my life,
That I may die, die forever!

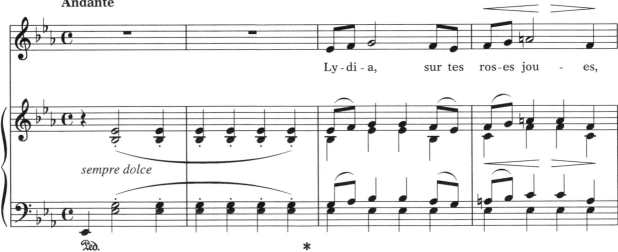

Et sur ton col frais et si* blanc, roule é-tin-ce-lant L'or flu-i-de que tu dé-nou-es.

Le jour qui luit est le meil-leur; Ou-bli-ons l'é-ter-nel-le tom-be.

dolce Lais-se tes bai-sers, tes bai-sers de co-lom-be

*"plus" in the original poem

Chan-ter sur ta lèvre *en fleur, sur ta lèvre en fleur.

Un lys ca-ché ré-pand sans ces-se

Une o-deur di-vine en ton sein: Les dé-li-ces, comme

un es-saim, Sor-tent de toi, jeu-ne Dé-es-se!

*"tes lèvres" in the original poem

Je t'aime et meurs, ô mes a-mours, Mon âme en bai-sers _ m'est ra-

vi - e! O Ly - di - a, rends-moi _____ la vi - e,

Que je puis - se mou-rir, mou - rir tou - jours!

Mandoline

Paul Verlaine
(1844-1896)

Gabriel Fauré
(1845-1924)

Composed 1891. Op. 58, no. 1 of *Cinq mélodies de Venise*. Dedicated to Madame la princesse Edmond de Polignac. Published by Hamelle, 1891; third collection, nos. 7-11. First performance, Société nationale de musique, 2 April 1892. Florent Schmitt orchestrated "Mandoline". Fauré began composing this set in Venice, while staying at the palazzo of the Princesse Edmond de Polignac, a great patron of contemporary music and art. The Princesse was formerly Winnaretta Singer, the sewing-machine heiress, who hosted one of the most elegant and influential salons in Paris. She was responsible for bringing Fauré and Verlaine together. "Mandoline," "En sourdine," and "A Clymène" are from Verlaine's collection of poems titled *Fêtes galantes*; "Green" and "C'est l'extase" come from his collection *Romances sans paroles*. Verlaine's flexible word rhythms created lyricism and fluidity in his verse, bringing back to French poetry musical qualities highly cultivated by the Renaissance poets (see Gounod's "O ma belle rebelle").

Mandoline

Les donneurs de sérénades
Et les belles écouteuses
Échangent des propos fades
Sous les ramures chanteuses.

C'est Tircis et c'est Aminte,
Et c'est l'éternel Clitandre,
Et c'est Damis qui pour mainte
Cruelle fait maint vers tendre.

Leurs courtes vestes de soie,
Leurs longues robes à queues,
Leur élégance, leur joie
Et leurs molles ombres bleues,

Tourbillonnent dans l'extase
D'une lune rose et grise,
Et la mandoline jase
Parmi les frissons de brise.

Mandolin

The serenaders
And their lovely listeners,
Exchange trivial banter
Under the singing boughs.

It is Tircis and Aminte,
And the tiresome Clitandre,
And Damis, who for many a
Cruel woman writes many a tender verse.

Their short silken jackets,
Their long dresses with trains
Their elegance, their merriment,
And their soft blue shadows,

Whirl wildly in the rapture
Of a pink and gray moon,
And the mandolin chatters on
Amid the shivering breeze.

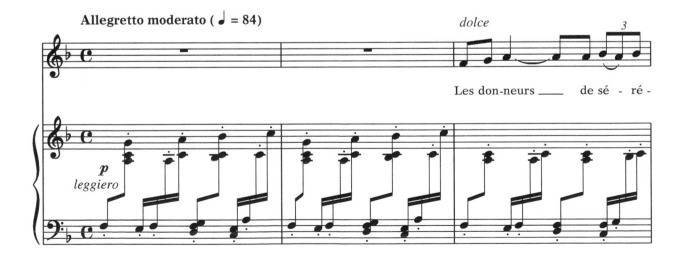

min - - te, Et c'est l'é - ter - nel Cli -
tan - dre, Et c'est Da - mis qui pour main - te Cru -
el - le fait* maint vers ten -
- dre. _____ Leurs cour - tes ves - tes de soie,

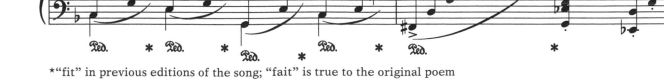

*"fit" in previous editions of the song; "fait" is true to the original poem

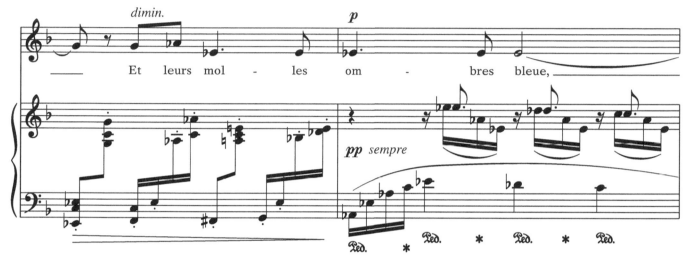

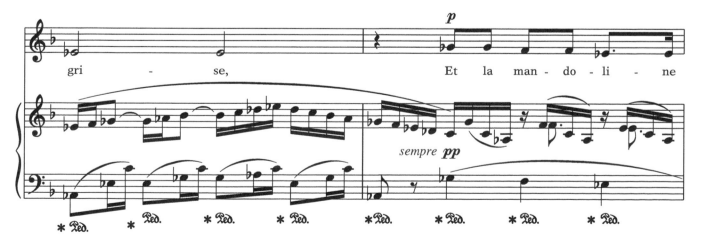

ja - se Par - mi les fris - sons de bri - se.

Les don - neurs de sé - ré - na - des _____

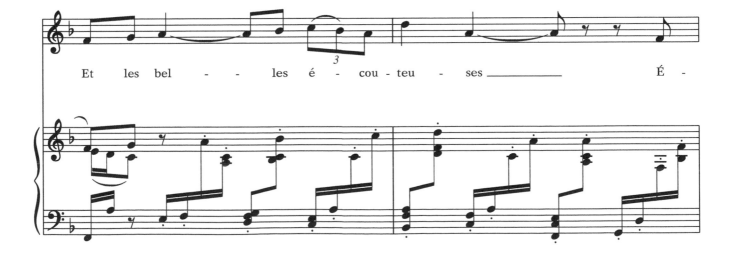

Et les bel - - les é - cou - teu - ses _____ É -

chan - gent _____ des pro - pos fa - des Sous les ra -

mu - res chan - teu -

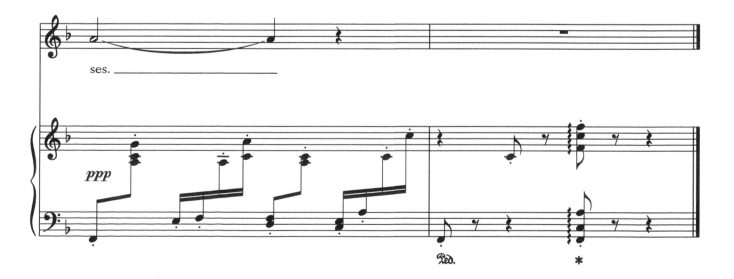

ses. _____

Notre amour

Armand Silvestre
(1838-1901)

Gabriel Fauré
(1845-1924)

Composed 1879? Op. 23, no. 2. Published by Hamelle, 1882, second collection, no. 8. At the request of the composer, the opus number was added by the publisher, Hamelle, in 1896. Dedicated to Madame Castillon. The light texture and delicate colors found in this strophic song are reminiscent of Gounod. Many of Fauré's mélodies were first heard in salons in homes of patrons such as the Princesse de Polignac, where private musical performances were given for guests. The audience was comprised of writers, painters, musicians and representatives of high society. Most of the performers were talented amateurs. Fauré appreciated these singers and their sense of style and often dedicated his mélodies to them. He always argued that the voice should not have the "voluptuous" prestige of a solo instrument, but should be a *porte-verbe* (word carrier) with an exquisite timbre. The optional high note at the end of the song originated with the composer, probably to flatter a particular singer.

Notre amour

Notre amour est chose légère
Comme les parfums que le vent
Prend aux cimes de la fougère,
Pour qu'on les respire en rêvant.

Notre amour est chose charmante,
Comme les chansons du matin,
Où nul regret ne se lamente,
Où vibre un espoir incertain.

Notre amour est chose sacrée,
Comme les mystères des bois
Où tressaille une âme ignorée,
Où les silences ont des voix.

Notre amour est chose infinie,
Comme les chemins des couchants,
Où la mer, aux cieux réunie,
S'endort sous les soleils penchants.

Notre amour est chose éternelle,
Comme tout ce qu'un dieu vainqueur
A touché du feu de son aile,
Comme tout ce qui vient du cœur.

Our love

Our love is a light thing,
Like the perfumes that the wind
Brings from the tips of the ferns,
And lets us breathe them and dream.

Our love is a charming thing,
Like the songs of the morning
Where no sorrow is voiced,
Where an uncertain hope vibrates.

Our love is a sacred thing,
Like the mysteries of the woods
Where an unknown soul is throbbing,
Where silences have voices.

Our love is an infinite thing,
Like the paths of the sunsets,
Where the sea, reunited with the sky,
Falls asleep beneath the setting suns.

Our love is an eternal thing,
Like everything that a conquering god
Touches with the fire of his wing,
Like all that comes from the heart.

p e leggiero e legato

Notre a-mour est cho - se lé-gè - re Com-me les par-fums que le vent Prend aux

ci - mes de la fou-gè - re, Pour qu'on les res-pire __ en rê-vant. Notre a-

mour est cho - se lé-gè - re! _____

sempre leggiero e legato

Notre a-mour est cho - se char-man-te, Com-me les chan-sons du ma-tin, Où

nul re-gret ne se la-men - te, Où vibre un es-poir in-cer-tain. Notre a -

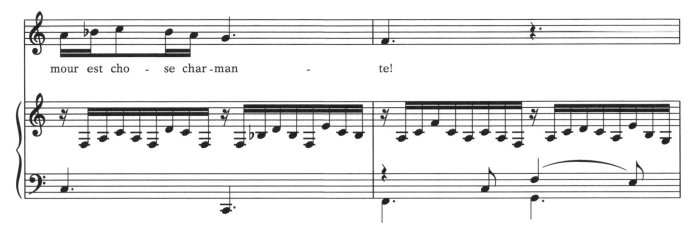

mour est cho - se char -man - te!

Notre a-mour est cho - se sa-cré - e, Com-me les mys-tè - res des bois, Où tres -

saille une âme ig-no-ré - e, Où les si-len-ces ont des voix. Notre a -

mour est cho - se sa - cré - e!

dolce

Notre a-mour est chose in - fi - ni - e, Com -me les che-mins des cou-chants,

Où la mer, aux cieux ré - u - ni - e, S'en -dort sous les so -leils pen -chants.

crescendo

Notre a - mour est chose é - ter - nel - le,

crescendo

Com - me tout ce qu'un dieu vain - queur A tou - ché du feu de son ai - le,

Com - me tout ce qui vient du cœur. ___ Notre a - mour, ___

___ Notre a - mour ___ est cho - se é - ter -

nel - le, est __ chose __ é - ter -

nel -

le! _____

*This optional note originated with the composer.

Automne

Armand Silvestre
(1838-1901)

Gabriel Fauré
(1845-1924)

Composed 1878, Opus 18, no. 3. Published by Hamelle, 1880; second collection, no. 3. First performance Société nationale de musique, 29 January 1881, Henrietta Fuchs, soprano. Dedicated to M. Emmanuel Jadin. In Fauré's catalogue, "Automne" stands out for its heavy dramatic texture and unrestrained climax. It is another example of Fauré's ability to compose an elegant, sustained melodic line underlaid with intense emotion (also see "Après un rêve").

Automne

Automne au ciel brumeux, aux horizons navrants,
Aux rapides couchants, aux aurores pâlies,
Je regarde couler, comme l'eau du torrent,
Tes jours faits de mélancolie.

Sur l'aile des regrets mes esprits emportés,
Comme s'il se pouvait que notre âge renaisse!
Parcourent en rêvant les coteaux enchantés,
Où jadis, sourit ma jeunesse!

Je sens au clair soleil du souvenir vainqueur,
Refleurir en bouquets les roses déliées,
Et monter à mes yeux des larmes,
Qu'en mon cœur
Mes vingt ans avaient oubliées!

Autumn

Autumn of misty skies and heartbreaking horizons,
Of fleeting sunsets, of pale dawns
I watch flowing by, like the waters of a torrent,
Your days tinged with melancholy.

My thoughts, carried away on the wings of regret,
—As though it were possible for our age to be reborn!
Travel in dreams over the enchanted hillsides,
Where once my youth had smiled!

In the bright sunlight of victorious memory
I smell the fallen roses blooming again in bouquets
And tears rise to my eyes
That in my heart
At twenty had been forgotten!

jours faits de mé-lan-co-li - e.

dolcissimo

dimin.

dolce

Sur l'ai - le des re-grets mes es -

sempre **pp**

prits em - por -tés, Com - me s'il se pou-vait que notre

cresc. molto

â - ge re-nais - se! Par-cou - rent en rê-vant les co -

cresc.

teaux ___ en - chan -tés, Où ja - dis, ___ sou -rit ma jeu-

nes - se! ___ Je

sens, ___ au clair so - leil du sou - ve - nir vain-queur, ___

Re - fleu - rir en bou-quets ___ les

ro - ses dé - li - é - es, Et mon -

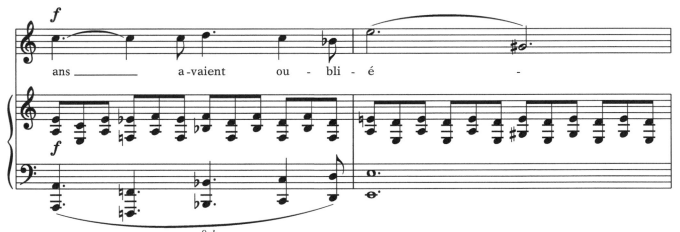

ter à mes yeux des lar - mes, Qu'en mon cœur Mes vingt

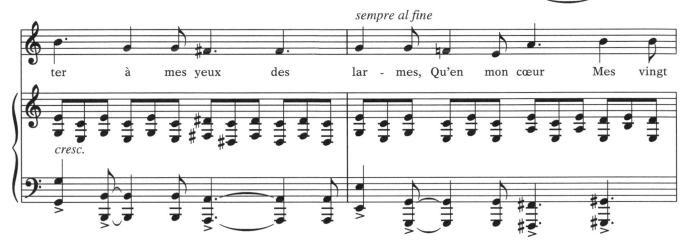

ans _____ a - vaient ou - bli - é -

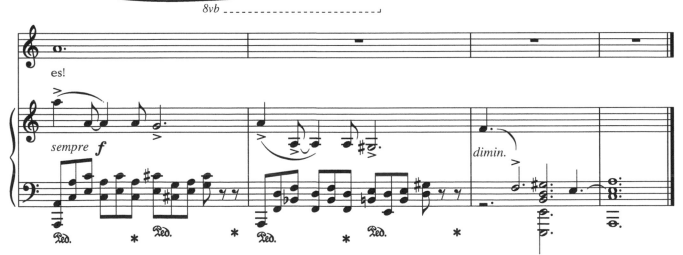

es!

L'absent

Charles Gounod

Charles Gounod
(1818-1893)

Composed 1876. Published by Choudens. In 1870 Gounod traveled to England and remained there until 1874. His wife returned to Paris long before he did. During this period, Gounod became embroiled in a drawn-out and scandalous liaison with Georgina Weldon, an infamous eccentric of the Victorian era. Among other endeavors, Mrs. Weldon ran a girls' orphanage. Lessons in singing were part of the education, and she resolved to have Gounod as composer-in-residence for her protégés. Gounod's affair with the disastrous Mrs. Weldon reached its tumultuous climax in the English courts. Georgina Weldon sued the composer, claiming monies she allegedly spent for supporting him while he composed. The case dragged on for years, but a jury ultimately awarded Mrs. Weldon £10,000 in damages. Gounod never paid, but could never return to England. During his sojourn in that country, he composed some sixty songs to English texts, including verses by Byron, Shelley, and Longfellow. Gounod composed the text and music for "L'absent" as a gesture of contrition to his wife after the Weldon affair.

L'absent	*The Absent One*
O silence des nuits dont la voix seule est douce,	*O silence of the night, whose voice alone is sweet*
Quand je n'ai plus sa voix,	*When I no longer hear her voice*
Mystérieux rayons, qui glissez sur la mousse	*Mysterious rays, gliding over the moss*
Dans l'ombre de ses bois,	*In the shade of her woods—*
Dites-moi si ses yeux, à l'heure où tout sommeille	*Tell me if her eyes, at the hour when all sleeps*
Se rouvrent doucement	*Reopen gently*
Et si ma bien-aimée alors que moi je veille,	*And then if my beloved, when I am waking,*
Se souvient de l'absent.	*Remembers the absent one.*
Quand la lune est aux cieux, baignant de sa lumière	*When the moon is in heaven, bathing with its light*
Les grands bois et l'azure;	*The great forests and the sky;*
Quand des cloches du soir qui tintent la prière	*When the evening bells, tolling for prayer*
Vibre l'écho si pur,	*Awaken so pure an echo—*
Dites-moi si son âme, un instant recueillie	*Tell me if her soul, musing for an instant*
S'élève avec leur chant,	*Raises her voice with their song,*
Et si de leurs accords la paisible harmonie	*And if the peaceful harmony of their sounds*
Lui rappelle l'absent!	*Reminds her of the absent one!*

dou - ce, Quand je n'ai plus sa voix, _____

Mys - té - ri-eux ray - ons, qui glis-sez sur la

mous - se Dans l'om-bre de ses bois, _____

Di - tes-moi si ses yeux, _____ à l'heure où tout som -

Quand des clo - ches du soir qui tin - tent la pri -

è - re Vi - bre l'é - cho si pur, _____

pp

___ l'é - cho si pur, _____

Di - tes-moi si son âme, un ins - tant re - cueil -

p

li - e S'é - lève a - vec leur chant, _____ Et

si de leurs ac - cords la pai - si - ble har - mo - ni - e

crescendo

Lui rap-pel - le l'ab - sent, _____

dim. *p*

_____ lui rap-pel - le l'ab -

poco riten.

pp *suivez*

sent! _____

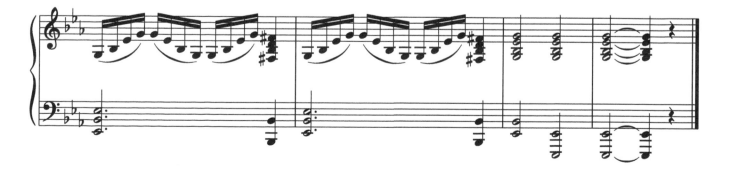

O ma belle rebelle

Jean-Antoine de Baïf
(1532-1589)

Charles Gounod
(1818-1893)

Composed 1855. Published by Choudens as no. 5 in *Vingt mélodies chant et piano par Charles Gounod* (1867). Jean-Antoine de Baïf was a member of the Pléiade, a group of seven poets led by Pierre Ronsard who exalted and imitated the forms of classical antiquity as well as writing about the joys and tragedies of life in the 16th century. Baïf's poetry is especially notable for its innovative metrical schemes. He was especially interested in unrhymed lines and the possibilities for setting such verse to music. In 1570, with composer Thibaud de Courville, he founded *L'Académie de Poésie et de Musique*. The subject of this poem is Louise Labé, the most prolific French poetess of the 16th century. She was born in Lyon around 1520 to a newly rich rope-maker's family and received an extensive liberal education. One of the many names by which she was called was "la Sappho lyonnaise." Her marriage to a wealthy rope-maker thirty years her senior caused many to refer to her as "La Belle Cordière." Her May-December marriage seems to have given her almost total freedom to socialize with men of letters and hold literary salons. Little is known about her admirers or her private life. One of her supposed lovers was the poet Clément Marot. Labé appears in Marot's collection of poems titled *L'Adolescence Clémentine* (1532), where she is referred to as "La belle rebelle."

O ma belle rebelle!	*O my beautiful rebel!*
Las! que tu m'es cruelle!	*Alas! how cruel you are to me*
Ou quand d'un doux souris,	*When with a sweet smile*
Larron de mes esprits,*	*That steals my spirit*
Ou quand d'une parole	*Or with a word*
Mignardètement molle,	*Delicately soft,*
Ou quand d'un regard d'yeux	*Or with a glance from those eyes*
Fièrement* gracieux,	*Proudly graceful,*
Ou quand d'un petit geste,	*Or with the smallest gesture*
Tout divin, tout céleste*	*Quite divine, quite celestial*
En amoureuse ardeur	*You plunge all my heart*
Tu plonges tout mon cœur!	*Into ardent love!*
O ma belle rebelle!	*O my beautiful rebel!*
Las! que tu m'es cruelle!	*Alas! how cruel you are to me!*
Quand la cuisante ardeur	*When the fiery passion*
Qui me brûle* le cœur	*That consumes my heart*
Fait que je te demande	*Requires me to ask of you*
À sa brûlure* grande	*To cool the flames that burn me*
Un rafraîchissement*	*The refreshment*
D'un baiser seulement.	*Of a single kiss.*
O ma belle rebelle!	*O my beautiful rebel!*
Las! que tu m'es cruelle!	*Alas! how cruel you are to me!*
Quand d'un petit baiser	*When with one little kiss*
Tu ne veux m'apaiser.	*You will not appease me.*
Me puissé-je un jour, dure!	*Could I one day, heartless one!*
Venger* de ton injure,	*Avenge your insult*
Mon petit maître* Amour	*My young master, Cupid*
Te puisse outrer un jour,	*Would wound your heart some day*
Et pour moi* langoureuse	*And for me have you languish,*
Il te fasse* amoureuse,	*To cause you to love me*
Comme il m'a langoureux	*As he made me languish*
Pour toi* fait amoureux.	*And to love you.*
Alors par ma vengeance	*Thus through my vengeance*
Tu auras connaissance*	*You will know*
Quel mal fait, du baiser	*How harmful it is*
Un amant refuser.	*To refuse a lover a kiss.*

*These words have been changed to modern French spelling for this edition.

Andantino quasi Allegretto

O ma bel - le re - bel - le! Las!

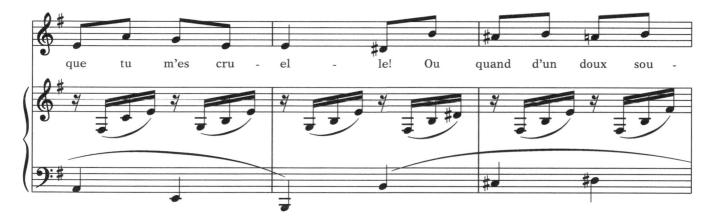

que tu m'es cru - el - le! Ou quand d'un doux sou -

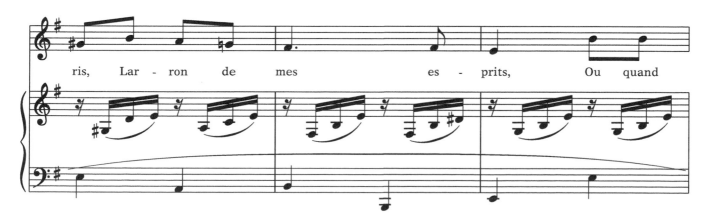

ris, Lar - ron de mes es - prits, Ou quand

d'u - ne pa - ro - le Mi - gnar - dè - te - ment

mol - le, Ou quand d'un re - gard d'yeux Fiè - re - ment

cresc.   *dim.*

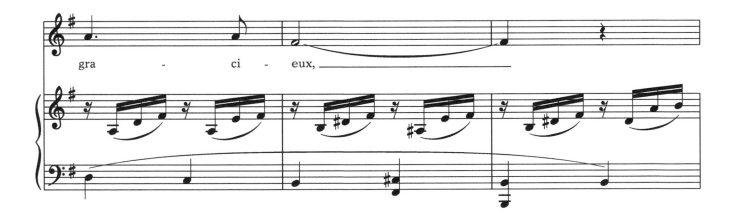

gra - ci - eux, _____

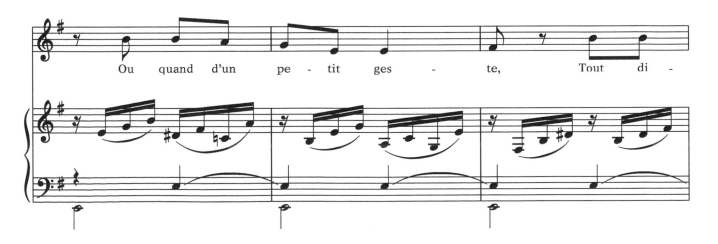

Ou quand d'un pe - tit ges - te, Tout di -

ment. _____ O ma bel -

le re - bel - le! Las! que tu m'es cru -

el - le! Quand d'un pe - tit bai - ser Tu

ne veux m'a - p'ai - ser. Quand d'un pe -

cresc.

-tit bai - ser Tu ne veux m'a - pai -

ser.

Me puis - sé - je un jour, du - re! Ven - ger de ton in -

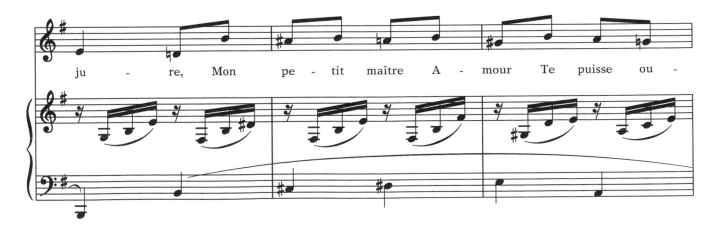

ju - re, Mon pe - tit maître A - mour Te puisse ou -

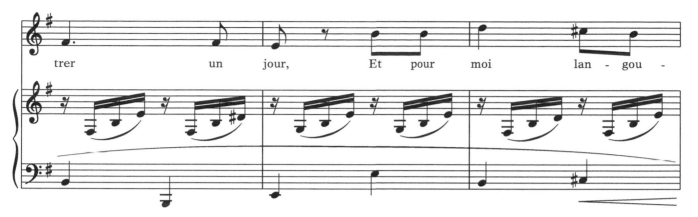

trer un jour, Et pour moi lan - gou -

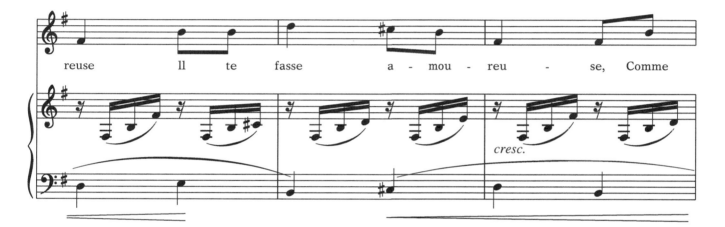

reuse ll te fasse a - mou - reu - se, Comme

il m'a lan - gou - reux Pour toi fait a - mou -

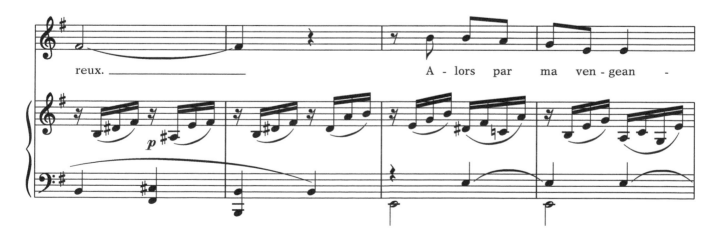

reux. A - lors par ma ven - gean -

ce Tu au - ras con - nais - san - - ce Quel mal fait, du bai -

ser Un a - mant re - fu - ser. Quel mal fait, —

— du bai - ser Un a - mant re - - fu - ser.

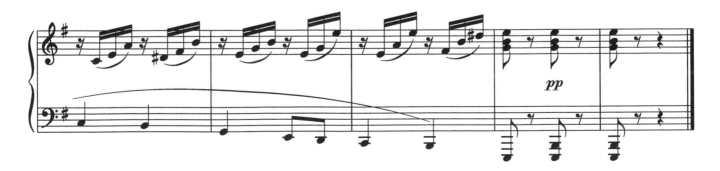

Venise

Alfred de Musset
(1810-1857)

Charles Gounod
(1818-1893)

Composed 1842. Published by Choudens, 1867 (no. 9 in *Vingt mélodies chant et piano par Charles Gounod*). In 1855 Gounod arranged the song for four-hand accompaniment. Most of Gounod's songs were published in six volumes of twenty songs each, four collections by Choudens and two by Lemoine. Gounod, often referred to as the "father of the mélodie," composed over 200 songs, notable for their lyricism, elegant sense of proportion, and impeccable craftsmanship—characteristics that would influence Fauré. "Venise" is generally considered one of Gounod's finest mélodies. Alfred de Musset's lyrical verse pays homage to the Venice of Monteverdi. Gounod's musical reflection is a barcarole with a bravura piano introduction that also dances between strophes. It is an evocative illustration of "La Serenissima" at night, extolling the city's sensuous beauties and hidden delights. Musset's original poem had seventeen stanzas, of which Gounod set nos. 1, 5, 9, 10, and 15. The poet also provided Gounod with four extra stanzas (in the song, stanzas 5, 6, 8, and 9). In the version of the poem set by Gounod, the last strophe references the Austrian occupation of Venice after the Napoleonic wars. Musset rewrote the poem after 1866, updating the political situation.

Venise	Venice
Dans Venise la rouge,	*In Venice, the red*
Pas un bateau qui bouge,	*Not a boat is moving*
Pas un pêcheur dans l'eau,	*Not a fisherman on the water*
Pas un falot!	*Not a lantern!*
La lune qui s'efface	*The waning moon*
Couvre son front qui passe	*Covers her moving face*
D'un nuage étoilé	*With a starry cloud*
Demi-voilé!	*Half-veiled!*
Tout se tait, fors les gardes	*All is silent, save for the guards*
Aux longues hallebardes,	*With their long halberds*
Qui veillent aux créneaux	*Who keep watch over the battlements*
Des arsenaux.	*Of the arsenals.*
—Ah! maintenant plus d'une	*—Ah! now more than one maid*
Attend, au clair de lune,	*Waits, in the moonlight,*
Quelque jeune muguet,	*For some young gallant,*
L'oreille au guet.	*Straining her ears.*
Sous la brise amoureuse	*Beneath the amorous breeze*
La Vanina rêveuse	*Dreamy Vanina*
Dans son berceau flottant	*In her floating cradle*
Passe en chantant;	*Glides by, singing;*
Tandis que pour la fête	*Meanwhile for the carnival*
Narcissa qui s'apprête,	*Narcissa prepares herself,*
Met, devant son miroir,	*Putting on, in front of her mirror,*
Le masque noir.	*The black mask.*
Laissons la vieille horloge,	*Let us leave the old clock,*
Au palais du vieux doge,	*At the venerable Doge's palace,*
Lui compter de ses nuits	*To count for him the boredom*
Les longs ennuis.	*Of his long nights.*
Sur sa mer nonchalante,	*On her carefree sea,*
Venise l'indolente	*Indolent Venice*
Ne compte ni ses jours	*Counts neither her days*
Ni ses amours.	*Nor her loves.*
Car Venise est si belle	*For Venice is so beautiful*
Qu'une chaîne, sur elle	*That a chain thrown round her*
Semble un collier jeté	*Resembles a necklace*
Sur la beauté.	*Adorning her beauty.*

Allegro

1. Dans Ve - ni - se la
2. Ah! main - te -nant plus
3. Lais - sons la vieille hor -

rou - ge, Pas un ba - teau qui bou - ge, Pas
d'u - ne At - tend, au clair de lu - ne, Quel - que
loge, Au pa - lais du vieux do - ge, Lui com -

un pê - cheur __ dans l'eau, Pas un fa - lot! ____
jeu - ne __ mu - guet, L'o - reille au guet. ____
pter de __ ses nuits Les longs en - nuis. ____

La lu - ne qui s'ef -
Sous la bri - se a - mou -
Sur sa mer non - cha -

fa - ce Cou - vre son front qui pas - se D'un nu - age é - toi -
reu - se La Va - ni - na rê - veu - se, La Va - ni - na rê -
lan - te, Ve - ni - se l'in - do - len - te, Ve - ni - se l'in - do -

lé, D'un nu - age é - toi - lé De - mi voi -
veu - se Dans son ber-ceau flot -tant Passe en chan -
len - te Ne com - pte ni ses jours Ni ses a -

lé!
tant; Tan -
mours.

Tout se tait, fors les gar - des Aux
dis que pour la fê - te Nar -
Car Ve - nise est si bel - le Qu'u - ne

lon - gues hal - le - bar - des, Qui veil - lent aux cré -
cis - sa qui s'ap - prê - te, Met, de - vant son mi
chaî - ne, sur el - le Sem - ble un col - lier je -

cresc. *dim.* *p*

neaux _____ Des _____ ar - se -
roir, _____ Le mas - que
té _____ Sur la _____ beau -

pp

naux.
noir.
té.

ppp

morendo

ppp

8vb

Nocturne

Louis de Fourcaud
(1851-1914)

César Franck
(1822-1890)

Composed 1884, Opus 85. 1884 (1885). Published by Enoch, 1900. Later orchestrated by J. Guy-Ropartz, a Franck disciple. César Franck's charismatic personality and talent for teaching established a legendary legacy. The devotion of his pupils—among them, Henri Duparc, Vincent d'Indy and Ernest Chausson—led to a founding of a school of composers. He composed only sixteen songs, but "Nocturne" is one of the finest. The poetic theme must have appealed to his sense of nobility and his interest in mysticism. Its broad-lined melody is somewhat reminiscent of the solemnity of some of Franck's organ works.

Nocturne

Ô fraîche nuit, nuit transparente,
Mystère sans obscurité,
La vie est noire et dévorante;
Ô fraîche nuit, nuit transparente,
Donne-moi ta placidité.

Ô belle nuit, nuit étoilée,
Vers moi tes regards sont baissés,
Éclaire mon âme troublée;
Ô belle nuit, nuit étoilée,
Mets ton sourire en mes pensers.

Ô sainte nuit, nuit taciturne,
Pleine de paix et de douceur,
Mon cœur bouillonne comme une urne;
Ô sainte nuit, nuit taciturne,
Fais le silence dans mon cœur.

Ô grande nuit, nuit solennelle,
En qui tout est délicieux,
Prends mon être entier sous ton aile;
Ô grande nuit, nuit solennelle,
Verse le sommeil en mes yeux.

Nocturne

O cool night, transparent night,
Mystery without obscurity,
Life is black and devouring;
O cool night, transparent night
Grant me your tranquility.

O lovely night, starry night
As you look down on me,
Bring light to my troubled soul,
O lovely night, starry night,
Let your smile enter my thoughts.

O holy night, silent night,
Full of peace and gentleness,
My heart seethes like a cauldron;
O holy night, silent night,
Bring silence to my heart.

O boundless night, solemn night,
In which all things give delight,
Take my whole being under your wing;
O boundless night, solemn night,
Pour sleep into my eyes.

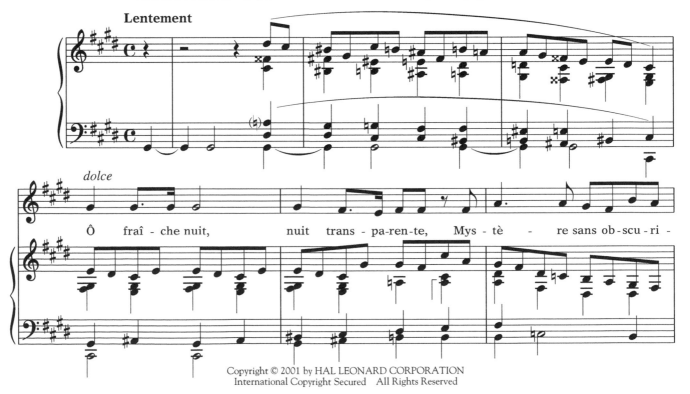

Offrande

Paul Verlaine
(1844-1896)

Reynaldo Hahn
(1875-1947)

Composed 1891. No. 8 in the first volume of 20 mélodies (*Premier volume de vingt mélodies*). Published 1895, Heugel. The composer's enigmatic dedication is "to ***." Hahn's mélodie is quite different from the settings of this poem by Fauré (*Cinq mélodies de Venise*) and Debussy (*Ariettes oubliées*). Both Debussy and Fauré's mélodies are more complex —breathless, ardent settings, richly textured. Hahn's "Offrande" is a subdued plea—quiet and intimate—with a simple transparent accompaniment. Verlaine's poem is called "Green;" the composer chose "Offrande" as the title of his setting. Although Hahn was only sixteen when he composed it, "Offrande" is considered to be one of his finest mélodies.

Offrande

Voici des fruits, des fleurs, des feuilles et des branches
Et puis voici mon coeur qui ne bat que pour vous.
Ne le déchirez pas avec vos deux mains blanches
Et qu'à vos yeux si beaux l'humble présent soit doux.

J'arrive tout couvert encore de rosée
Que le vent du matin vient glacer à mon front.
Souffrez que ma fatigue, à vos pieds reposée,
Rêve des chers instants qui la délasseront.

Sur votre jeune sein laissez rouler ma tête
Toute sonore encore de vos derniers baisers;
Laissez-la s'apaiser de la bonne tempête
Et que je dorme un peu puisque vous reposez.

Offering

Here are fruits, flowers, leaves and branches
And here too is my heart that beats only for you.
Do not tear it with your two white hands
And may this humble gift be sweet to your lovely eyes.

I arrive covered with the dew
That the morning wind iced on my brow.
Let my fatigue, resting here at your feet,
Dream of the lovely moments that will refresh it.

On your young breast let me rest my head
Still ringing with your last kisses,
Let it be stilled after the sweet tempest
And let me sleep a little, while you rest.

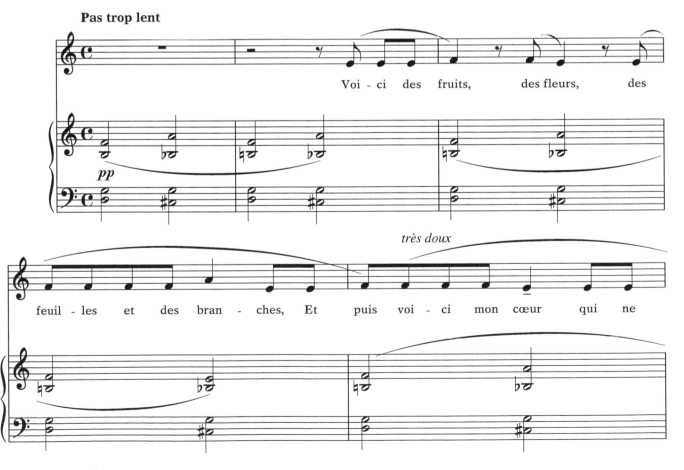

Si mes vers avaient des ailes

Victor Hugo
(1802-1885)

Reynaldo Hahn
(1875-1947)

Composed 1888, at age 13. . No. 2 in the first volume of 20 mélodies (*Premier volume de vingt mélodies*). Published 1895, Heugel. Dedicated to the composer's sister, Maria Hahn. Reynaldo Hahn was Venezuelan by birth, but came to Paris with his family at age four and made a brilliant career in France. He composed this mélodie, perhaps the most familiar of his songs, at age thirteen. Its fresh charm was clearly influenced by his teacher Jules Massenet. Hahn was a major figure in the cultural life of Paris during the *belle époque*. His mélodies capture the atmosphere of the Parisian salons where Hahn held forth, playing and singing his songs, frequently with a cigarette dangling from his lips. The art of singing was one of his major passions and preoccupations. Recent releases of historic Hahn recordings confirm his voice was small and somewhat bland, but his artistry in shaping musical material is rewarding to hear. He wrote three books on singing (*Du chant, Thèmes variés, L'oreille au guet*), as well as a memoir of Sarah Bernhardt. After 1912, Hahn composed in larger forms: opera, operetta, film music. His operetta *Ciboulette* (1923), perhaps his most famous work, is still performed and recorded.

Si mes vers avaient des ailes	*If my verses had wings*
Mes vers fuiraient, doux et frêles,	*My verses would fly, fragile and gentle,*
Vers votre jardin si beau,	*To your beautiful garden,*
Si mes vers avaient des ailes	*If my verses had wings*
Comme l'oiseau.	*Like a bird!*
Ils voleraient, étincelles,	*They would fly like sparks*
Vers votre foyer qui rit,	*To your cheery hearth,*
Si mes vers avaient des ailes	*If my verses had wings*
Comme l'esprit.	*Like my spirit.*
Près de vous, purs et fidèles,	*Pure and faithful, to your side*
Ils accourraient nuit et jour,	*They would hasten night and day*
Si mes vers avaient des ailes	*If my verses had wings*
Comme l'amour.	*Like love.*

Andante moderato

frê - les, _____ Vers vo - tre jar - din si

(m.g.)

mf

pp

beau, _____ Si mes vers a -

(m.g.)

(m.g.)

p

vaient des ai - les Com - me l'oi-

dim.

p **Un peu plus lent**

3

seau. _____ Ils vo - le-raient, é - tin -

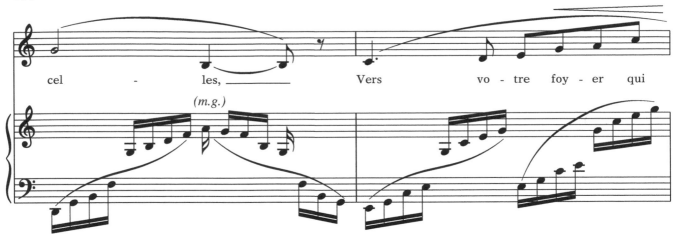

cel - les, _____ Vers vo - tre foy - er qui

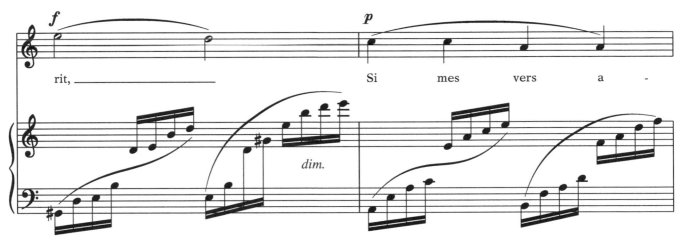

rit, _____ Si mes vers a -

vaient des ai - les Com - me l'es -

a tempo

prit. _____

Plus lent et en ralentissant jusqu'à la fin

Près de vous, purs et fi-dè - les,

Ils ac-cou-raient nuit et jour,

très retenu   *encore plus lent*   *long*

Si mes vers a-vaient des ai - les, Si mes vers a-vaient des

suivez

ai - les   Com - me l'a - mour.

À Chloris

Théophile de Viau
(1590-1626)

Reynaldo Hahn
(1875-1947)

Composed 1916. Publisher: Heugel et Cie, 1921, No. 14 in *Deuxième volume de vingt mélodies*, the last major publication of Hahn's songs during his lifetime. In many of his later mélodies Hahn turned to a deliberately "archaic" style; "À Chloris" features Baroque musical characteristics. Like Fauré's setting of "Clair de lune," the accompaniment is a piano piece with its own ornamented melody and chaconne-like bass. The vocal line is subtly woven into the musical tapestry, creating a mood that is both declarative and intimate. Théophile de Viau was one of the most influential *libertin* poets of Louis XIII's reign. The *libertins*' verses had a particular charm that is immediately appealing but somewhat *précieux*. Despite its artificiality, de Viau's love poetry is not insipid, but full of evocative passion combined with elegant wit. De Viau died at the age of 36, after being denounced and imprisoned on morals charges for his bisexuality, and for writing licentious poetry. One of de Viau's well-known works for the theatre is *Pyrame et Thisbé* with a "plot within a plot" similar to the theme of Shakespeare's *A Midsummer Night's Dream*.

À Chloris	*To Chloris*
S'il est vrai, Chloris, que tu m'aimes,	*If it is true, Chloris, that you love me,*
Mais j'entends que tu m'aimes bien,	*And I have heard that you love me well,*
Je ne crois pas que les rois mêmes	*I do not believe that kings themselves*
Aient un bonheur pareil au mien.	*Can match such happiness as mine.*
Que la mort serait importune	*Even death would be powerless*
À venir changer ma fortune	*To come and change my fortune*
Pour la félicité des cieux!	*For all the joys of heaven!*
Tout ce qu'on dit de l'ambroisie	*All that is said of ambrosia*
Ne touche point ma fantaisie	*Does not touch my imagination*
Au prix des grâces de tes yeux.	*Like the grace of your eyes!*

Très lent

mê - mes _____ Aient un bon-heur _____ pa - reil _____ au

mien. _____

Que la

mort se - rait im - por - tu - ne À ve -

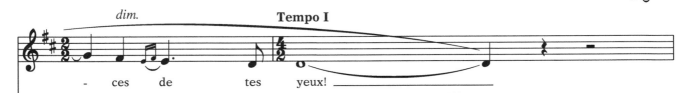

Madrigal

Robert de Bonnières
(1850-1905)

Vincent d'Indy
(1851-1931)

Composed 1872, Opus 4. Vincent d'Indy was born into a wealthy family of the nobility. A pupil of César Franck, d'Indy composed piano, chamber and orchestral works, operas, and songs. In 1894, he helped found the Schola Cantorum to perpetuate the musical tenets of Franck. He became its director in 1900. In 1912 he accepted the post of professor of orchestration at the Paris Conservatoire while still head of the Schola. He also taught conducting at the Conservatoire from 1914 to 1920. As a teacher he influenced two generations of French composers. Robert de Bonnières, French poet and man of letters, was a lifelong friend and collaborator of d'Indy, for whom he provided song texts and opera libretti. Bonniéres also collaborated with composer Henri Duparc, who set his poem "Le Manoir de Rosemonde." Never really comfortable with miniature forms, d'Indy wrote very few mélodies. "Madrigal," his second song for voice and piano, is a delicate setting in variation form. De Bonnière's rather static poem lends itself to d'Indy's simple but charming evocation of Renaissance music.

Madrigal

Qui jamais fut de plus charmant visage,
De col plus blanc, de cheveux plus soyeux;
Qui jamais fut de plus gentil corsage,
Qui jamais fut que ma Dame aux doux yeux!

Qui jamais eut lèvres plus souriantes,
Qui souriant rendit cœur plus joyeux,
Plus chaste sein sous guimpes transparentes,
Qui jamais eut que ma Dame aux doux yeux!

Qui jamais eut voix d'un plus doux entendre,
Mignonnes dents qui bouche emperlent mieux;
Qui jamais fut de regarder si tendre,
Qui jamais fut que ma Dame aux doux yeux!

Madrigal

Who ever had a more charming face
A whiter neck, more silken hair,
Who ever had a lovelier figure
Who but my lady of the lovely eyes!

Who ever had more laughing lips
Whose smile made the heart more joyous
Had a more chaste bosom beneath filmy bodice
Who but my lady of the lovely eyes!

Who ever had a voice sweeter to hear
Or whiter teeth shining like pearls;
Who ever had a look more tender,
Who but my lady of the lovely eyes!

Qui sou - ri - ant ren - dit cœur plus jo - yeux, ____

Plus chas - te sein sous guim-pes trans-pa - ren - tes, Qui ja - mais

più **f** *expr.*

dim.

più **f** *très soutenu*

rit.   *en retenant*

eut que ma Dame aux doux yeux!

dim.

rit.

en retenant

p   **f**   *sfz*

Plus lentement

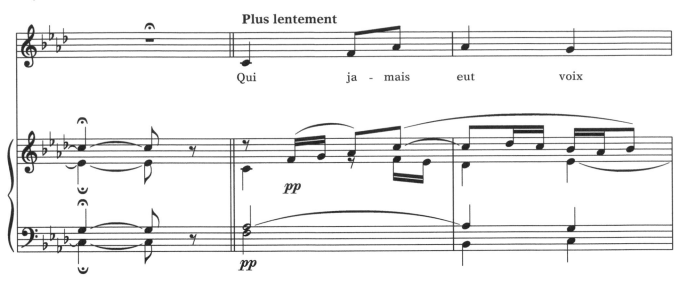

Qui ja - mais eut voix

d'un plus doux en - ten - dre, Mi - gnon - nes

dents qui bouche em - per - lent mieux; _____

Qui ja - mais fut de re - gar - der si

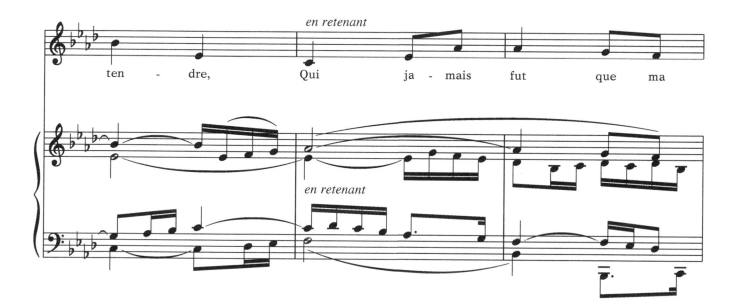

ten - dre, Qui ja - mais fut que ma

en retenant

en retenant

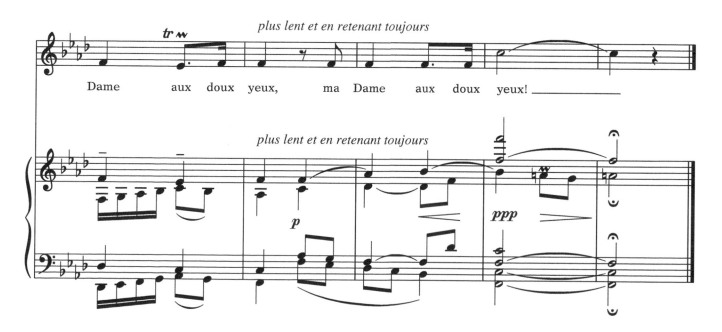

Dame aux doux yeux, ma Dame aux doux yeux! _____

plus lent et en retenant toujours

plus lent et en retenant toujours

Si tu le veux

Maurice de Marsan

Charles Koechlin
(1867-1950)

Composed 1894, Op. 5, no. 5. Charles Koechlin, a student of Gabriel Fauré (see Fauré) at the Conservatoire, was an enigmatic musical figure. His compositional style was eclectic and often eccentric. In some respects, Koechlin shared similarities with Charles Ives in his musical experimentation and his admiration for the transcendental philosophies of Emerson and Thoreau. Koechlin's songs have vocal lines that approximate speech patterns, lacking the glamour of arching melodic phrases. He was inventive in choosing texts; however, many verses he chose to set as songs were long and complex. Late in life, his adoration for Lillian Harvey, a film actress of the 1930s, produced 113 piano pieces and a song cycle. One song, "Keep that school girl complexion," is based on a Palmolive soap ad Koechlin saw during a trip to the United States. Koechlin is better remembered and respected as a writer, theorist, orchestrator and teacher; students included Francis Poulenc, Germaine Tailleferre, and the École d'Arcueil, a group of four composers organized by Satie as successors to Les Six.

Si tu le veux	If you wish
Si tu le veux, ô mon amour,	If you wish, o my love
Ce soir dès que la fin du jour	This evening, as soon as day
Sera venue,	Has ended,
Quand les étoiles surgiront,	When the stars come out
Et mettront des clous d'or au fond	And shine like golden nails
Bleu de la nue,	In the door of the blue sky
Nous partirons seuls tous les deux	We two shall go alone,
Dans la nuit brune en amoureux,	As lovers into the dark night
Sans qu'on nous voie,	Unseen by anyone,
Et tendrement je te dirai	And tenderly I shall sing
Un chant d'amour où je mettrai	A song of love into which I'll pour
Toute ma joie.	All my joy.
Mais quand tu rentreras chez toi,	But when you return home,
Si l'on te demande pourquoi,	If anyone asks you why,
Mignonne fée,	Sweet enchantress,
Tes cheveux sont plus fous qu'avant,	Your hair is more tousled than it was,
Tu répondras que seul le vent	You need only answer that the wind
T'a décoiffée,	Has blown it about
Si tu le veux, ô mon amour.	If you want, o my love.

Allegro con moto

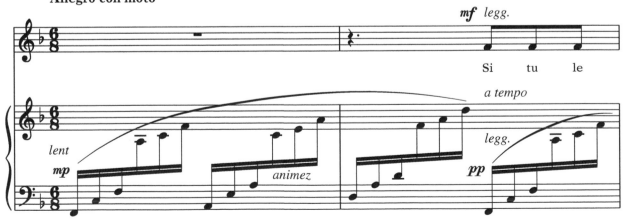

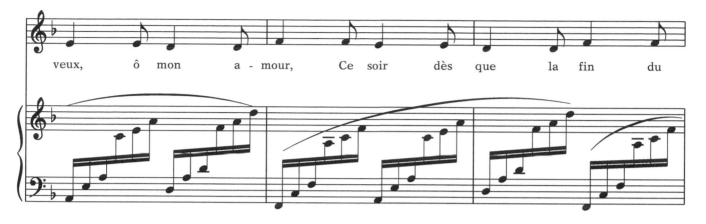

197

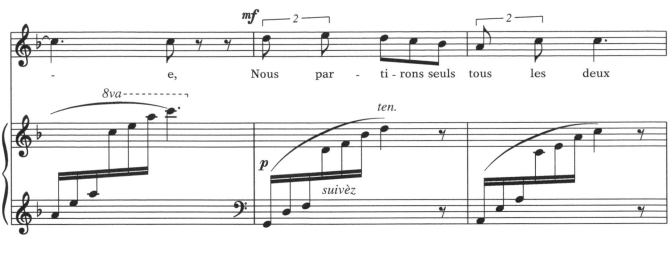

- e, Nous par - ti - rons seuls tous les deux

Dans la nuit bru - ne en a - mou - reux, Sans qu'on nous voi -

- - e, Et ten - dre - ment __ je te di - rai

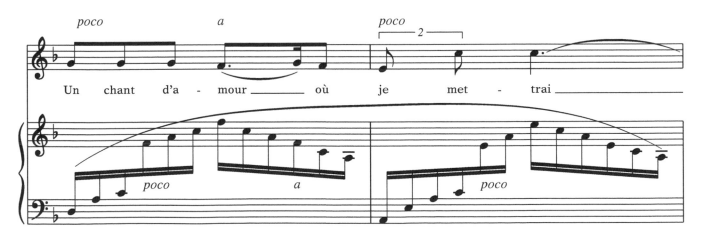

Un chant d'a - mour _____ où je met - trai _____

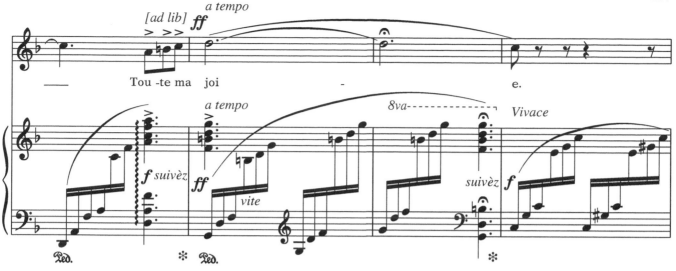

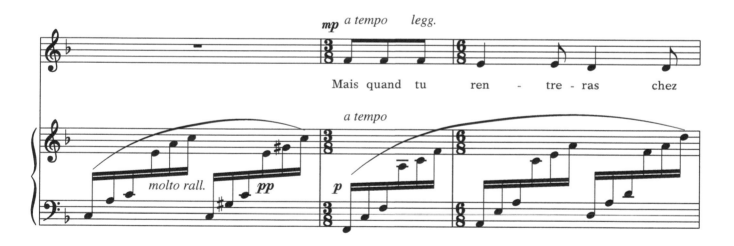

fé - e, Tes _____ che - veux

sont plus fous qu'a - vant, Tu ré - pon - dras que seul le

vent T'a dé - coif - fée, _____

Si tu le veux, ô mon a - mour. _____

Nuit d'Espagne

Louis Gallet
(1835-1898)

Jules Massenet
(1842-1912)

Composed 1872. Massenet based this song on the *Air de ballet* from his orchestral suite *Scènes pittoresques*. Its energetic rhythmic accompaniment, describing a sultry evening, is derived from Spanish dance figures woven into a colorful texture that almost upstages the voice. Louis Gallet originally titled his poem "L'heure d'amour." Massenet's "Elégie" is another setting of a Gallet poem.

Nuit d'Espagne	Spanish Night
L'air est embaumé,	The air is balmy,
La nuit est sereine	The night is serene
Et mon âme est pleine	And my soul is full
De pensers joyeux;	Of joyous thoughts;
Viens! ô bien aimée!	Come! my beloved!
Voici l'instant de l'amour!	This is the moment of love!
Dans les bois profonds,	Into the deep woods,
Où les fleurs s'endorment,	Where the flowers sleep,
Où chantent les sources,	Where the springs are singing,
Vite enfuyons nous!	Let us go quickly!
Vois, la lune est claire	Look, the moon is bright,
Et nous sourit dans le ciel.	And smiling in the sky.
Les yeux indiscrets	Prying eyes
Ne sont plus à craindre.	Are no longer to be feared.
Viens! ô bien aimée!	Come! my beloved!
La nuit protège ton front rougissant!	The night covers your blushing face!
La nuit est sereine,	The night is serene,
Apaise mon cœur!	Calm my heart!
Viens! ô bien aimée!	Come! my beloved!
C'est l'heure d'amour!	It is the hour of love!
Dans le sombre azur,	In the dark blue sky
Les blondes étoiles	The pale stars
Écartent leurs voiles	Cast off their veils
Pour te voir passer,	To see you pass by,
Viens! ô bien aimée!	Come! my beloved!
Voici l'instant de l'amour!	This is the moment of love!
J'ai vu s'entr'ouvrir	I saw, half open
Ton rideau de gaze.	Your gauzy curtain
Tu m'entends, cruelle,	You hear me, cruel one,
Et tu ne viens pas!	And you do not come!
Vois, la route est sombre	Look, the path is dark
Sous les rameaux enlacés!	Under the intertwined branches!
Cueille en leur splendeur	Gather in their splendor
Tes jeunes années,	Your youthful years,
Viens! car l'heure est brève,	Come! Time is short,
Un jour effeuille les fleurs du printemps!	In one day the leaves of spring are shed
La nuit est sereine, apaise mon cœur!	The night is serene, calm my heart!
Viens! ô bien aimée!	Come! o my beloved!

202

Allegretto quasi Andantino

très marqué

dim. ——— *p* *pp* poco rall.

avec charme et nonchalance

L'air est em-bau-

a tempo

mé, La nuit est se - rei - ne Et mon âme est

plei - ne De pen-sers joy - eux; ô bien ai - mé - e,

Viens! ô bien ai - mé - e! Voi - ci l'ins - tant___ de l'a -

mour! _____

Dans les bois pro - fonds, Où les fleurs s'en - dor - ment,

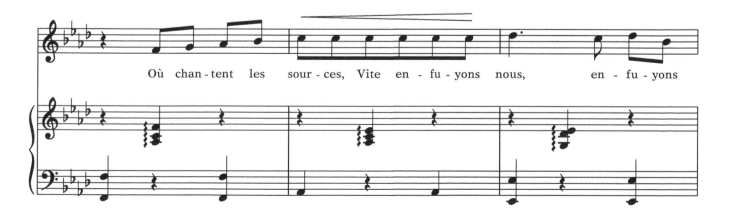

Où chan - tent les sour - ces, Vite en - fu - yons nous, en - fu - yons

nous! Vois, la lune est clai - re Et nous sou - rit ___ dans le ciel. ___

Les yeux in - dis - crets Ne sont plus à crain -

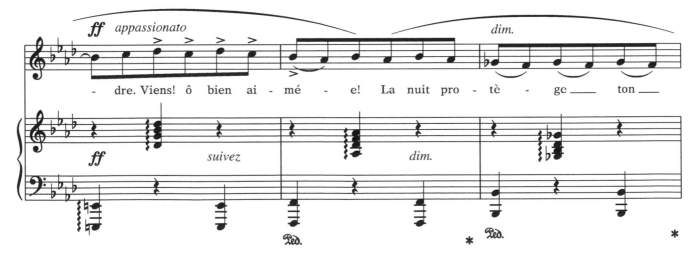

- dre. Viens! ô bien ai - mé - e! La nuit pro - tè - ge ___ ton ___

front rou - gis - sant! La nuit est se - rei - ne, A - pai - se mon

cœur! Viens! ô bien ai - mé - e! La nuit est se -

rei - ne, A - pai - se mon cœur! C'est l'heu - re d'a -

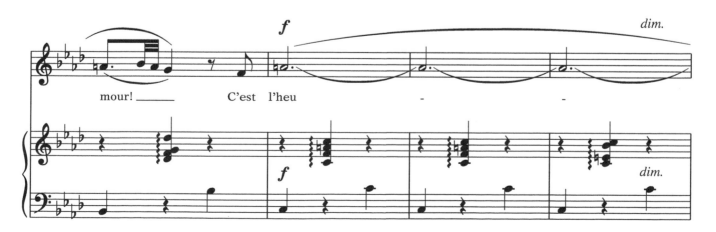

mour! _____ C'est l'heu - -

a tempo

— re!

a tempo
f très marqué

dim. ——— p
pp poco rit.
a tempo
pp

pp

Dans le sombre a - zur,   Les blon-des é - toi - les

É - car-tent leurs   voi - les   Pour te voir pas - ser,   ô bien ai - mé - e,

Viens! ô bien ai - mé - e! Voi - ci l'ins - tant __ de l'a - mour! _____

J'ai vu s'en-tr'ou -

vrir Ton ri - deau de ga - ze. Tu m'en-tends, cru -

elle, Et tu ne viens pas, tu ne viens pas! Vois, la route est

rei - ne, A - pai - se mon cœur! Viens! ô bien ai -

mé - e! La nuit est se - rei - ne, A - pai - se mon

cœur! C'est l'heu - re d'a - mour! _____ C'est l'heu -

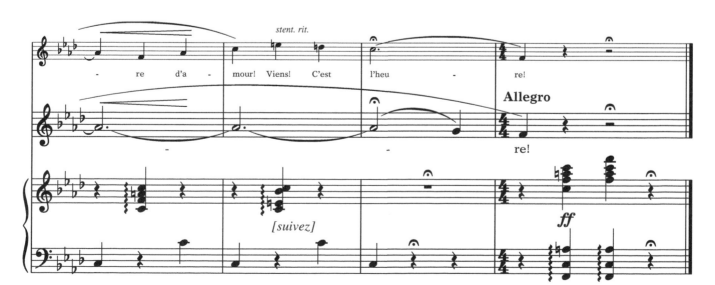

- re d'a - mour! Viens! C'est l'heu - re!

Si tu veux, Mignonne

Abbé Claude Georges Boyer
(1618-1698)

Jules Massenet
(1842-1912)

Composed 1876. Although Massenet is more remembered for his prodigious output of operas rather than for his mélodies, he composed over 250 songs. His songs cover a wide range of subjects and emotions; they are dramatically conceived and often have an operatic vocal quality. Many are dedicated to famous singers of the time. Massenet has been called Gounod's true successor in the development of the mélodie. Like Gounod, Massenet perfected the salon style in his song, and passed this on to his pupil, Reynaldo Hahn (see Hahn).

Si tu veux, Mignonne

Si tu veux, Mignonne, au printemps	*If you wish, Mignonne, in the spring*
Nous verrons fleurir l'aubépine,	*We will see the hawthorn flower,*
Qui sème dans les prés naissants	*Scattering in the fresh meadows*
La neige de sa tête fine,	*The snow from its delicate head,*
Si tu veux, Mignonne, au printemps	*If you like, Mignonne, in the spring*
Nous verrons fleurir l'aubépine!	*We will see the hawthorn flower!*
Si tu veux, quand viendra l'été,	*If you like, when the summer comes*
Nous écouterons dans les branches	*We will listen amidst the branches*
Les chants d'amour et de gaîté	*To the joyous love songs*
Des petites colombes blanches,	*Of the little white doves,*
Si tu veux, quand viendra l'été,	*If you like, when the summer comes,*
Nous écouterons dans les branches!	*We will listen amidst the branches!*
Nous irons dans les bois jaunis,	*We will walk in the yellowed woods,*
Si tu veux, quand viendra l'automne,	*If you want, when autumn comes,*
Pour qu'elles aient chaud dans leurs nids	*So the birds will be warm in their nests*
Leur porter des brins d'anémone,	*We will take them sprigs of anemones*
Si tu veux, Mignonne,	*If you wish, Mignonne,*
Nous irons dans les bois jaunis,	*We will walk in the yellowed woods,*
Quand viendra l'automne…	*When autumn comes…*
Et puis, quand reviendra l'hiver…	*And then, when winter comes again*
Nous nous ressouviendrons des roses,	*We will recall again the roses*
Du printemps, et du sentier vert	*Of spring, and the green path*
Où tu m'as juré tant de choses!	*Where you promised so many things to me!*
Alors…quand reviendra l'hiver…	*When winter comes again…*
Nous nous ressouviendrons des roses!	*We will recall again the roses!*
Si tu veux, Mignonne!	*If you wish, Mignonne!*

Très animé et soutenu

Si tu veux, Mi - gnonne, au prin -
temps Nous ver-rons fleu - rir l'au-bé - pi - ne, Qui sè - me dans les
prés nais-sants La nei - ge de sa tê-te fi - ne, Si tu veux, Mi-gnonne, au prin -
temps Nous ver-rons fleu - rir l'au-bé - pi -

- ne!

Si tu veux, quand vien -

dra l'é - té, Nous é - cou-te-rons dans les bran - ches Les chants d'a -

mour _____ et de gaî - té Des pe - ti - tes co - lom - bes blan-ches, Si tu

veux, quand vien-dra l'é - té, Nous é - cou - te - rons dans les

più f

bran - - ches! Nous i - rons dans les

bois jau - nis, Si tu veux, quand vien-dra l'au - tom - ne,

Pour qu'el - les aient chaud dans leurs nids Leur por - ter des

Oh! quand je dors

Victor Hugo
(1802-1885)

Franz Liszt
(1811-1886)

Composed 1842 (version 1), 1859 (version 2). Version 1 published 1844; version 2, 1860. In 1847, the composer created a piano transcription of this song, which is unpublished. Liszt set this poem twice; the first version (1842) featured an overly virtuoso piano accompaniment. For the second version, Liszt reduced the complex accompaniment texture to a simpler arpeggiation, highlighting the fluidity of the piano and vocal phrases and emphasizing the intimacy of Hugo's verse. The 1859 version, published here, is the far more often performed version. Liszt composed more than 80 songs, plus more than 20 extra versions and new settings. "Oh! quand je dors" is one of his best-known songs, and is considered the masterpiece among his fourteen French mélodies. He captures the passionate imagery of Hugo's verse in a rhapsodic setting that seems to be spontaneously improvised. In general, Liszt's musical settings of French texts show more affinity with the German Lied than the French mélodie.

Oh! quand je dors	Oh! while I sleep
Oh! quand je dors, viens auprès de ma couche,	Oh! while I sleep, come to my bedside
Comme à Pétrarque apparaissait Laura,	Just as Laura appeared to Petrarch
Et qu'en passant ton haleine me touche…—	And in passing, let your breath touch me…
Soudain ma bouche	Suddenly my lips
S'entr'ouvrira!	Will part!
Sur mon front morne où peut-être s'achève	On my troubled brow, where a dark dream
Un songe noir qui trop longtemps dura,	That lasted too long is perhaps ending
Que ton regard comme un astre s'élève…—	Let your gaze fall like a star. . .
Soudain mon rêve	Suddenly my dream
Rayonnera!	Will become radiant!
Puis sur ma lèvre où voltige une flamme,	Then on my lips, where a flame flickers
Éclair d'amour que Dieu même épura,	A flash of love which God made pure,
Pose un baiser, et d'ange deviens femme…—	Place a kiss, and from angel become woman…
Soudain mon âme	Suddenly my soul
S'éveillera!	Will awaken!
Oh viens! comme à Pétrarque apparaissait Laura!	Oh come! just as Laura appeared to Petrarch!

viens au-près de ma cou - che, Comme à Pé - trarque

smorz.

ap - pa - rais - sait Lau - ra,

sempre dolciss.

Et qu'en pas - sant

sempre pp

ton ha-lei - ne me tou - che... Sou-dain ma bou - che

S'en - tr'ou - vri - ra!

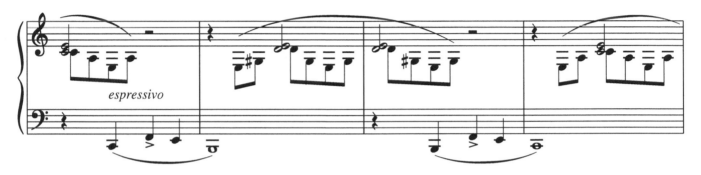

Sur mon front morne   où   peut - ê - tre s'a - chè -

ve Un son - ge noir   qui trop   long - temps du - ra,

accel. e cresc.

Que ton re - gard comme un

accel.

a - stre s'é - lè - ve... Sou-dain mon rê - ve Ray-on-ne-

cresc.

f

ff

tre corde

ff

ritenuto

pp

ra, _____ ray - on - ne - ra! _____

pp

Puis sur ma lè - vre où vol-tige u - ne

pp

una corda

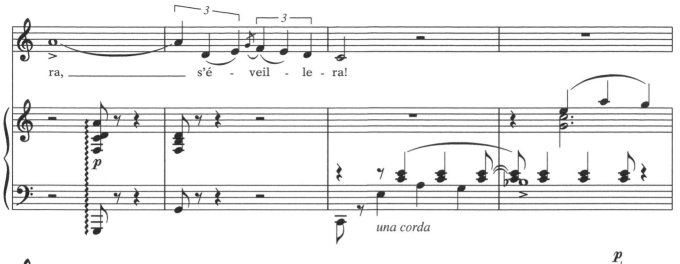

ra, _____ s'é - veil - le - ra!

una corda

Oh

ritenuto
dolciss.   *morendo*

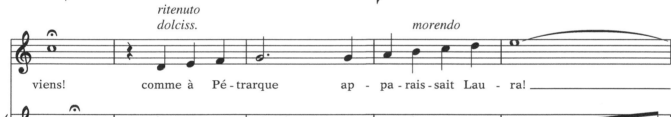

viens!   comme à Pé - trarque   ap - pa - rais - sait Lau - ra! _____

pp ritenuto   *ppp*

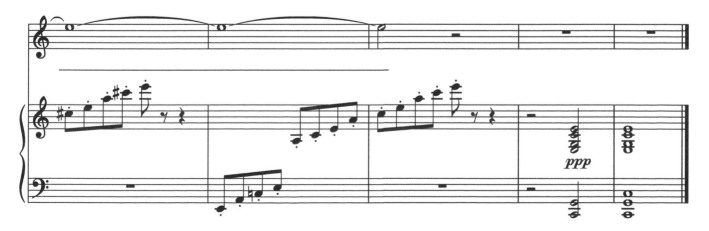

ppp

Plaisir d'amour

Jean-Pierre Claris de Florian
(1755-1794)

Johann-Paul Martini
(1741-1816)

This *romance* was composed in 1784 in Nancy, and published the following year as a supplement to the novella *Célestine*. Martini was a German composer who moved to France in 1760 and spent most of his career there. He eventually became well-known for writing opera. He is cited as the first composer in France to compose songs with piano accompaniment rather than continuo. He is most remembered for "Plaisir d'amour," a classic *romance* that remains a famous prototype of the style. The *romance* evolved from earlier French poetic-vocal forms, notably those of the troubadours. Eighteenth-century *romances* were strophic in form, with simple melodic lines that were sung without affectation. Accompaniments were subordinate to the vocal line and there was little or no musical interaction between voice and piano. "Plaisir d'amour" is notable for its rondo form and more involved accompaniment, which features a prelude, interlude, and postlude.

Plaisir d'amour	*The pleasures of love*
Plaisir d'amour ne dure qu'un moment,	*The pleasures of love last but a moment*
Chagrin d'amour dure toute la vie.	*The sorrows of love last all life through.*
J'ai tout quitté pour l'ingrate Sylvie,	*I have given up everything for the ungrateful Sylvia,*
Elle me quitte et prend un autre amant.	*She left me and took another lover.*
Plaisir d'amour ne dure qu'un moment,	*The pleasures of love last but a moment,*
Chagrin d'amour dure toute la vie.	*The sorrows of love last all life through.*
Tant que cette eau coulera doucement	*As long as this water runs gently*
Vers ce ruisseau qui borde la prairie,	*Towards the brook that borders the meadow,*
Je t'aimerai, me répétait Sylvie.	*I shall love you, Sylvia told me.*
L'eau coule encor, elle a changé pourtant.	*The stream still flows, but she has changed.*
Plaisir d'amour ne dure qu'un moment,	*The pleasures of love last but a moment,*
Chagrin d'amour dure toute la vie.	*The sorrows of love last all life through.*

Allegretto grazioso

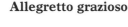

Plai - sir d'a -

mour _____ ne du - re qu'un _ mo - ment, _____ Cha -

grin d'a - mour du - re tou - te la vi -

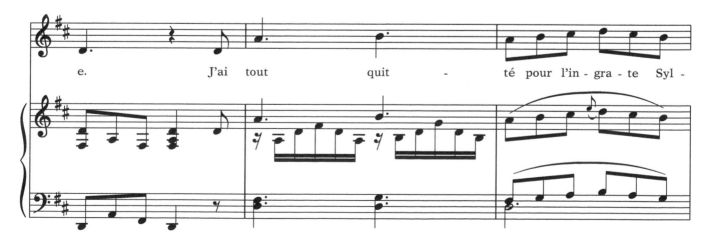

e. J'ai tout quit - té pour l'in - gra - te Syl -

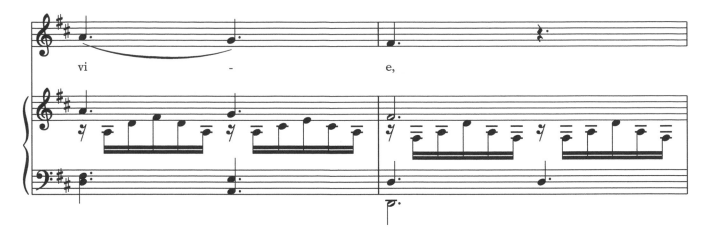

vi - e,

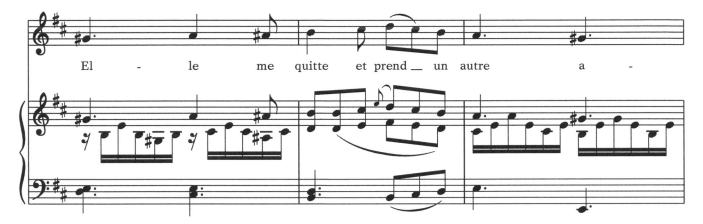

El - le me quitte et prend __ un autre a -

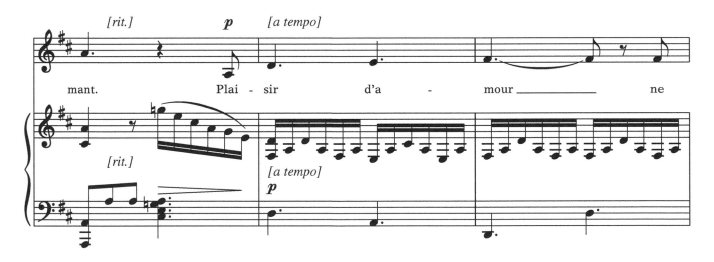

mant. Plai - sir d'a - mour _____ ne

[rit.] *p* *[a tempo]*

du - re qu'un __ mo - ment, _____ Cha - grin d'a -

mour du - re tou - te la vi - e. _____

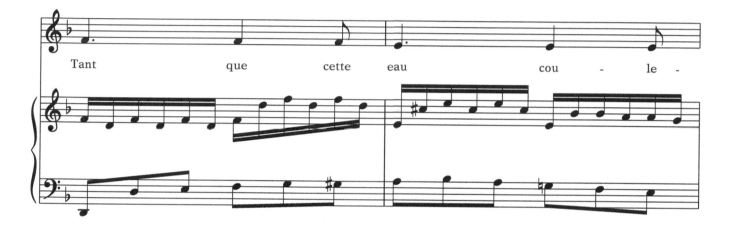

Tant que cette eau cou - le -

ra dou - ce - ment Vers

ce ruis - seau qui bor - de la ___ prai - ri - e,

Je t'ai - me -

rai, me ré - pé - tait _____ Syl -

vi - e. L'eau coule _____ en -

cor, _____ elle a chan - gé _____ pour - tant. _____ Plai -

rit. *a tempo* *p*

rit. *a tempo*

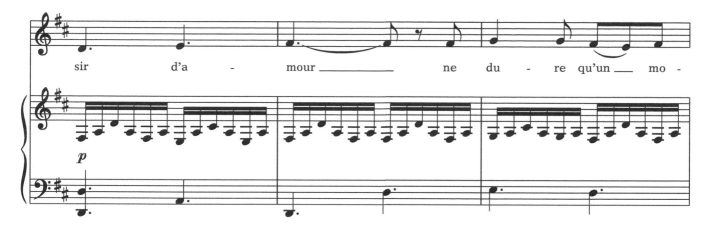

Dans un bois solitaire

Antoine Houdar de la Motte

Wolfgang Amadeus Mozart
(1756-1791)

Ariette, K. 308, composed 1778 in Mannheim. This is one of two *ariettes* that Mozart composed to French text; the other is "Oiseaux, si tous les ans," K. 307. Both are deliberate imitations of the French *chanson*. Mozart called them "Freundstücke" (offerings to friends). Enroute to Paris in 1778, Mozart stopped for a prolonged visit in the home of Johann Baptist Wendling, the great Mannheim flautist. Mozart composed the two songs as "house gifts" for the Wendlings' daughter Augusta ("Gustl"), who chose the texts. In a letter to his father, Mozart related that Miss Wendling performed them "incomparably well." Mozart attached little significance to the songs, intending them as material for an evening's entertainment; however, his unerring sense of drama created little masterpieces. "Dans un bois solitaire" is a through-composed miniature drama. The dramatic content of this poetry appealed to Mozart, who used a fluid mixture of aria and arioso in his setting. Distinguished Mozart biographer Alfred Einstein called this song "Watteau in music" and rightly so; its style is full of French elegance and charm.

Dans un bois solitaire	In a lonely wood
Dans un bois solitaire et sombre	In a dark and lonely wood
Je me promenais l'autr'jour,	I walked the other day,
Un enfant y dormait à l'ombre;	A child was sleeping in the shadows;
C'était le redoutable Amour.	It was the formidable Cupid himself.
J'approche, sa beauté me flatte,	I approached, his beauty charmed me,
Mais je devais m'en défier;	But I should have resisted;
Il avait les traits d'une ingrate,	He had all the features of a faithless one
Que j'avais juré d'oublier.	Whom I had sworn to forget.
Il avait la bouche vermeille,	He had the same crimson mouth,
Le teint aussi frais que le sien,	The same fresh complexion as hers,
Un soupir m'échappe, il s'éveille;	A sigh escaped me, he awoke;
L'Amour se réveille de rien.	Cupid wakes at anything.
Aussitôt deployant ses ailes et saisissant	Spreading his wings at once and seizing
Son arc vengeur,	His vengeful bow,
L'une de ses flêches, cruelles en partant,	He shoots one of his cruel arrows,
Il me blesse au cœur.	And he wounds me to the heart.
Va! va, dit-il, aux pieds de Sylvie,	"Go," he said, "to Sylvie's feet,
De nouveau languir et brûler!	To languish and burn again!
Tu l'aimeras toute ta vie,	You shall love her all your life
Pour avoir osé m'éveiller.	For having dared to wake me."

Je _____ me pro - me - nais _____ l'autr' jour,

Un en - fant y dor-mait à l'om - bre;

C'é - tait le re-dou-ta - ble _ A - mour, _____

c'é - tait le re-dou-ta - ble A - mour!

230

J'ap - pro - che,   sa beau - té _   me

flat - te,   Mais je de - vais _____ m'en dé - fier, _   mais je de -

vais _____ m'en dé - fier; _   Il a - vait _ les traits _ d'une in -

gra - te,   Que j'a - vais _ ju - ré _ d'ou - bli - er, _   que j'a -

vais ___ ju - ré ___ d'ou - bli - er. Il a -

vait la _ bou - che ver - meil - le, Le teint _ aus - si frais _ que le

sien, Un sou - pir ___ m'é - chap - pe, il s'é -

veil - le, il s'é - veil - le; L'a - mour _ se ré - veil - le de

Allegro

rien, l'a - mour _ se ré-veil - le de rien. Aus - si -

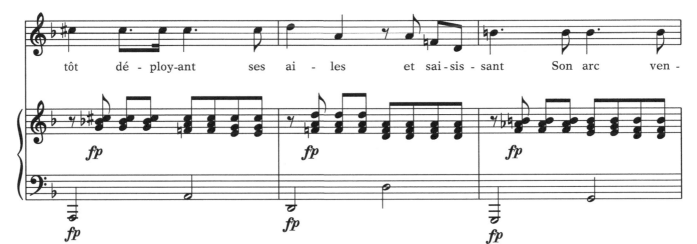

tôt dé - ploy-ant ses ai - les et sai-sis-sant Son arc ven -

geur, L'u - ne de ses flê - ches, de ses

G+

flê - ches, cru - el - les en par -

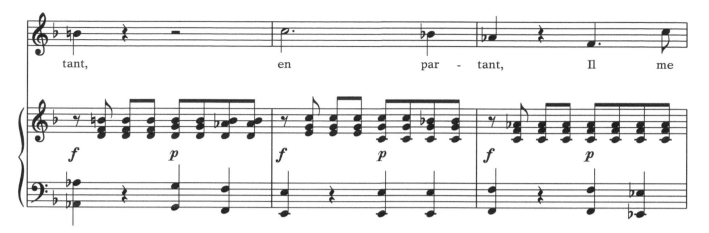

tant, en par - tant, Il me

Adagio

bles - se au cœur, _ il me bles - se au cœur.

Presto

Va, va, va, va, _ dit - il,

Allegro

va, dit - il, _ aux _ pieds _ de Syl - vi - e,

De nou - veau lan - guir _____ et brû - ler!

Tu l'ai - me - ras _ tou - te ta vi - e,

Pour a - voir _ o - sé m'é - veil - ler, _____

pour a - voir _ o - sé _____ m'é - veil - ler.

Psyché

Pierre Corneille
(1606-1684)

Emile Paladilhe
(1844-1926)

Composed 1884. Emile Paladilhe, winner of the Prix de Rome in 1860, composed two volumes of published mélodies, but is really remembered for just one, "Psyché." The romantic Greek myth of Cupid and Psyche is found in Apuleius' *Metamorphoses*. The lovelorn Psyche daunted all suitors with her great beauty. People ceased worshipping Venus and turned their adoration to Psyche. Enraged, Venus vowed vengeance and ordered her son Cupid to make Psyche fall in love with the ugliest creature he could find. When he saw Psyche, he fell in love with her himself. In his story Apuleius hints at an allegory of the soul (psyche) in pursuit of divine love (eros). This poem was also set by Koechlin (see "Si tu le veux").

Psyché

Je suis jaloux, Psyché, de toute la nature:
Les rayons du soleil vous baisent trop souvent;
Vos cheveux souffrent trop les caresses du vent:
   Quand il les flatte, j'en murmure;
   L'air même que vous respirez
Avec trop de plaisir passe sur votre bouche;
   Votre habit de trop près vous touche;
   Et sitôt que vous soupirez,
   Je ne sais quoi qui m'effarouche
Craint parmi vos soupirs des soupirs égarés.

Psyche

I am jealous, Psyche, of all nature:
The sun's rays kiss you far too often;
Your hair too often accepts the wind's caresses:
   When he blows your hair, I am jealous;
   Even the air you breathe
Passes your lips with too much pleasure;
   Your garment touches you too closely;
   And whenever you sigh,
   I do not know what frightens me
Perhaps that your sighs are not all meant for me.

Andante quasi Andantino

Je suis ja -

Le Bestiaire
ou Cortège d'Orphée

Guillaume Apollinaire
(1880-1918)

Francis Poulenc
(1899-1963)

*The Book of Beasts
or Procession of Orpheus*

Le dromadaire
La chèvre du Thibet
La sauterelle
Le dauphin
L'écrevisse
La carpe

Composed 1918-1919 for low voice and chamber orchestra (flute, clarinet, bassoon, string quartet). Publisher: Max Eschig, 1920. Poulenc created a version for piano and voice, and it is in this form the work is usually performed. The work is dedicated to composer Louis Durey, a member of Les Six (with Francis Poulenc, Darius Milhaud, Georges Auric, Germaine Tailleferre and Arthur Honegger), who also set the poems of *Le Bestiaire*. The first performance was sung by Poulenc's good friend, soprano Suzanne Peignot. "J'aime la voix humaine!" is a much-quoted statement of Francis Poulenc, whose love for the singing voice created the largest body of songs to be added to French vocal literature in the 20th century. *Le Bestiaire* is Poulenc's earliest cycle, composed when he was barely twenty years old, and is also one of his most familiar vocal works. He said: "From *Bestiaire* onwards, I felt a definite and mysterious affinity with Apollinaire's poetry." This marked his first setting of Apollinaire, who was to inspire thirty-five more songs and cycles and Poulenc's first opera *Les Mamelles des Tirésias* (1944).

Guillaume Apollinaire's interest in writing a series of quatrains about a bestiary was sparked by a series of woodcuts by Pablo Picasso. Apollinaire eventually wrote thirty poems, describing his collection as "one of the most varied, seductive and accomplished poetical works of the new lyric generation." He planned an illustrated edition; Picasso was involved in other projects, so Apollinaire chose artist Raoul Dufy to create a series of woodcuts. Dufy's lively humorous woodcuts for *Le Bestiaire* were his first published illustrations. *Le Bestiaire* was finally published in Paris by Deplanche, February, 1911. Of the publisher's run of one hundred twenty copies, only about fifty were sold at 100 francs apiece. The remaining copies were sent to a second-hand book dealer who lowered the price to 40 francs. According to Dufy, Apollinaire and Dufy eventually realized only about 100 francs apiece from the work. The original Deplanche publication of *Le Bestiaire* is now considered one of the masterpieces of twentieth-century book production.

In 1918, a reprint of the Apollinaire-Dufy publication inspired Poulenc to compose *Le Bestiaire*. Poulenc originally set twelve poems, but on the advice of his friend, composer Georges Auric, kept only six. Two of the rejected mélodies may be found in the Bibliothèque Nationale in Paris: "Le Serpent" (The Snake) and "La Colombe" (The Dove). Years later, Poulenc returned again to the collection to set "La Souris" (The Mouse) as a birthday gift for Marya Freund on her eightieth birthday. Poulenc referred to the tone of Apollinaire's work as "both melancholy and joyous." The cycle is lyric and lighthearted but also pensive and droll—a gentle reminder that humans share the foibles of animals, fish and fowl. The miniature proportions of the cycle give it an intimate quality and an astonishing unity. The piano accompaniments, based on ostinato patterns, provide dramatic background as well as commentary on the texts. From the plodding gait of the explorer's camels to the languid carp swimming in his pool, a varied and colorful parade passes by.

Poulenc's flair for the dramatic is apparent even in these early miniatures, and despite their brevity, one can already hear the lyricism that became an integral part of his song style. Writing of this cycle in his *Journal de mes mélodies*, the compser declared these first songs as already "typical Poulenc." He also added a note of caution for the performer: "To sing *Le Bestiaire* with irony and above all *knowingly* is a complete misconception, showing no understanding whatsoever of Apollinaire's poetry or my music."

The songs of the cycle are in the original keys in the Low edition, and transposed for the High edition, with the exception of "La sauterelle."

Le dromadaire

Le dromadaire

Avec ses quatre dromadaires
Don Pedro d'Alfaroubeira
Courut le monde et l'admira.
Il fit ce que je voudrais faire
Si j'avais quatre dromadaires.

The Dromedary

With his four dromedaries
Don Pedro d'Alfaroubeira
Traveled the world over and admired it.
He did what I would like to do
If I had four dromedaries.

Don Pe - dro d'Al - fa - rou - bei - ra

Cou - rut le monde et l'ad - mi - ra.

en dehors

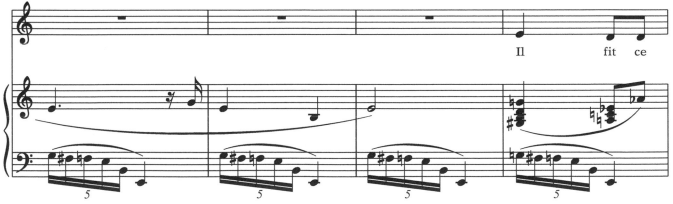

Il fit ce

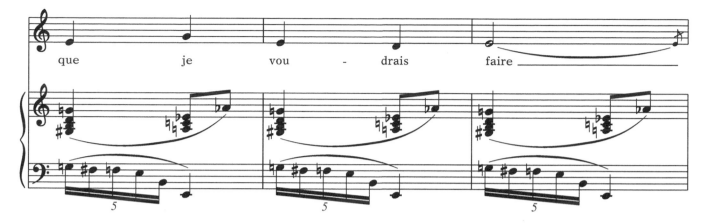

que je vou - drais faire _____

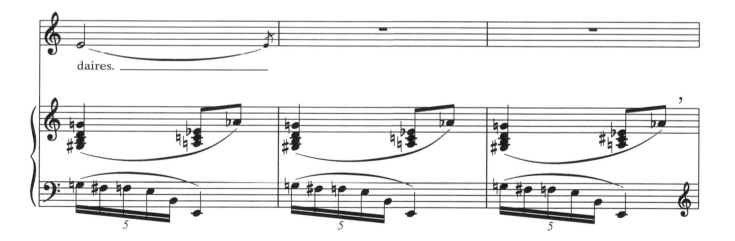

Si j'a - vais qua - tre dro - ma -

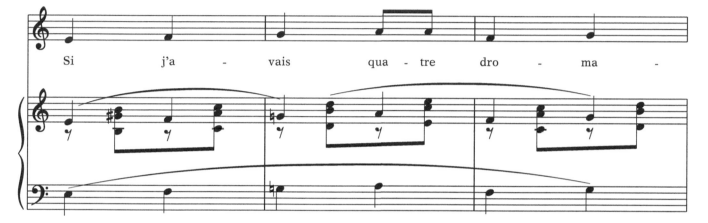

daires. _____

Allegro ♩ = 168

bref

mf
sans pédales, sans nuances

sans ralentir

La chèvre du Thibet

La chèvre du Thibet

Les poils de cette chèvre et même
Ceux d'or pour qui prit tant de peine
Jason ne valent rien au prix
Des cheveux dont je suis épris.

The Tibetan Goat

The hair of this goat and even
The golden hair for which such pains were taken
By Jason are worth nothing compared
To the hair of the one I love.

La sauterelle

La sauterelle

Voici la fine sauterelle,
La nourriture de Saint Jean,
Puissent mes vers être comme elle
Le régal des meilleures gens.

The Grasshopper

Here is the delicate grasshopper,
The nourishment of Saint John,
May my verses likewise be
A feast for superior people.

Le dauphin

Le dauphin

Dauphins, vous jouez dans la mer,
Mais le flot est toujours amer.
Parfois, ma joie éclate-t-elle?
La vie est encore cruelle.

The Dolphin

Dolphins, you play in the sea,
But the waves are always briny.
Does my joy burst forth at times?
Life is still cruel.

L'écrevisse

L'écrevisse

Incertitude, ô mes délices
Vous et moi nous nous en allons
Comme s'en vont les écrevisses,
À reculons, à reculons.

The Crayfish

Uncertainy, Oh! my delights,
You and I, we progress
As crayfish do,
Backwards, backwards.

La carpe

La carpe

Dans vos viviers, dans vos étangs,
Carpes, que vous vivez longtemps!
Est-ce que la mort vous oublie,
Poissons de la mélancolie?

The Carp

In your pools, in your ponds,
Carps, you live such a long time!
Is it that death has passed you by,
Fish of melancholy?

Pont sur Seine
Avril, Mai 1919

Sarabande

René Chalupt
(1885-1957)

Albert Roussel
(1869-1937)

Composed 1919. Opus 20: *Deux mélodies*, no. 2. Published by Durand. Dedicated to Madame Lucy Vuillemin. "Sarabande," perhaps Roussel's most beautiful mélodie, is an outstanding example of his evocative pianistic writing and expressive musical imagery. Chalupt's poetry, with its discreet but voluptuous imagery, seemed to fit Roussel's elegant and restrained temperament well, and inspired some of the composer's best mélodies. There is an oriental delicacy in Roussel's evocation of the fluttering doves, feathers into a pool, and the slow drift of chestnut blossoms onto bare flesh. Chalupt's dancing fountains are direct descendants of Verlaine's jets d'eau in "Clair de lune" (see Fauré's setting), but in this context are more intimate and mysterious. Chalupt and Roussel were close friends; Roussel composed two sets of songs to Chalupt poetry (Opus 20 and Opus 50). For Roussel's sixtieth birthday celebration Chalupt wrote a poem about Roussel ("La marin favorisé") which composer Maurice Delage set to music as part of a special tribute concert.

Sarabande	Saraband
Les jets d'eau dansent des sarabandes	The fountains are dancing sarabands
Sur l'herbe parfumée des boulingrins;	On the fragrant grass of the lawns;
Il y a des rumeurs de soie dans le jardin	There are sounds of rustling silk in the garden
Et de mystérieuses présences.	And mysterious presences.
Sur le marbre rose d'une margelle,	On the rim of a pink marble fountain,
Trois tourterelles se sont posées,	Three turtle-doves have lighted,
Comme sur tes lèvres trois baisers;	Like three kisses on your lips;
Leurs plumes s'effeuillent dans le bassin.	Their feathers fall like leaves into the basin.
Les fleurs fraîches des marronniers	The fresh flowers of the chestnut trees
Neigent lentement sur tes seins	Fall slowly like snowflakes on your breast
Et font frissonner ta chair nue,	Making your bare flesh shiver,
Car tu es nue sous ton manteau.	For you are naked under your cloak.
Et c'est pour toi que les jets d'eau	And it is for you that the fountains
Dansent de sveltes sarabandes,	Dance their slender sarabands
Que le parc est plein de présences,	That the park is full of presences,
Et que les tourterelles blanches,	And that the white turtle-doves,
Comme de vivantes guirlandes,	Like living garlands,
Viennent fleurir au bord de l'eau.	Come to flower at the water's edge.

dan - sent des sa - ra - ban - des

Sur l'her - be par - fu -

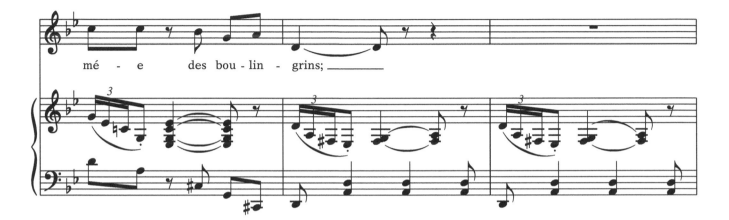

mé - e des bou - lin - grins; _____

Il y a des ru - meurs de soie _____ dans le jar - din _____ Et _

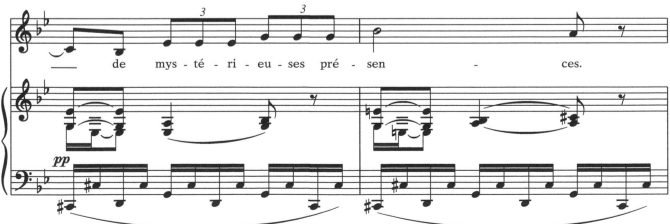

_ de mys - té - ri - eu - ses pré - sen - ces.

Modéré

p souple

Sur le mar - bre ro - se d'u - ne mar - gel - le,

Trois tour - te - rel - les se sont po - sé - es,

poco cresc.

poco rit.

Com - me sur tes lè - vres trois bai -

poco rit.

p

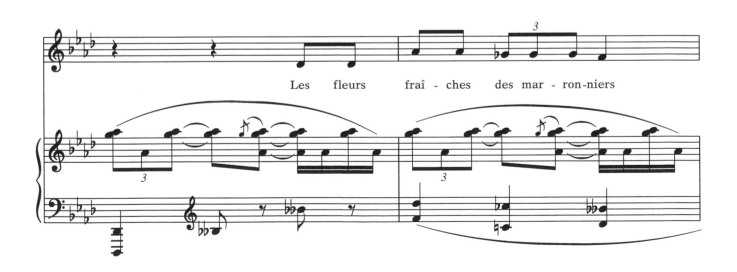

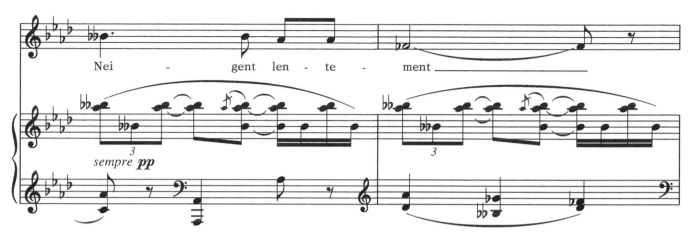

Nei - gent len - te - ment _____

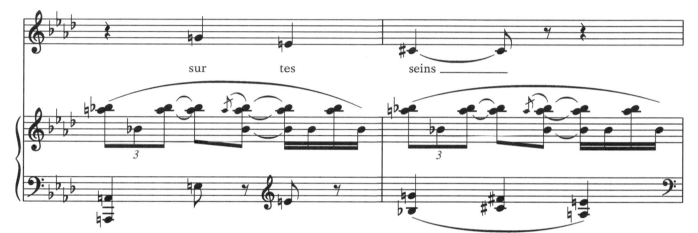

sur tes seins _____

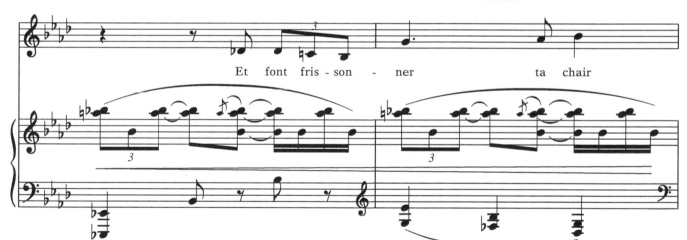

Et font fris - son - ner ta chair

En retenant

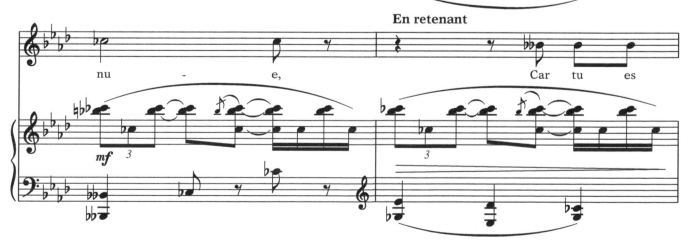

nu - e, Car tu es

Très retenu

nu - e sous ton man - teau. _____

Et c'est pour

1st Mouvt (très modéré)

toi que les jets d'eau Dan -

- sent de svel - tes sa - ra - ban - des,

Que le

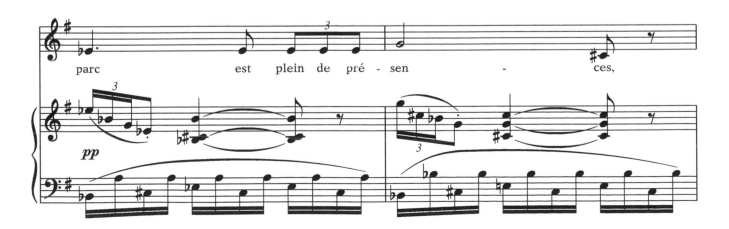

parc est plein de pré - sen - ces,

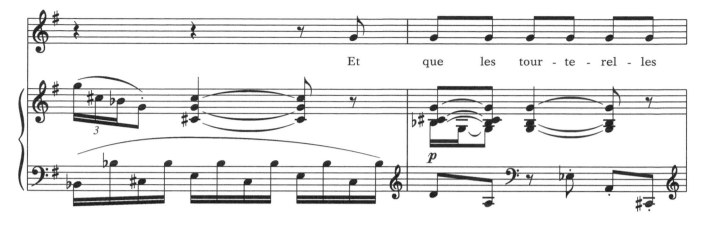

Et que les tour - te - rel - les

blan - ches, Com - me de vi - van-tes guir - lan - des,

Vien - nent fleu - rir _____

au bord de l'eau. _____

Le bachelier de Salamanque

René Chalupt
(1885-1957)

Albert Roussel
(1869-1937)

Composed 1919. Opus 20: *Deux mélodies*, no. 1. Publisher: Durand. Dedicated to Jacques Durand. First performance by Mme. Lucy Vuillemin, Paris, 27 December, 1919. "Le bachelier de Salamanque" provides a comic contrast to "Sarabande," the other mélodie of Opus 20. Chalupt's poem describes quite a different serenader from those found in Verlaine's elegant manicured gardens (see "Mandoline"). This hero is a university student, determined to deliver his musical offering after curfew has rung. His furtive journey through the streets of Salamanca is accompanied by a lively pastiche of Spanish music. Roussel trained as a naval officer until 1894, when he left his maritime career to devote himself entirely to music. He studied and eventually taught at the Schola Cantorum, established by César Franck's disciple Vincent d'Indy. Satie and Varèse were among Roussel's students. He always retained his love for the sea, describing his musical works as attempts to "evoke all the feelings which lie hidden in the sea—the sense of power and infinity, of charm, anger and gentleness . . . " One of the most well-traveled of composers, Roussel was always drawn to exotic destinations, notably the Orient. The living room of the "sailor-musician" was painted a dark blue in order to show to advantage the beauty of his golden Indian statues.

Le bachelier de Salamanque	The Student from Salamanca
Où vas-tu, toi qui passes si tard	*Where are you going, you who pass so late*
Dans les rues désertes de Salamanque,	*In the deserted streets of Salamanca,*
Avec ta toque noire et ta guitare,	*With your black cap and guitar,*
Que tu dissimules sous ta mante?	*Hidden beneath your cloak?*
Le couvre-feu est déjà sonné	*The curfew has already sounded*
Et depuis longtemps dans leurs paisibles maisons	*And for hours in their peaceful homes*
Les bourgeois dorment à poings fermés.	*The burghers have been sound asleep.*
Ne sais-tu pas qu'un édit de l'alcade	*Do you not know the alcade has decreed*
Ordonne de jeter en prison	*Prison as punishment for those*
Tous les donneurs de sérénade,	*Who sing their serenades,*
Que les malandrins couperont ta chaîne d'or,	*That brigands will cut your golden chain,*
Et que la fille de l'Almirante,	*And that the Admiral's daughter*
Pour qui vainement tu te tourmentes,	*For whom you sigh in vain*
Se moque de toi, derrière son mirador?	*Mocks you from her mirador?*

alcade: sheriff
Almirante: Admiral, commander of a fleet
mirador: an enclosed balcony with a shuttered window

tu,_____ toi qui pas - ses si tard ___ Dans les rues dé-

ser - tes de Sa - la - man - que,

A - vec ta to - que noire et ta gui - ta - re,

Que tu dis - si - mu - les sous ta man - te?

Un peu moins animé

Le cou - vre - feu est dé - jà son -

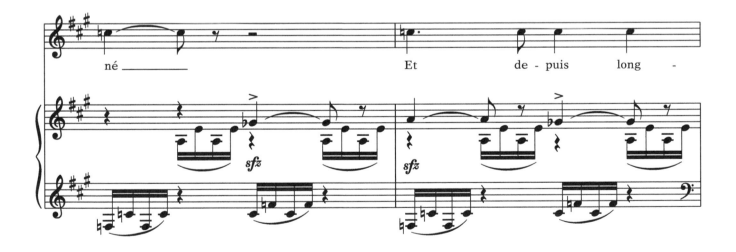

né _____ Et de - puis long -

temps dans leurs pai - si - bles mai - sons _____

257

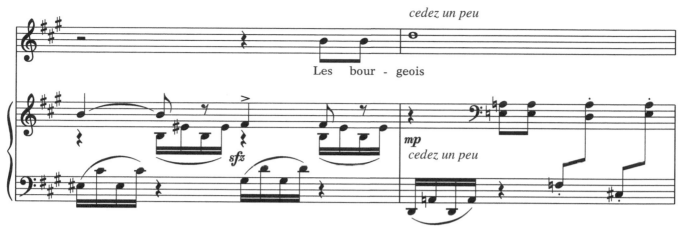

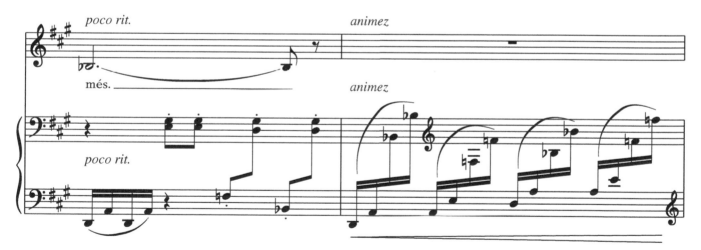

258

cade Or - don - ne de je - ter en pri - son Tous les don - neurs de sé - ré -

cresc.

na - de, Que les ma - lan -

ff

drins cou - pe - ront ta chaî - ne d'or, _____

sempre *f*

court

court

Très modéré

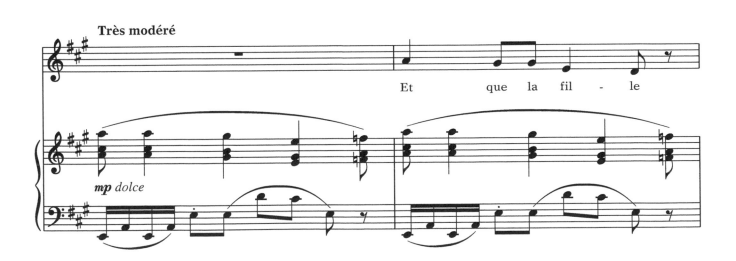

Et que la fil - le

mp dolce

259

Sainte

Stéphane Mallarmé
(1842-1898)

Maurice Ravel
(1875-1938)

Composed 1896. Published by Durand, 1907. Dedicated to Madame Edmond Bonniot, Mallarmé's daughter. "Sainte" was Ravel's first published song. He kept the manuscript in his private folio from 1896 to 1907, when he finally agreed to have it published by Durand. Mallarmé dedicated his poem to St. Cecilia, the patron saint of musicians, describing it as "a little song-like poem written above all with music in mind." The words have a mystical, chant-like quality that evokes the church's hushed atmosphere and the unheard melodies issuing from the stained glass window. In the poem's final lines, Mallarmé captures the stillness of the stained glass itself. Ravel considered Mallarmé the greatest of French poets, and used his verses nineteen years later for a work for voice and chamber orchestra, *Trois poèmes de Mallarmé*.

Sainte

À la fenêtre recélant
Le santal vieux qui se dédore
De sa viole étincelant
Jadis selon* flûte ou mandore,

Est la Sainte pâle, étalant
Le livre vieux qui se déplie
Du Magnificat ruisselant
Jadis selon vêpres ou** complie:

À ce vitrage d'ostensoir
Que frôle une harpe par l'Ange
Formée avec son vol du soir
Pour la délicate phalange

Du doigt que, sans le vieux santal,
Ni le vieux livre, elle balance
Sur le plumage instrumental,
Musicienne du silence.

Saint

At the recessed window
The old fading sandalwood
Of her viol that sparkled
Once to flute or mandola,

Is the pale Saint, displaying
The old book that lies open
To the Magnificat that glistened
Once to vespers and compline:

At this glass monstrance
Brushed by an angel's harp
Formed with his evening flight
For the delicate point

Of the finger that, without the old sandalwood
And the ancient book, she poises
On the instrumental plumage,
Musician of silence.

*Mallarmé's original word here is "avec" rather than "selon" (changed by Ravel)
**Mallarmé's original word here is "et" rather than "ou" (changed by Ravel)

se dé-do-re De sa vi - ole é-tin-ce-lant Ja-dis se-lon flûte ou man-dore,____

simile

Est la Sain-te pâle, é-ta-lant Le li - vre vieux qui

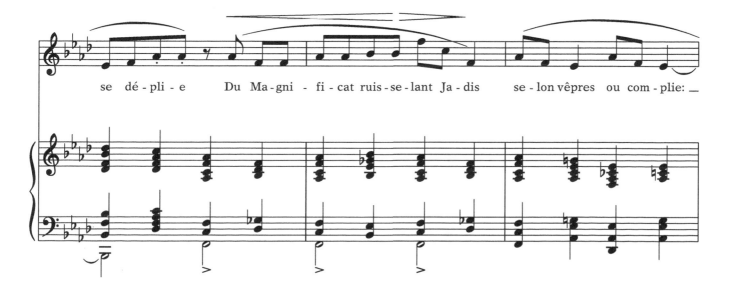

se dé-pli - e Du Ma-gni - fi - cat ruis-se-lant Ja-dis se-lon vêpres ou com-plie:____

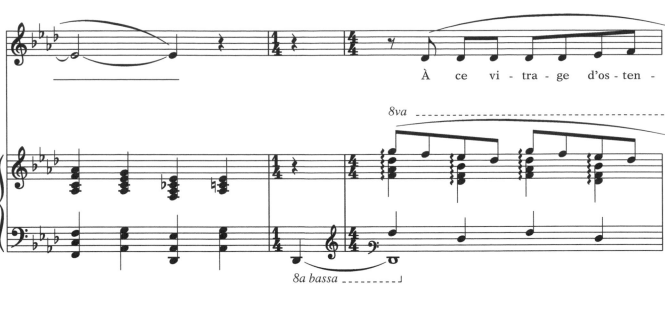

À ce vi - tra - ge d'os - ten -

soir   Que frôle u - ne har - pe par l'An - ge For - mée a - vec son vol du

soir _____   Pour la dé - li - ca - te pha - lan -

ge Du doigt que, sans le vieux san - tal Ni le vieux livre,_____

_____ el - le ba - lan - ce Sur le plu-mage ins - tru-men - tal,_____

pp

Mu - si - ci - en - ne_____ du si - lence._____

Cinq mélodies populaires grecques

Traditional Greek folk songs
Translated into French by M.D. Calvocoressi

Maurice Ravel
(1875-1938)

Le réveil de la mariée
Là-bas, vers l'église
Quel galant m'est comparable?
Chanson des cueilleuses de lentisques
Tout gai!

Composed 1904. Original texts in Greek. Published by Durand in 1906 in Calvocoressi's French translations. First performance by Marguerite Babaïan. Ravel later began orchestrating the collection, but lost interest after completing the first and last songs. Manuel Rosenthal, Ravel's friend and disciple, completed scoring the remaining three songs in 1935. There is also a version for harp and voice.

Ravel composed the accompaniments in 1904. French musicologist Pierre Aubry needed musical examples to illustrate a lecture he was giving on Greek folk song. M.D. Calvocoressi, a friend of Greek descent, selected five songs and taught them phonetically to Louise Thomasset, who was to sing the examples during the lecture. She insisted on having piano accompaniment, so Aubry turned to Ravel, who composed the accompaniments in 36 hours. Two of the five songs performed, "Quel galant m'est comparable?" and "Chanson des cueilleuses de lentisques," were later incorporated into the *Cinq mélodies populaires grecques*. Three of the songs subsequently vanished, but Ravel later set three other mélodies chosen by Calvocoressi and these complete the collection as it is performed today.

These five genuine Greek folk songs are based on Greek dance rhythms. Ravel's settings might be described as "neo-Hellenic" for their clarity in line and structure, qualities that enhance the poetic and melodic material. The songs capture colorful animated scenes from Greek peasant life. Ravel seemed to relish working with folk song. In 1910, he created imaginative settings for a collection of Spanish, French, Italian and Hebrew melodies (*Chants populaires*) and in 1914 set *Deux mélodies hébraïques*.

Le réveil de la mariée

Le réveil de la mariée

Réveille-toi, réveille-toi, perdrix mignonne.
Ouvre au matin tes ailes.
Trois grains de beauté, mon cœur en est brûlé.
Vois le ruban, le ruban d'or que je t'apporte
Pour le nouer autour de tes cheveux.
Si tu veux, ma belle, viens nous marier:
Dans nos deux familles, tous sont alliés.

The bride's awakening

Wake up, wake up, pretty partridge.
Open your wings to the morning.
Three beauty spots have set my heart on fire.
See the ribbon, the golden ribbon I bring you
To tie round your hair.
If you want, my beauty, come let's be married:
In our two families, all are kindred.

toi, per - drix mi - gnon - ne. Ouvre au ma -

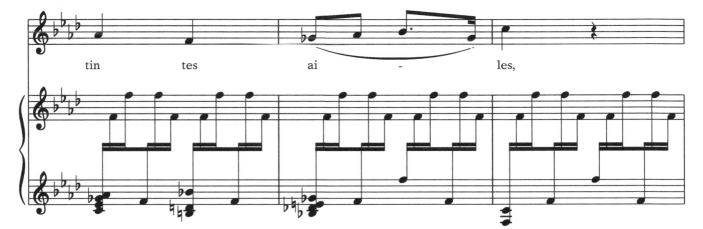

tin tes ai - les,

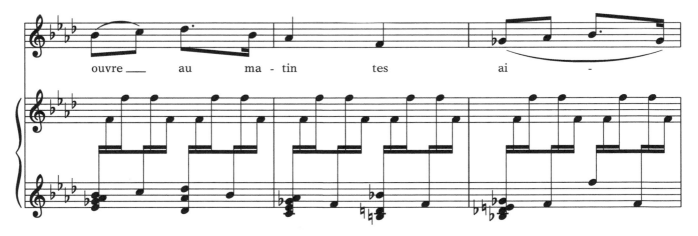

ouvre ___ au ma - tin tes ai -

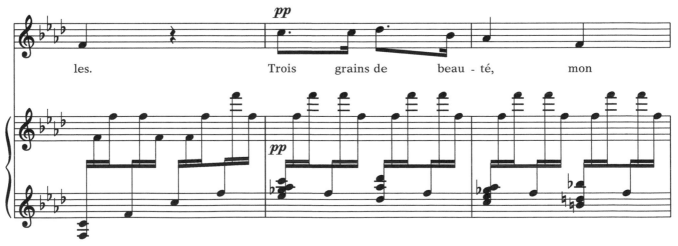

les. Trois grains de beau - té, mon

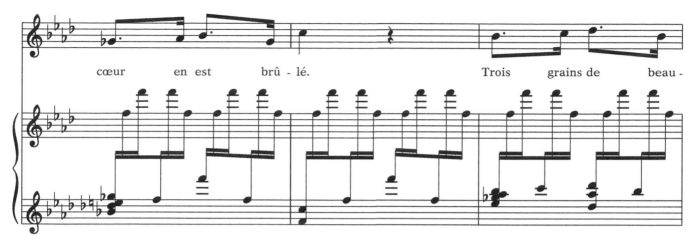

cœur en est brû - lé.   Trois grains de beau -

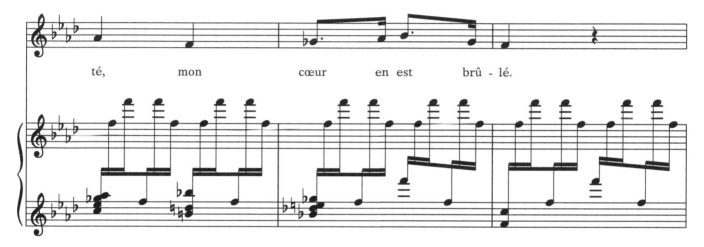

té,   mon   cœur   en est   brû - lé.

Vois le ru -

ban,   le ru - ban d'or que je t'ap - por - te,

vois le ru - ban, le ru - ban d'or que je t'ap -

por - te Pour le nou - er au -

tour de tes che - veux, _____ pour ___ le nou -

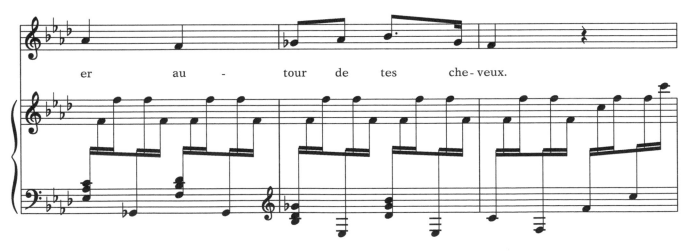

er au - tour de tes che - veux.

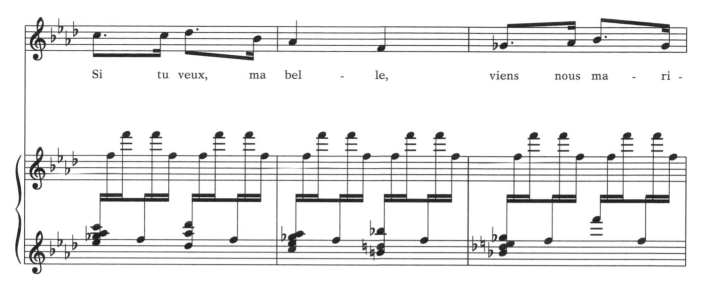

Si tu veux, ma bel - le, viens nous ma - ri -

rall. poco a poco

er: Dans nos deux fa - mil - les,

tous sont al - li - és.

Là-bas, vers l'église

Là-bas, vers l'église

Over there, near the church

Là-bas, vers l'église,
Vers l'église Ayio Sidéro,
L'église, ô Vierge sainte,
L'église, Ayio Costanndino
Se sont réunis, rassemblés en nombre infini,
Du monde, ô Vierge sainte,
Du monde tous les plus braves!

Over there, near the church,
Near the church of Saint Sideros
The church, O Holy Virgin,
The church of Saint Constantine
They are gathered, assembled in infinite number,
In the world, O Holy Virgin,
All the bravest in the world!

Quel galant m'est comparable?

Quel galant m'est comparable?

Quel galant m'est comparable,
D'entre ceux qu'on voit passer?
Dis, Dame Vassiliki?
Vois, pendus, pendus à ma ceinture,
Pistolets et sabre aigu…
Et c'est toi que j'aime!

What gallant can compare with me?

What gallant can compare with me?
Among those seen passing by?
Tell me, Lady Vassiliki?
See, hung on my belt,
Pistols and a sharp sword…
And it is you whom I love!

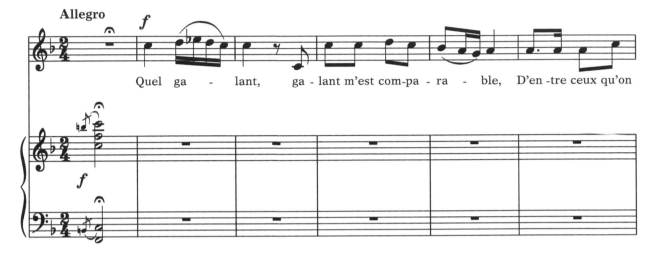

Vois, pen - dus, pen - dus à ma cein -

tu - re, Pis - to-lets et sabre ai - gu..._____

ralenti

Et c'est toi que j'ai - me!

Chanson des cueilleuses de lentisques

Chanson des cueilleuses de lentisques	*Song of the lentisk gatherers*
Ô joie de mon âme,	*O joy of my soul,*
Joie de mon cœur, trésor qui m'est si cher;	*Joy of my heart, treasure so dear to me;*
Joie de l'âme et du cœur,	*Joy of the soul and of the heart,*
Toi que j'aime ardemment,	*You whom I love passionately*
Tu es plus beau qu'un ange.	*You are lovelier than an angel.*
Ô lorsque tu parais, ange si doux,	*O when you appear, angel so sweet*
Devant nos yeux,	*Before our eyes,*
Comme un bel ange blond,	*Like a beautiful blonde angel,*
Sous le clair soleil,	*In the bright sunlight*
Hélas, tous nos pauvres cœurs soupirent!	*Alas! all our poor hearts sigh!*

Joie de l'âme et _ du cœur, _ Toi que j'aime ar - dem - ment, _

Tu es plus beau, plus beau qu'un _ an - ge. ____

Ô _____ lors-que tu pa - rais, an - ge _ si

doux, _____ an - ge si _ doux, De-vant nos _

yeux, _____

Comme un bel an - ge blond, Sous le clair so - leil, ___

Hé - las, tous nos _____ pau-vres cœurs sou -

pi - rent!

Tout gai!

Tout gai!

Tout gai,
Ha, tout gai;
Belle jambe, tireli qui danse,
Belle jambe, la vaisselle danse,
Tra-la-la.

All merry!

All merry,
Ha! all merry;
Beautiful legs, tireli that dance,
Beautiful legs, the pottery dances,
Tra-la-la.

Bel - le jam - be, la vais - sel - le dan - se, ____

____ Tra la la la la! la - ra - la, la

la, la la la la la, la - ï la, la

la la la la la, la la la la

la la la la la la la la la la

rall. *a tempo*

la la la la laï la, tra la la la la.

a tempo

suivez

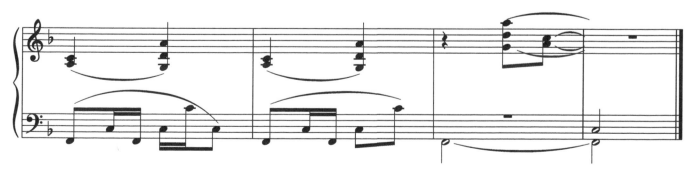

Aimons-nous

Théodore de Banville (1823-1891)	Camille Saint-Saëns (1835-1921)

Composed 1881. Théodore de Banville's poem has no title, but is from *Les Exilés*, Odelettes (1878). Poet, playwright and novelist, Banville produced some twenty collections of verse and was highly regarded by the younger poets of his day. Saint-Saëns dedicated this mélodie to Paul Vidal. The composer had a keen sense of public taste, and no doubt created "Aimons-nous" to appeal to the music consumers of the day. Its highly sentimental setting is somewhat reminiscent of Massenet's "Elégie." Both songs were great hits with the public and are still among the most popular mélodies of both composers.

Aimons-nous

Let us love

Aimons-nous et dormons
Sans songer au reste du monde!
Ni le flot de la mer, ni l'ouragan des monts
Tant que nous nous aimons
Ne courbera ta tête blonde,
Car l'amour est plus fort
Que les Dieux et la Mort!

Let us love and sleep
Without dreaming of the rest of the world!
Neither the ocean waves, nor the mountain storm
For as long as we love each other,
Will trouble your golden head,
For love is stronger
Than the Gods and Death!

Le soleil s'éteindrait
Pour laisser ta blancheur plus pure,
Le vent qui jusqu'à terre incline la forêt,
En passant n'oserait
Jouer avec ta chevelure,
Tant que tu cacheras
Ta tête entre mes bras!

The sun would cease to burn
To make your purity more pure,
The wind that bends even the forest to the ground,
Would not dare in passing
To play with your tresses
So long as you hide
Your head in my arms!

Et lorsque nos deux cœurs
S'en iront aux sphères heureuses
Où les célestes lys écloront sous nos pleurs,
Alors, comme deux fleurs,
Joignons nos lèvres amoureuses,
Et tâchons d'épuiser
La mort dans un baiser!

And when our two hearts
Shall soar into blissful realms
Where heavenly lilies open beneath our tears,
Then, like two flowers,
Let us join our loving lips,
And try to outlast
Death with a kiss!

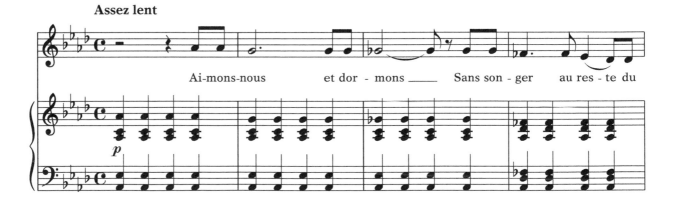

mon - de! Ni le flot de la mer, ni l'ou-ra - gan des monts _____

Tant que nous nous ai - mons Ne cour-be - ra ta tê - te blon -

de, Car l'a-mour est plus fort Que les Dieux et la Mort! ___ Car l'a - mour _____ est plus fort Que les

Et lors-que nos deux cœurs S'en i - ront aux sphè-res heu - reu - ses

sempre **pp**

Où les cé-les-tes lys é-clo-ront sous nos pleurs, A - lors, com - me deux

poco cresc.

rit. *dim.* *a tempo* **pp**

fleurs, __ Joi-gnons nos lèv-res a-mou-reu __ ses,

p
rit.

pp
a tempo

L'attente

Victor Hugo
(1802-1885)

Camille Saint-Saëns
(1835-1921)

Composed 1851. The text is found in Victor Hugo's *Les Orientales* (1828), no. 20. Saint-Saëns was a child prodigy—his earliest extant manuscript was composed at age four! His talent was far ranging—composer, pianist, organist, writer. He served as the organist at the Madeleine in Paris; Liszt declared him to be the greatest organist in the world. Berlioz's description of Saint-Saëns was somewhat sharper: "He knows everything, but lacks inexperience." Saint-Saëns composed more than 100 mélodies; the best of them display his spontaneous lyrical gift and skilled craftsmanship. Richard Wagner, who titled his mélodie "Attente", also set Hugo's dramatic poem. It is possible that the twenty-year-old Saint-Saëns, who much admired Wagner, modeled his song on Wagner's setting.

L'attente	Waiting
Monte, écureuil, monte au grand chêne,	*Climb, squirrel, climb the great oak,*
Sur la branche des cieux prochaine,	*To the branch nearest the sky,*
Qui plie et tremble comme un jonc.	*That bends and trembles like a reed.*
Cigogne, aux vieilles tours fidèle,	*Stork, inhabitant of ancient towers,*
Oh! vole et monte à tire-d'aile	*Oh! Swiftly fly and wing your way*
De l'église à la citadelle,	*From the church to the fortress,*
Du haut clocher au grand donjon.	*From the high steeple to the mighty keep.*
Vieux aigle, monte de ton aire	*Old eagle, rise from your eyrie*
À la montagne centenaire	*To the ancient mountain peak*
Que blanchit l'hiver éternel.	*Eternally white with snow.*
Et toi qu'en ta couche inquiète	*And you, ever restless in your nest*
Jamais l'aube ne vit muette,	*Who never fails to greet the dawn,*
Monte, monte, vive alouette,	*Rise, rise, lively lark,*
Vive alouette, monte au ciel!	*Ascend into the sky!*
Et maintenant, du haut de l'arbre,	*And now from the high tree-top,*
Des flèches de la tour de marbre,	*From the marble tower's spire,*
Du grand mont, du ciel enflammé,	*From the mountain crest, from the flaming sky,*
A l'horizon, parmi la brume,	*On the horizon, in the mist,*
Voyez-vous flotter une plume,	*Do you see a fluttering plume*
Et courir un cheval qui fume,	*And a steaming, galloping horse*
Et revenir mon bien-aimé?	*And my beloved returning home?*

chai - ne, Qui plie et trem - ble comme un jonc.

marcato

cresc.

Ci-gogne, aux vie-illes tours fi - dè - le, Oh!

f

fp

vole et monte à ti - re - d'ai - le De l'é -

glise à la ci-ta-del - le, Du haut clo-cher au grand don-jon.

marcato

Vieux ai - gle, mon - te de ton ai -

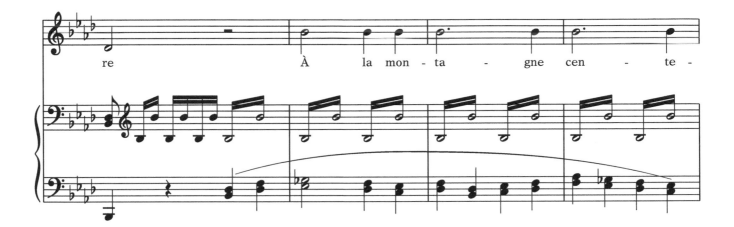

re À la mon - ta - gne cen - te -

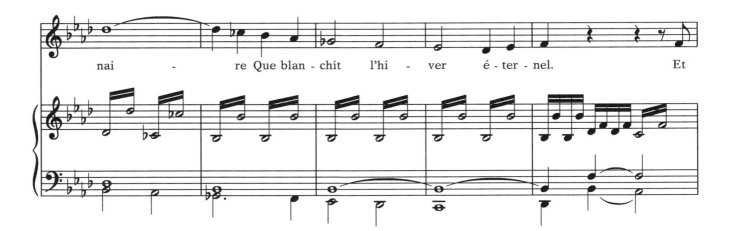

nai - re Que blan - chit l'hi - ver é - ter - nel. Et

toi qu'en ta couche in - qui - è - te Ja - mais l'au - be ne vit mu -

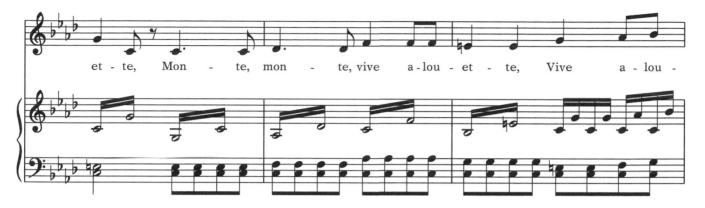

et - te, Mon - te, mon - te, vive a-lou-et - te, Vive a-lou-

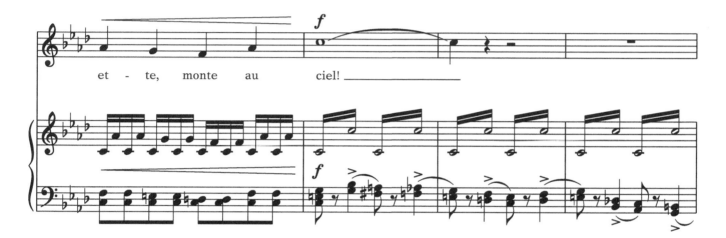

et - te, monte au ciel! _____

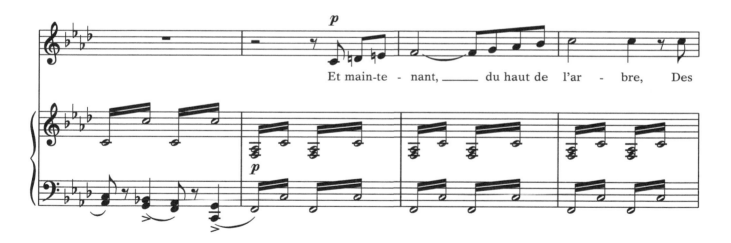

Et main-te - nant, _____ du haut de l'ar - bre, Des

flè - ches de la tour de mar - bre, Du grand mont, du ciel en - flam - mé,

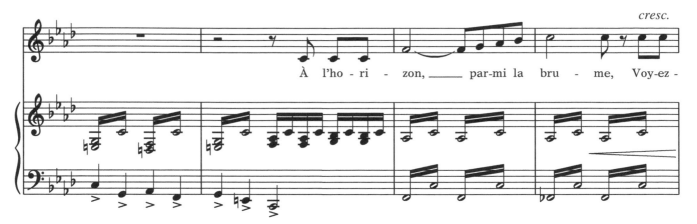

À l'ho - ri - zon, _____ par-mi la bru - me, Voy-ez -

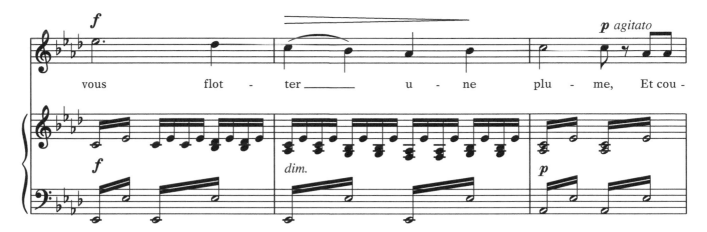

vous flot - ter _____ u - ne plu - me, Et cou -

rir un che-val qui fu - me, Et re-ve-nir mon bien - ai -

mé, et _____ re - ve - nir _____

mon bien - ai - mé,

mon bien - ai - mé, mon bien - ai -

mé?

dim. poco a poco

p

pp

Je te veux

Henry Pacory

Erik Satie
(1866-1925)

"Valse chantée," composed 1897. For voice and piano, originally written for tenor voice. First published by Baudoux, 1902; Bellon Ponscarme, 1903; Rouart-Lerolle. Version for solo piano, Bellon Ponscarme, 1904. The popular song was subsequently published in a number of instrumental versions. In Paris at the turn of the century, café-concerts (caf'conç) and the music-halls were the entertainments of choice for the working class. These reflected the glamour and gaiety of the City of Light, and offered a stimulating atmosphere in which to unwind. It was a lean time for Satie, who was barely able to eke out a living writing pot-boilers for the caf'conç and singers like Paulette Darty, its reigning star. A statuesque blonde with an ample figure and a stage presence that commanded the attention of the most boisterous Saturday night audience, Darty was billed as the "Queen of the *Valse Chantée*;" in between the verses and at the end of every song, she waltzed around the stage in graceful circles. The *valse chantée* was staple musical fare of the caf'conç, sentimental and tuneful, usually with racy lyrics. Satie met Darty in 1903 when he auditioned "Je te veux" for her: "In the mornings I was in the habit of receiving composers who brought me new songs. . . I was resting when. . .suddenly, I heard the now famous waltz 'Je te veux'. . . It had such a special charm. . . that I slipped into a peignoir to go and express my delight to Monsieur Satie. He went back to the piano, and I sang 'Je te veux' for the first time." Darty immediately added it to her repertoire and its popularity was assured. Lyricist Henry Pacory was a close friend of Satie's who usually paid the composer's tab at the caf'conç. Before the song was published, Pacory's rather explicit poem was watered down at Satie's request. Manuscript revisions in Satie's handwriting suggest he may have taken part in changing some of the text himself.

Je te veux	I want you
J'ai compris ta détresse,	I've understood your distress
Cher amoureux,	Dear lover,
Et je cède à tes vœux:	And I yield to your desires:
Fais de moi ta maîtresse.	Make me your mistress.
Loin de nous la sagesse,	Let's throw discretion away
Plus de tristesse,	No more sadness,
J'aspire à l'instant précieux	I long for the precious moment
Où nous serons heureux:	When we will be happy:
Je te veux.	I want you.
Je n'ai pas de regrets,	I have no regrets,
Et je n'ai qu'une envie:	And only one desire:
Près de toi, là, tout près,	Close to you, there, very close,
Vivre toute ma vie.	To live my whole life.
Que mon cœur soit le tien	Let my heart be yours
Et ta lèvre la mienne,	And your lips mine
Que ton corps soit le mien,	Let your body be mine
Et que toute ma chair soit tienne.	And all my flesh yours.
J'ai compris ta détresse. . .	I've understood your distress. . .
Oui, je vois dans tes yeux	Yes, I see in your eyes
La divine promesse	The divine promise
Que ton coeur amoureux	That your loving heart
Vient chercher ma caresse.	Is seeking my caress.
Enlacés pour toujours,	Forever entwined together
Brûlés des mêmes flammes,	Seared by the same desire
Dans des rêves d'amours,	In dreams of love
Nous échangerons nos deux âmes.	We'll exchange our two souls.

Modéré

Refrain
VALSE

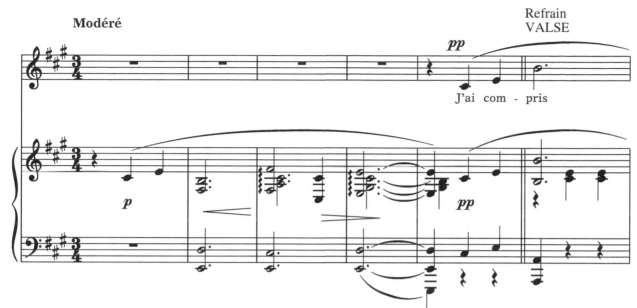

J'ai com - pris

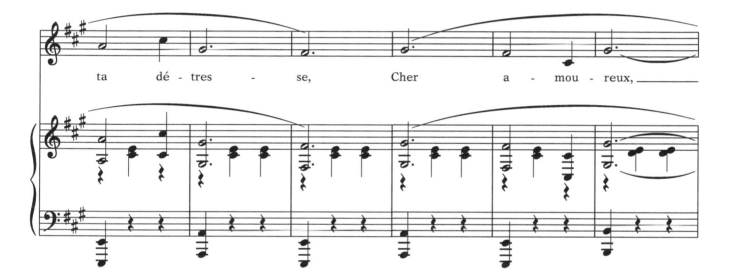

ta dé - tres - se, Cher a - mou - reux, _____

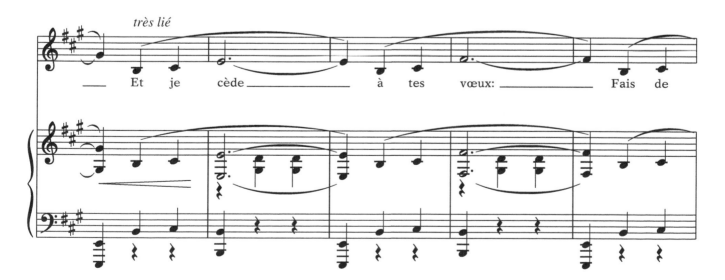

_____ Et je cède _____ à tes vœux: _____ Fais de

moi ta ___ maî - tres - se. Loin de nous la sa -

ges - se, Plus de tris - tes - se, J'as -

pire à l'ins - tant pré - ci - eux Où nous se - rons heu - reux: ___ Je te

Premier
COUPLET

veux. Je n'ai pas ___ de re - grets, ___ Et je

n'ai qu'u - ne en - vi - e: Près de toi,_____ là, tout

près,_____ Vi - vre tou - te_____ ma vi - e. Que mon

cœur_____ soit le tien_____ Et ta lè - vre_____ la

mien - ne, Que ton corps_____ soit le mien,_____ Et que

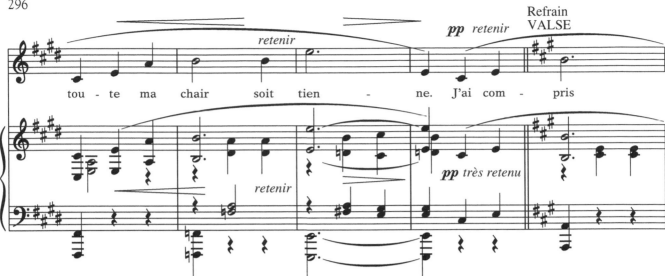

tou - te ma chair soit tien - ne. J'ai com - pris

retenir   *pp retenir*   Refrain VALSE   *pp très retenu*   *retenir*

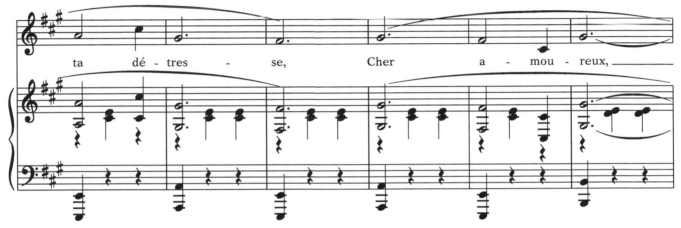

ta dé - tres - se, Cher a - mou - reux,

très lié

Et je cède à tes vœux: Fais de

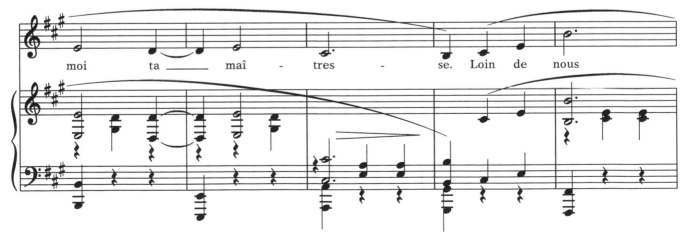

moi ta maî - tres - se. Loin de nous

pro - mes - se Que ton cœur _____ a - mou -

reux _____ Vient cher - cher ma _____ ca - res - se. En - la -

cés _____ pour tou - jours, _____ Brû - lés des mê - mes

flam - mes, Dans des rê - ves d'a - mours, _____ Nous é -

chan - ge - rons nos deux â - mes. J'ai com - pris

ta dé - tres - se, Cher a - mou - reux,

Et je cède à tes vœux, Fais de

moi ta maî - tres - se. Loin de nous la sa -

La statue de bronze

Léon-Paul Fargue
(1876-1947)

Erik Satie
(1866-1925)

Composed 1916. First song in published order, *Trois mélodies de 1916* but composed last. Publisher: Rouart-Lerolle, 1917; Salabert. Orchestrated by Robert Caby, Salabert, 1968. Dedicated to Jane Bathori, who premiered the first two songs of the set, "Daphénéo" and "Le Chapelier," in April of 1916 with pianist Ricardo Viñes. In May 1916, Bathori and Satie performed all three songs in a concert presented in connection with an exhibition of modern painting. The program for this recital featured original engravings by Matisse and Picasso. This song was Satie's first setting of the poetry of Léon-Paul Fargue, the "Bohemian poet of Paris." Satie used Fargue's witty verses again for *Ludions* (1923), a kaleidoscopic cycle of musical miniatures. "La statue de bronze" can be linked to "La grenouille Américaine" (The American frog) found in *Ludions*. Both songs share accompaniment figures spun-off from the music hall style. "La statue de bronze" is both ironic and wistful. It is quintessential Satie—brief, laconic, and witty. Francis Poulenc referred to this song as strongly influencing his melodic style: "I cherish it with a secret fondness and endless gratitude. "

La statue de bronze	*The bronze statue*
La grenouille du jeu de tonneau*	*The frog of the game of tonneau*
S'ennuie, le soir, sous la tonnelle…	*Gets bored, at evening under the arbor.*
Elle en a assez!	*She has had enough!*
D'être la statue	*Of being a statue*
Qui va prononcer un grand mot, le Mot!	*About to pronounce an important word, the Word!*
Elle aimerait mieux être avec les autres	*She would rather be with the others*
Qui font des bulles de musique	*Blowing music bubbles*
Avec le savon de la lune	*With the soap of the moon.*
Au bord du lavoir mordoré	*At the edge of the reddish-brown washhouse*
Qu'on voit, là-bas, luire entre les branches…	*Shining over there between the branches…*
On lui lance à cœur de journée	*All day long they keep throwing*
Une pâture de pistols	*Fodder of metal disks*
Qui la traversent sans lui profiter	*That only pass through her*
Et s'en vont sonner	*And go rattling*
Dans les cabinets	*Into the compartments*
De son piédestal numéroté!	*Of her numbered pedestal!*
Et le soir les insectes couchent	*And at night, the insects sleep*
Dans sa bouche.	*In her mouth.*

*The "jeu de tonneau" was a garden game popular at the end of the 19th century. The goal of the game was to throw metal discs through the frog's mouth into numbered compartments that determined the player's score.

Pas trop vite

La gre-nouil-le du jeu de ton-neau S'en-
nui-e, le soir, sous la ton-nel - le... Elle en a as-sez!
D'ê-tre la sta-tu - e Qui va pro-non - cer un grand mot, le Mot!

Elle ai - me - rait mieux être a -

vec les au - tres Qui font des bul - les de mu - si - que

A - vec le sa - von de la lu - ne Au bord du la -

voir mor - do - ré Qu'on voit, là - bas, luire en - tre les bran - ches...

Au mouvement

On lui lance à cœur de jour -né - e U - ne pâ -tu - re de pis - to - les

triste et de plus en plus calme

Qui la tra - ver - sent sans lui pro -fi - ter _____ Et s'en

triste et de plus en plus calme

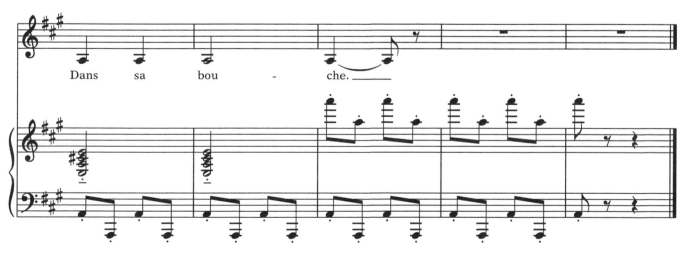

Les hiboux

Charles Baudelaire
(1821-1867)

Déodat de Sévérac
(1872-1921)

Composed 1898. Published by Rouart, Lerolle, 1913. Déodat de Sévérac was born in the Languedoc region of southwest France. After his studies in Paris, he returned home and remained there, traveling to Paris only when necessary. He attended the Schola Cantorum, studying with Magnard and d'Indy. He composed piano and orchestra music, songs and operas. His family, childhood, and the culture of his native Languedoc figured prominently in his music; he often wrote parts for regional folk instruments in his scores. He often referred to himself as "the peasant musician." His music shows influences of Debussy, Mussorgsky, and in his early songs, Bizet. "Les hiboux" is considered one of his best songs, depicting the hollow sound of the owls' call effectively in the piano writing.

Les hiboux	Owls
Sous les ifs noirs qui les abritent,	Beneath the shelter of the black yew-trees
Les hiboux se tiennent rangés,	The owls perch in a row
Ainsi que des Dieux étrangers;	Like strange gods, whose
Dardant leur œil rouge ils méditent.	Red eyes gleam, they meditate.
Sans remuer ils se tiendront	They will remain motionless
Jusqu'a l'heure mélancolique	Until the melancholy hour
Où, poussant le soleil oblique,	When, pushing aside the slanting sun
Les ténèbres s'établiront.	The shadows establish themselves.
Leur attitude au sage enseigne	From their attitude the wise man learns
Qu'il faut en ce monde qu'il craigne	That in the world he should fear
Le tumulte et le mouvement;	All movement and disturbance;
L'homme ivre d'une ombre qui passe	The man intoxicated with passing shadows
Porte toujours le châtiment	Always pays a penalty
D'avoir voulu changer de place!	For choosing to roam.

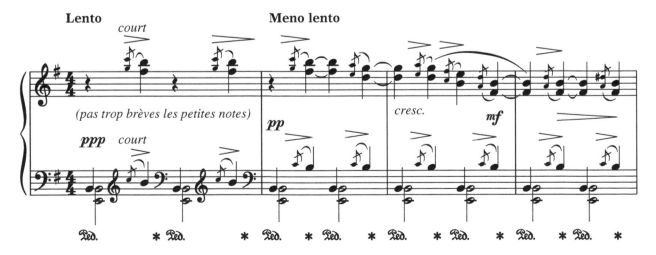

Sous les ifs noirs qui les a -

bri - tent, Les hi - boux se tien - nent ran - gés, Ain - si que des

Dieux é - tran-gers; Dar - dant leur œil rou - ge ils mé - di -

tent.

pp

Ped. * Ped. * Ped. *

Sans re-mu-er ils se tien-dront Jus -qu'à l'heu - re ___ mé-lan-co-

mf *rit.* *p*

li - que Où, pous - sant le so-leil o - bli - que Les té -

mf *p*

nè - bres ___ s'é - ta - bli - ront.

Leur at - ti - tude au sage en-sei - gne Qu'il faut en ce mon - de qu'il

crai-gne le tu - mul - te Et le mou-ve - ment; ___

Meno lento

Lento *mezza voce*

L'homme i - vre d'une om - bre qui pas - se Por - te tou - jours le châ - ti - ment d'a-voir vou - lu chan-ger de pla - ce!

rit. **Meno lento**

sourdine seule

Philis

Anonymous
Rondeau chanté, d'après un manuscrit du XVIIe siècle

Déodat de Sévérac
(1872-1921)

Composed 1916. *Douze mélodies*, Published by Rouart-Lerolle. This is the last song in the set. Sévérac's subtitle indicates the lineage of the poem as 18th century. Perhaps, perhaps not— in any case, Sévérac's fresh setting has the musical veneer of an earlier century (see also Hahn's "À Chloris"). This delightful pastiche was part of a group of songs Sévérac arranged for Yvette Guilbert (1868-1944), a Parisian actress and *diseuse* who performed in the café-concerts. She was the subject of a number of caricatures and drawings by Toulouse-Lautrec.

Philis	Phyllis
Par un souris l'Amour surpris	*Cupid, surprised by your smile*
Malgré Psyché vous rend les armes;	*Despite Psyche, surrenders his weapons to you;*
Bacchus auprès de vos attraits	*Confronted with your allure, Bacchus*
D'Ariane brave les charmes.	*Braves Ariadne's charms.*
Chacun d'eux osa prétendre	*Both Cupid and Bacchus dared*
Un favorable succès;	*Claim a favorable success;*
Pour vous rendre le cœur tendre	*To soften your heart,*
Ils vous offrent tout exprès	*They instantly offer you*
L'un son verre, l'autre ses traits.	*One his glass, the other his arrows.*
De cette double victoire	*This double victory*
Vos appas étaient garants;	*Was guaranteed by your charms;*
Mais Philis, daignez m'en croire,	*But Philis, pray believe me,*
Préférez à de tels amants	*And prefer over such lovers*
Un mortel qui vous adore	*A mortal who adores you*
Mille fois plus qu'eux encore.	*A thousand times more than they.*
Ô Philis!	*Oh, Phyllis!*

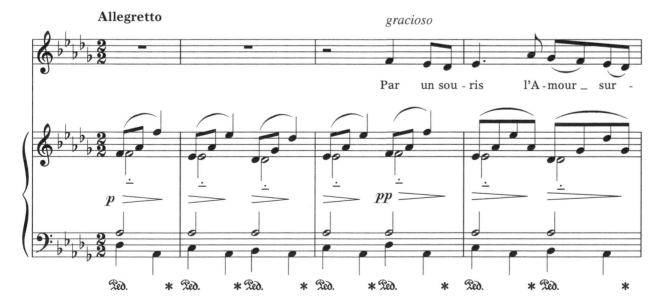

pris Mal - gré Psy - ché vous rend les ar - mes;_ Bac - chus au -

près de vos_ at - traits D'A - ri - a - ne bra - ve les char -

1er Couplet
a tempo

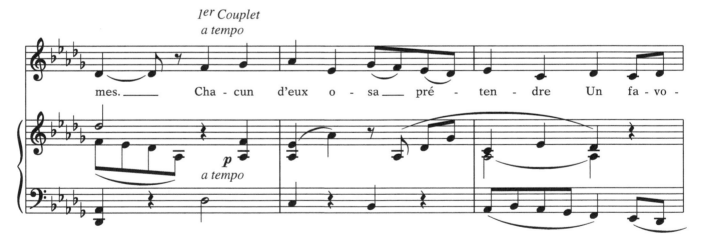

mes._ Cha - cun d'eux o - sa_ pré - ten - dre Un fa - vo -

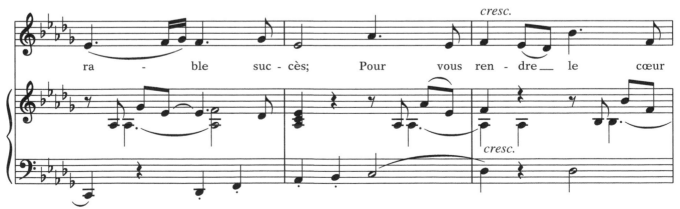

ra - ble suc - cès; Pour vous ren - dre_ le cœur

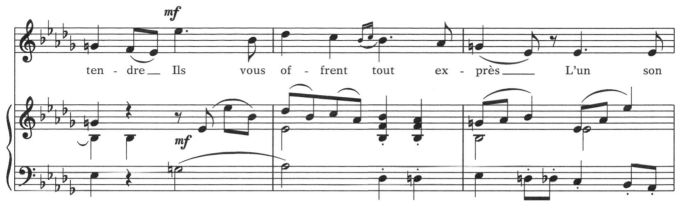

ten - dre_ Ils vous of - frent tout ex - près L'un son

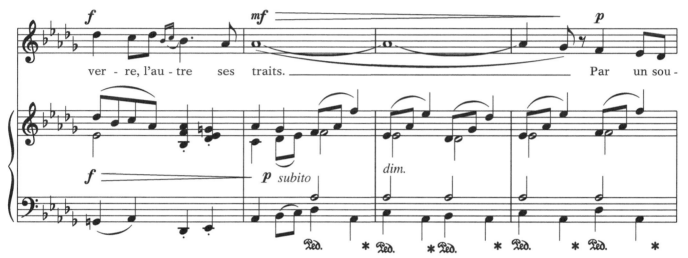

ver - re, l'au - tre ses traits._____ Par un sou -

ris l'A - mour_ sur - pris Mal - gré Psy - ché vous rend les

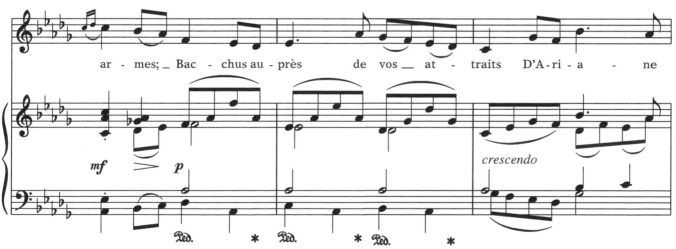

ar - mes;_ Bac - chus au - près de vos_ at - traits D'A - ri - a_ - ne

Fleur desséchée

Alexandre Pushkin
(1799-1837)
Translated from the Russian by Louis Pomey

Pauline Viardot
(1821-1910)

Autograph not traced. Song no. 1 in *Douze mélodies sur des poésies russes*, published by Gérard, 1866. Pauline Viardot, a woman of extraordinary talent and intelligence, was an important figure in the artistic activities of her time. An illustrious singer from a legendary musical family, she became an inspirational catalyst for many composers. She studied piano with Liszt; Saint-Saëns and Chopin often accompanied her at the piano. She inspired operas: Meyerbeer composed the role of Fidès in *Le prophète* (1849) for her, and in 1851 Gounod wrote *Sapho* for her. Her most celebrated role was Orphée in Berlioz's French version of Gluck's *Orfeo ed Euridice*; she sang the role over 150 times in a single year. Her daughter, Marianne, was for a time engaged to Gabriel Fauré (see "Après un rêve"). Clara Schumann said of her: "Viardot is the most gifted woman I have ever met in my life." Pauline Viardot composed over 100 songs, more than 90 were published during her lifetime.

Fleur desséchée

Dans ce vieux livre l'on t'oublie,
Fleur sans parfum et sans couleur,
Mais une étrange rêverie,
Quand je te vois, emplit mon cœur.

Quel jour, quel lieu te virent naître?
Quel fut ton sort? qui t'arracha?
Qui sait? Je les connus peut-être,
Ceux dont l'amour te conserva!

Rappelais-tu, rose flétrie,
La première heure ou les adieux?
Les entretiens dans la prairie
Ou dans le bois silencieux?

Vit-il encor? existe-t-elle?
À quels rameaux flottent leurs nids?
Ou comme toi, qui fus si belle,
Leurs fronts charmants sont-ils flétris?

Pressed flower

In this old book you have been forgotten
Flower without scent or color
But a strange reverie
Fills my heart when I see you.

What day, what place witnessed your birth?
What was your destiny? Who picked you?
Who knows? Perhaps I knew
Those whose love preserved you!

Faded rose, do you recall
The first hours or the farewells?
The conversations in the meadow
Or in the silent wood?

Is he still living? Does she exist?
On which branches do their nests sway?
Or like you, who were so lovely,
Are their charming looks withered?

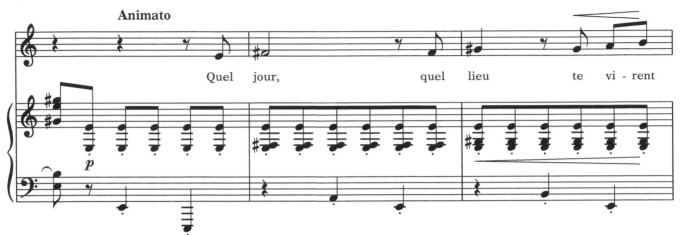

Animato

Quel jour, quel lieu te vi - rent

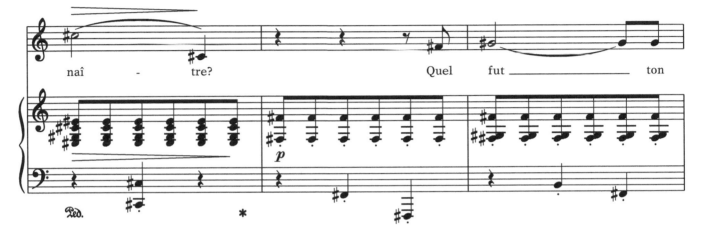

naî - tre? Quel fut ____ ton

sort? qui t'ar - ra - cha? Qui sait? Je

les con - nus peut - ê - tre, Ceux dont l'a -

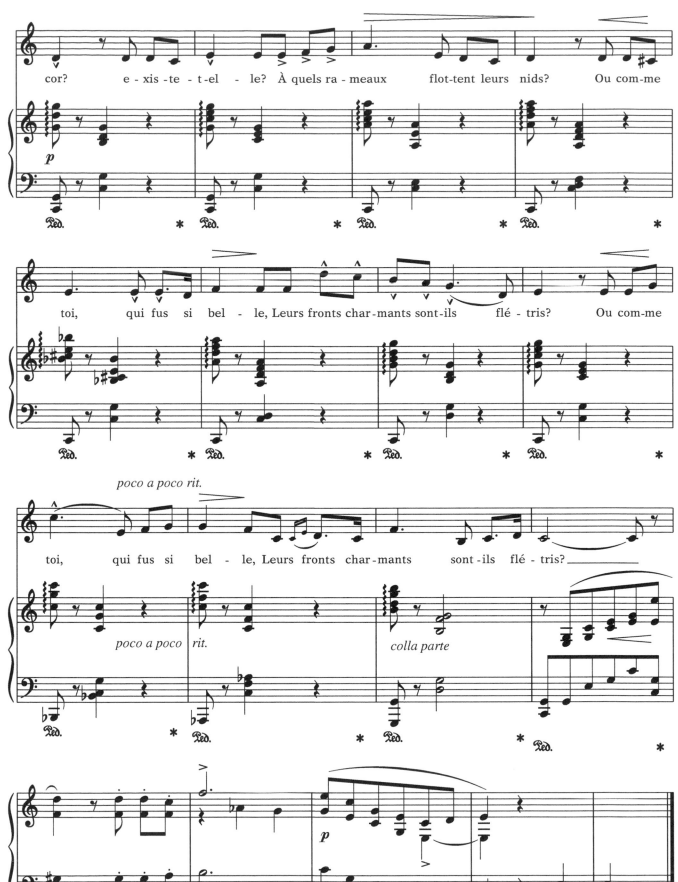

Pronunciation Guide for The French Song Anthology

Martha Gerhart,
Translations and International Phonetic Alphabet

Pierre Vallet, Diction Coach

Pronunciation Guide Contents

Each song includes a recitation of the text and a line-by-line diction lesson.
See the title page for instructions to access this feature online.

Pronunciation Guide Contents

TABLE
of the International Phonetic Alphabet (IPA) symbols
for the pronunciation of French in singing
used in this Diction Guide:

The Vowels

symbol	equivalent in English	description/notes
[ɑ]	as in "father"	the "dark 'a'"
[a]	in English only in dialect; comparable to the Italian "a"	the "bright 'a'"
[e]	no equivalent; as in the German "Schnee"	the "closed 'e'": [i] in the [ɛ] position
[ɛ]	as in "bet"	the "open 'e'"
[ə]	no equivalent	the "schwa" neutral vowel, used in a final unstressed syllable under certain circumstances depending upon the musical notation
[i]	as in "feet"	
[o]	no equivalent in English as a pure vowel; approximately as in "open"	the "closed 'o'"
[ɔ]	as in "ought"	the "open 'o'"
[u]	as in "blue"	
[y]	no equivalent	[i] sustained with the lips rounded to a [u] position
[ø]	no equivalent	[e] sustained with the lips rounded almost to [u]
[œ]	as in "earth" without pronouncing any "r"	the most usual sound of an unstressed neutral syllable: [ɛ] with lips in the [ɔ] position; see also [ə], above
[ɑ̃]	no equivalent	the nasal "a": [ɔ] with nasal resonance added
[õ]	no equivalent	the nasal "o": [o] with nasal resonance added
[ɛ̃]	no equivalent	the nasal "e": as in English "cat" with nasal resonance added
[œ̃]	no equivalent	the nasal "œ": as in English "uh, huh" with nasal resonance added

The Semi-consonants

[ɥ]	no equivalent in English	a [y] in the tongue position of [i] and the lip position of [u]
[j]	as in "ewe," "yes"	a "glide"
[w]	as in "we," "want"	

The Consonants

[b]	as in "bad"	with a few exceptions
[c]	[k], as in "cart"	with some exceptions

[ç]	as in "<u>s</u>un"	when initial or medial, before *a*, *o*, or *u*
[d]	usually, as in "<u>d</u>oor"	becomes [t] in liaison
[f]	usually, as in "<u>f</u>oot"	becomes [v] in liaison
[g]	usually, as in "<u>g</u>ate"	becomes [k] in liaison; see also [ʒ]
[k]	as in "<u>k</u>ite"	
[l]	as in "<u>l</u>ift"	with some exceptions
[m]	as in "<u>m</u>int"	with a few exceptions
[n]	as in "<u>n</u>ose"	with a few exceptions
[ɲ]	as in "o<u>ni</u>on"	almost always the pronunciation of the "gn" combination
[p]	as in "<u>p</u>ass"	except when silent (final) and in a few rare words
[r] *	no equivalent in English	flipped (or occasionally rolled) "r"
[s]	as in "<u>s</u>olo"	with exceptions; becomes [z] in liaison
[t]	as in "<u>t</u>ooth"	with some exceptions
[v]	as in "<u>v</u>oice"	
[x]	[ks] as in "e<u>x</u>tra," [gz] as in "e<u>x</u>ist"	becomes [z] in liaison
[z]	as in "<u>z</u>one"	with some exceptions
[ʒ]	as in "rou<u>g</u>e"	usually, "g" when initial or mediant before *e*, *i*, or *y*; also, "j" in any position
[ʃ]	as in "<u>sh</u>oe"	

* The "uvular 'r'" used in conversation and popular French song and cabaret is not appropriate in classical singing.

Elision and Liaison

Liaison is common in sung French. Its use follows certain rules; apart from the rules, the final choice as to whether or not to make a liaison sometimes depends on good taste and/or the advice of experts.

Liaison is the sounding (linking) of a normally silent final consonant with the vowel (or mute *h*) beginning the next word.
    examples, with their IPA:

les   oiseaux   est ici
lɛ‿ zwa zo   ɛ‿ ti si

Elision is the linking of a consonant followed by a final unstressed *e* with the vowel (or mute *h*) beginning the next word.
    examples, with their IPA: elle est   votre âme
                                   ɛ‿ lɛ   vɔ‿ tra mœ

As an additional aid to the user, the linking symbol [‿] is given for **elision** as well as for **liaison**.

—Martha Gerhart

About the Artists

Martha Gerhart relocated to Dallas, Texas in 1997, following a prestigious career as a coach/pianist based in New York City, to teach at Southern Methodist University. At S.M.U. she coaches and teaches Diction for Singers. In demand from both students and professionals in the Dallas-Fort Worth area at her private coaching studio in Dallas, she has been on the music staffs of companies including the New York City Opera, the San Francisco Opera, Spoleto Festival Opera, and The Dallas Opera. She has also presented master classes at venues including the Pittsburgh Opera Studio, Glimmerglass Opera, OperaWorks (Los Angeles), and the Texoma Regional NATS Convention. In addition to her translating and IPA transliterating contributions to G. Schirmer's *Opera Anthology* series and other publications, she is the author of *Italian song texts from the 17th through the 20th centuries*, in three volumes, published by Leyerle Publications.

An innovative and dynamic musician, conductor **Pierre Vallet** is known for his elegance and musical depth. A versatile artist, he is also recognized as an accomplished pianist and opera coach, sought out by musicians for collaborations and by institutions for master classes.

Pierre Vallet made his successful debut at the Opéra national de Paris in December 2007, conducting the last two performances of Wagner's *Tannhäuser*. In recent seasons, Vallet has conducted performances of *Otello* and *Tannhäuser* with the Tokyo Opera Nomori, and *Manon* at the Bolshoi Theater. During the summer of 2007, he appeared at the Saito Kinen Festival Matsumoto conducting the Saito Kinen Festival Orchestra in a concert of excerpts from Tchaikovsky's *The Queen of Spades* at the Matsumoto Performing Arts Centre in the Japan Alps.

As an opera coach, in addition to the Opera de Paris and the Metropolitan Opera, he has worked with the New Israeli Opera in Tel Aviv, the Teatro Carlo Felice in Genova and the Bolshoi Theater in Moscow. Vallet has also coached young singers at the Metropolitan Opera Young Artists Program, the Houston Grand Opera Studio, the New England Conservatory, the Cincinnati Conservatory of Music, the San Francisco Conservatory of Music and the University of Minnesota. An esteemed teacher, Pierre Vallet has served on the faculties of Chicago's Ravinia Festival, the Tanglewood Music Center, the International Vocal Arts Institute and The Juilliard School.

As a pianist, Vallet has appeared onstage accompanying such artists as mezzo-soprano Denyce Graves, baritone Dmitri Hvorostovsky, and sopranos Ying Huang and Maria Guleghina, to name a few. Among his performance credits are New York's Lincoln Center, The White House in Washington, DC, Fort Worth's Van Cliburn Concert Series and Boston's Isabella Stewart Gardner Museum Concert Series.

About the Diction Recordings

Veteran diction coach and conductor Pierre Vallet is a native French speaker accustomed to working with professional and student classical singers. This book/audio package allows a student access to French diction coaching at the highest level.

There are two recordings of each song text. First, the coach recites the poem. A singer can hear the mood of the text and the flow of the language. It is important to remember that this poem is what inspired the composer to write an art song setting. Spoken diction is used in the recitation, including the guttural "R" sound in French. However, even in the recitation the coach is aware of how the words were set to music.

Next, the coach has recorded the text line-by-line, without expression, leaving time for the repetition of each phrase. In this slow version the guttural "R" sound has been adapted to the flipped "R" recommended for classical singers. Other small adjustments have been made relevant to the manner in which the words are set to music.

To achieve the best artistic results, it is crucial that the singer spends time with the poem apart from singing it, not only mastering diction to the point of fluency, but also in contemplating the words and learning to express their meanings. Is there an implied character speaking the poem? Only after a singer has pondered the words can she or he appreciate and discern how the composer interpreted the poetry, which is the heart of what art song is.

Richard Walters
editor

Villanelle

music: Hector Berlioz
text: Théophile Gautier

vi la nɛl				
Villanelle				
Villanella				

kɑ̃	vjɛ̃ dra	la	sɛ zõ	nu vɛ lə
Quand	**viendra**	**la**	**saison**	**nouvelle,**
when	will come	the	season	new

kɑ̃‿	to rõ	di spa ry	lɛ	frwa
quand	**auront**	**disparu**	**les**	**froids,**
when	will have	disappeared	the	colds

tu	lɛ dø		nu‿	zi rõ	ma	bɛ lə
tous les deux			**nous**	**irons,**	**ma**	**belle,**
all	the two (*idiom: = both*)		we	will go	my	beauty

pur	kœ jir	lœ	my gɛ		o	bwa
pour	**cueillir**	**le**	**muguet**		**aux**	**bois;**
for	to gather	the	lily of the valley		in the	woods

su	no	pje	e grœ nɑ̃	lɛ	pɛr lə
sous	**nos**	**pieds**	**égrenant**	**les**	**perles**
beneath	our	feet	felling	the	pearls

kœ	lõ	vwa	o	ma tɛ̃	trɑ̃ ble
que	**l'on**	**voit**	**au**	**matin**	**trembler,**
which	the one	sees	in the	morning	to tremble

nu‿	zi rõ‿	ze ku te	lɛs	mɛr lə	si fle
nous	**irons**	**écouter**	**les**	**merles**	**siffler!**
we	will go	to listen to	the	blackbirds	to whistle

lœ	prɛ̃ tɑ̃	ɛ	vœ ny	ma	bɛ lə
Le	**printemps**	**est**	**venu,**	**ma**	**belle;**
the	spring	is	come	my	beauty

sɛ	lœ	mwa	dɛ‿	za mɑ̃	be ni
c'est	**le**	**mois**	**des**	**amants**	**béni,**
it is	the	month	of	lovers	blessed

e	lwa zo	sa ti nɑ̃	sõ‿	nɛ lə
et	**l'oiseau,**	**satinant**	**son**	**aile,**
and	the bird	making satiny	its	wing

di	sɛ	vɛr	o	rœ bɔr	dy	ni
dit	**ses**	**vers**	**au**	**rebord**	**du**	**nid.**
tells	its	verses	at the	edge	of the	nest

o	vjɛ̃	dõ	syr	sœ	bɑ̃	dœ	mu sə
Oh,	**viens,**	**donc,**	**sur**	**ce**	**banc**	**de**	**mousse,**
oh	come	then	upon	this	bank	of	moss

pur	par le	dœ	no	bo‿	za mur
pour	**parler**	**de**	**nos**	**beaux**	**amours,**
for	to speak	of	our	beautiful	loves

e	di mwa	dœ	ta	vwa	si	du sə	tu ʒur
et	**dis-moi**	**de**	**ta**	**voix**	**si**	**douce:**	**toujours!**
and	say to me	in	your	voice	so	sweet	always

lwɛ̃	bjɛ̃	lwɛ̃	e ga rɑ̃	no	kur sə
Loin,	**bien**	**loin,**	**égarant**	**nos**	**courses,**
far	indeed	far	straying from	our	paths

fœ zã	fɥir	lœ	la pɛ̃	ka ʃe
faisant	**fuir**	**le**	**lapin**	**caché,**
making	to flee	the	rabbit	concealed

e	lœ	dɛ̃	o	mi rwar	dɛ	sur sə
et	**le**	**daim**	**au**	**miroir**	**des**	**sources**
and	the	fallow deer	in the	mirror	of the	springs

ad mi rã	sõ	grã	bwɑ	pã ʃe
admirant	**son**	**grand**	**bois**	**penché;**
admiring	its	great	antlers	inclined

pɥi	ʃe	nu	tu‿	tœ rø	tu‿	tɛ zə
puis	**chez**	**nous,**	**tout**	**heureux,**	**tout**	**aises,**
then	at home	ours	all	happy	all	at ease

ã	pa nje	ã la sã	no	dwa
en	**paniers,**	**enlaçant**	**nos**	**doigts,**
in	baskets	in enlacing	our	fingers

rœ vœ nõ	ra pɔr tã	dɛ	frɛ zœ	dɛ	bwɑ
revenons,	**rapportant**	**des**	**fraises**	**des**	**bois!**
let us return	bringing back	(of)	strawberries	from the	woods

Chanson d'avril

music: Georges Bizet
text: Louis Bouilhet

ʃã sõ	da vril
Chanson	**d'avril**
song	of April

le vœ twa	lœ	prɛ̃ tã	vjɛ̃	dœ	nɛ trə
Lève-toi!	**le**	**printemps**	**vient**	**de**	**naître!**
get (yourself) up	the	spring	comes	(of)	to be born

la bɑ	syr	le	va lõ	flɔ	tœ̃	re so	vɛr mɛ jə
Là-bas,	**sur**	**les**	**vallons,**	**flotte**	**un**	**réseau**	**vermeil!**
over there	over	the	dales	floats	a	net	vermilion

tu	fri sɔ‿	no	ʒar dɛ̃	tu	ʃã‿	te	ta	fœ nɛ trə
Tout	**frissonne**	**au**	**jardin,**	**tout**	**chante,**	**et**	**ta**	**fenêtre,**
everything	thrills with delight	in the	garden	everything	sings	and	your	window

kɔ‿	mœ̃	re gar	ʒwa jø	ɛ	ple nœ	dœ	sɔ lɛj
comme	**un**	**regard**	**joyeux,**	**est**	**pleine**	**de**	**soleil!**
like	a	joyous	glance	is	full	of	sun

dy	ko te	dɛ	li lɑ	o	tu fœ	vi ɔ lɛ tə
Du	**côté**	**des**	**lilas**	**aux**	**touffes**	**violettes,**
by the	side	of the	lilacs	with	clusters	purple

mu ʃœ‿	ze	pa pi jõ	brɥi sœ‿	ta la fwa
mouches	**et**	**papillons**	**bruissent**	**à la fois**
flies	and	butterflies	hum	at the (same) time

e	lœ	my gɛ	so va ʒə	e brã lã	sɛ	klɔ ʃɛ tə
et	**le**	**muguet**	**sauvage,**	**ébranlant**	**ses**	**clochettes,**
and	the	lily of the valley	wild	ringing	its	little bells

a	re vɛ je	la mu‿	rɑ̃ dɔr mi	dɑ̃	le	bwɑ
a	**réveillé**	**l'amour**	**endormi**	**dans**	**les**	**bois!**
has	awakened	the love	asleep	in	the	woods

pɥi ska vril	a	sœ me	sɛ	mar gœ ri tœ	blɑ̃ ʃə
Puisqu'avril	**a**	**semé**	**ses**	**marguerites**	**blanches,**
since April	has	sown	its	daisies	white

lɛ sœ	ta	mɑ̃ tœ	lur‿	de	tõ	mɑ̃ ʃõ	fri lø
laisse	**ta**	**mante**	**lourde**	**et**	**ton**	**manchon**	**frileux;**
put aside	your	cloak	heavy	and	your	muff	cosy

de ʒa	lwa zo	ta pɛ‿	le	tɛ	sœr	lɛ	pɛr vɑ̃ ʃə
déjà	**l'oiseau**	**t'appelle,**	**et**	**tes**	**sœurs**	**les**	**pervenches**
already	the bird	you calls	and	your	sisters	the	periwinkles

tœ	su ri rõ	dɑ̃	lɛr‿	bɑ̃	vwa jɑ̃	tɛ‿	zjø	blø
te	**souriront**	**dans**	**l'herbe**	**en**	**voyant**	**tes**	**yeux**	**bleus!**
to you	will smile	in	the grass	in	seeing	your	eyes	blue

vjɛ̃	par tõ	o	ma tɛ̃	la	sur‿	sɛ	ply	lɛ̃ pi də
Viens,	**partons!**	**au**	**matin,**	**la**	**source**	**est**	**plus**	**limpide;**
come	let us go	in the	morning	the	spring	is	more	limpid

lɛ vœ twa	vjɛ̃	par tõ
Lève-toi!	**Viens,**	**partons!**
get (yourself) up	come	let us go

na tɑ̃ dõ	pɑ	dy	ʒur	lɛ	bry lɑ̃ tœ	ʃa lœr
N'attendons	**pas**	**du**	**jour**	**les**	**brûlantes**	**chaleurs;**
not let us await	(not)	of the	day	the	burning	heats

ʒœ	vø	mu je	mɛ	pje	dɑ̃	la	ro ze	y mi də
je	**veux**	**mouiller**	**mes**	**pieds**	**dans**	**la**	**rosée**	**humide,**
I	want	to moisten	my	feet	in	the	dew	damp

e	tœ	par le	da mur	su	lɛ	pwa rje‿	zɑ̃	flœr
et	**te**	**parler**	**d'amour**	**sous**	**les**	**poiriers**	**en**	**fleurs!**
and	to you	to speak	of love	beneath	the	pear trees	in	flower

Guitare

music: Georges Bizet
text: Victor Hugo

gi tar
Guitare
guitar

[tra	la	la	la	la	la]
[Tra	**la**	**la**	**la**	**la**	**la,]**
[tra	la	la	la	la	la]

kɔ mɑ̃	di zɛ‿ til
Comment,	**disaient-ils,**
how	said they (males)

a vɛk	no	na sɛ lœ
avec	**nos**	**nacelles,**
with	our	skiffs

fɥir	lɛ‿	zal gwa zil
fuir	**les**	**alguazils?**
to avoid	the	alguazils

ra me	di zɛ‿ tɛ lœ
—Ramez,	**disaient-elles.**
row	said they (females)

kɔ mɑ̃   di zɛ‿ til
Comment, disaient-ils,
how   said they

u bli e   kœ rɛ lœ
oublier querelles,
to forget   quarrels

mi zɛ‿   re   pe ril
misère et périls?
poverty   and   perils

dɔr me   di zɛ‿ tɛ lœ
—Dormez, disaient-elles.
sleep   said they

kɔ mɑ̃   di zɛ‿ til
Comment, disaient-ils,
how   said they

ɑ̃ ʃɑ̃ te   lɛ   bɛ lœ
enchanter les belles
to enchant   the   beautiful women

sɑ̃   fil trœ   syp til
sans philtres subtils?
without   love philters   artful

ɛ me   di zɛ‿ tɛ lœ
—Aimez, disaient-elles.
love   said they

Ouvre ton cœur

music: Georges Bizet
text: Louis Delâtre

u vrœ   tõn   kœr
Ouvre ton cœur
open   your   heart

la   mar gœ ri‿   ta   fɛr me   sa   kɔ rɔ lœ
La marguerite a fermé sa corolle,
the   daisy   has   closed   her   corolla

lõ‿   bra   fɛr me   lɛ‿   zjø   dy   ʒur
l'ombre a fermé les yeux du jour.
the shade   has   closed   the   eyes   of the   day

bɛ lœ   mœ   tjɛ̃ dra ty   pa rɔ lœ
Belle, me tiendras-tu parole?
beautiful one   to me   will keep – you   word

u vrœ   tõn   kœ‿   ra   mõ‿   na mur
Ouvre ton cœur à mon amour.
open   your   heart   to   my   love

u vrœ   tõn   kœr   o   ʒœ‿   nɑ̃‿   ʒa   ma   flɑ mœ
Ouvre ton cœur, ô jeune ange, à ma flamme,
open   your   heart   o   young   angel   to   my   passion

kœ̃   rɛ vœ   ʃar mœ   tõ   sɔ mɛj
qu'un rêve charme ton sommeil.
that in   dream   it may charm   your   slumber

ʒœ   vø   rœ prã drœ   mõ‿   na mœ
Je   **veux**   **reprendre**   **mon**   **âme,**
I   want   to revive   my   soul

kɔ‿   my nœ   flœr   su‿   vro   sɔ lɛj
comme   **une**   **fleur**   **s'ouvre**   **au**   **soleil!**
like   a   flower   opens   to the   sun

Les cigales
music: Emmanuel Chabrier
text: Rosemond Gérard

lɛ   si gal
Les   **cigales**
the   cicadas

lœ   sɔ lɛj   ɛ   drwa   syr   la   sã tə
Le   **soleil**   **est**   **droit**   **sur**   **la**   **sente,**
the   sun   is   directly   over   the   path

lõ brœ   blø i   su   lɛ   fi gje
l'ombre   **bleuit**   **sous**   **les**   **figuiers,**
the shadow   turns blue   under   the   fig trees

sɛ   kri‿   zo   lwɛ̃   myl ti pli e
ces   **cris**   **au**   **loin**   **multipliés,**
those   cries   in the   distance   multiplied

sɛ   mi di   sɛ   mi di   ki   sã tə
c'est   **Midi,**   **c'est**   **Midi**   **qui**   **chante!**
it is   noon   it is   noon   which   sings

su   la strœ   ki   kõ dɥi   lœ   kœr
Sous   **l'astre**   **qui**   **conduit**   **le**   **chœur,**
beneath   the heavenly body [sun]   which   leads   the   choir

lɛ   ʃa tə zœ   di si my le œ
les   **chanteuses**   **dissimulées**
the   singers   hidden

ʒɛ tœ   lœr   ro kœ‿   zy ly le ə
jettent   **leurs**   **rauques**   **ululées,**
emit   their   raucous   wails

dœ   kɛ‿   lɛ̃ fa ti ga blœ   kœr
de   **quel**   **infatigable**   **cœur!**
from   what (an)   indefatigable   heart

lɛ   si ga lœ   sɛ   bɛ sti o lœ
Les   **cigales,**   **ces**   **bestioles,**
the   cicadas   those   tiny beasts

õ   ply   da mœ   kœ   lɛ   vi ɔ lœ
ont   **plus**   **d'âme**   **que**   **les**   **violes,**
have   more   (of) soul   than   the   viols

lɛ   si ga lœ   lɛ   si ga lõ
les   **cigales,**   **les**   **cigalons,**
the   cicadas   the   little cacadas

ʃã tœ   mjø   kœ   lɛ   vi ɔ lõ
chantent   **mieux**   **que**   **les**   **violons!**
sing   better   than   the   violins

sã   dɔ nœ‿   tɛ lœ   lɛ   si ga lœ
S'en   **donnent**   **elles,**   **les**   **cigales,**
themselves to it   they devote   (they)   the   cacadas

syr le ta dœ pu sje rœ gri
sur **les** **tas** **de** **poussière** **gris,**
on the heaps of dust gray

su le‿ zɔ li vje ra bu gri
sous **les** **oliviers** **rabougris,**
beneath the olive trees stunted

e twa le dœ flœ rɛ tœ pɑ lœ
étoilés **de** **fleurettes** **pâles.**
star-studded with flowerets pale

e gri zœ dœ ʃɑ̃ te‿ rɛ̃ si
Et **grises** **de** **chanter** **ainsi,**
and intoxicated by singing thus

ɛ lœ fɔ̃ lœr my zi kœ fɔ lœ
elles **font** **leur** **musique** **folle;**
they make their music maniacal

e tu ʒur lœr ʃɑ̃ sɔ̃ sɑ̃ vɔ lœ
et **toujours** **leur** **chanson** **s'envole**
and always their song takes off

dɛ tu fœ dy gɑ zɔ̃ ru si
des **touffes** **du** **gazon** **roussi!**
from the tufts of the grass turned brown

le si ga lœ sɛ bɛ sti ɔ lœ
Les **cigales,** **ces** **bestioles,**
the cicadas those tiny beasts

õ ply dɑ mœ kœ le vi ɔ lœ
ont **plus** **d'âme** **que** **les** **violes,**
have more (of) soul than the viols

le si ga lœ le si ga lõ
les **cigales,** **les** **cigalons,**
the cicadas the little cacadas

ʃɑ̃ tœ mjø kœ le vi ɔ lõ
chantent **mieux** **que** **les** **violons!**
sing better than the violins

o ry strœ‿ ze par dɑ̃ lœ ʃo mœ
Aux **rustres** **épars** **dans** **le** **chaume,**
on the rustics scattered in the stubble

lœ grɑ̃‿ ta strœ tɔ rɑ̃ si ɛl
le **grand** **astre** **torrentiel,**
the great sun torrential

a lar ʒœ flo dy o dy sjɛl
à **larges** **flots,** **du** **haut** **du** **ciel,**
in large waves from the height of the heaven

vɛr sœ lœ sɔ mɛj e sõ bo mœ
verse **le** **sommeil** **et** **son** **baume.**
pours the sleep and its balm

tu‿ tɛ mɔr rjɛ̃ nœ brɥi ply
Tout **est** **mort,** **rien** **ne** **bruit** **plus**
all is dead nothing not makes noise other

kɛ lə tu ʒur le fɔr sœ ne ə
qu'elles, **toujours,** **les** **forcenées**
than they always the frantic ones

ɑ̃ trœ le nɔ tœ‿ ze grœ ne
entre **les** **notes** **égrenées**
between the notes scattered

dœ	kɛl kœ	lwɛ̃ tɛ‿	nã ʒe lys
de	**quelque**	**lointain**	**angélus!**
of	some	distant	angelus bell

lɛ	si ga lœ	sɛ	bɛ sti ɔ lœ
Les	**cigales,**	**ces**	**bestioles,**
the	cicadas	those	tiny beasts

õ	ply	dɑ mœ	kœ	lɛ	vi ɔ lœ
ont	**plus**	**d'âme**	**que**	**les**	**violes,**
have	more	(of) soul	than	the	viols

lɛ	si ga lœ	lɛ	si ga lõ
les	**cigales,**	**les**	**cigalons,**
the	cicadas	the	little cacadas

ʃã tœ	mjø	kœ	lɛ	vi ɔ lõ
chantent	**mieux**	**que**	**les**	**violons!**
sing	better	than	the	violins

Villanelle des petits canards

music: Emmanuel Chabrier
text: Rosemond Gérard

vi la nɛl	dɛ	pœ ti	ka nar
Villanelle	**des**	**petits**	**canards**
Villanella	of the	little	ducks

il	võ	lɛ	pœ ti	ka nar
Ils	**vont,**	**les**	**petits**	**canards,**
they	go	the	little	ducks

tu‿	to	bɔr	dœ	la	ri vjɛ rœ
tout	**au**	**bord**	**de**	**la**	**rivière,**
all	at the	side	of	the	river

kɔ mœ	dœ	bõ	kã pa ɲar
comme	**de**	**bons**	**campagnards!**
like	(of)	good	countrymen

bar bɔ tœr	e	fre ti jar
Barboteurs	**et**	**frétillards,**
paddlers	and	wrigglers

œ rø	dœ	tru ble	lo	klɛ rø
heureux	**de**	**troubler**	**l'eau**	**claire,**
happy	(of)	to muddy	the water	clear

il	võ	lɛ	pœ ti	ka nar
ils	**vont,**	**les**	**petits**	**canards,**
they	go	the	little	ducks

il	sã blœ‿	tœ̃	pø	ʒɔ bar
ils	**semblent**	**un**	**peu**	**jobards,**
they	seem	a	little	naïve

mɛ‿	zil	sõ‿	ta lœ‿ ra fɛ rø
mais	**ils**	**sont**	**à leur affaire,**
but	they	are	at their business (*idiom:* = in their element)

kɔ mœ	dœ	bõ	kã pa ɲar
comme	**de**	**bons**	**campagnards!**
like	(of)	good	countrymen

dã	lo	plɛ nœ	dœ	tɛ tar
Dans	**l'eau**	**pleine**	**de**	**têtards,**
in	the water	full	of	tadpoles

u	trã‿	bly‿	nɛr bœ	le ʒɛ rə
où	**tremble**	**une**	**herbe**	**légère,**
where	trembles	a	weed	delicate

il	võ	lɛ	pœ ti	ka nar
ils	**vont,**	**les**	**petits**	**canards,**
they	go	the	little	ducks

mar ʃã	par	gru pœ‿	ze par
marchant	**par**	**groupes**	**épars,**
walking	in	groups	scattered

dy‿	na ly rœ	re gy ljɛ rœ
d'une	**allure**	**régulière,**
with a	gait	regular

kɔ mœ	dœ	bõ	kã pa ɲar
comme	**de**	**bons**	**campagnards!**
like	(of)	good	countrymen

dã	lœ	bo	vɛr	de pi nar
Dans	**le**	**beau**	**vert**	**d'épinards**
in	the	beautiful	green	of spinach

dœ	ly mi dœ	krɛ sɔ njɛ rə
de	**l'humide**	**cressonnière,**
of	the moist	watercress bed

il	võ	lɛ	pœ ti	ka nar
ils	**vont,**	**les**	**petits**	**canards,**
they	go	the	little	ducks

e	kwa kœ̃	pø	gɔ gœ nar
et	**quoiqu'un**	**peu**	**goguenards,**
and	although a	little	taunting

il	sõ	dy mœr	de bɔ nɛ rœ
ils	**sont**	**d'humeur**	**débonnaire**
they	are	of spirit	good-natured

kɔ mœ	dœ	bõ	kã pa ɲar
comme	**de**	**bons**	**campagnards!**
like	(of)	good	countrymen

fœ zã	ã	sɛr klœ	ba var
Faisant,	**en**	**cercles**	**bavards,**
making	in	circles	chattering

œ̃	vrɛ	brɥi	dœ	pe to djɛ rə
un	**vrai**	**bruit**	**de**	**pétaudière,**
a	real	noise	of	disorder

il	võ	le	pœ ti	ka nar
ils	**vont,**	**les**	**petits**	**canards,**
they	go	the	little	ducks

dɔ dy	ly stre‿	ze	ɡa jar
dodus,	**lustrés**	**et**	**gaillards,**
plump	glossy	and	lively

il	sõ	ɡe	za	lœr	ma njɛ rœ
ils	**sont**	**gais**	**à**	**leur**	**manière,**
they	are	merry	in	their	manner

kɔ mœ	dœ	bõ	kã pa ɲar
comme	**de**	**bons**	**campagnards!**
like	(of)	good	countrymen

a mu rø   e   na zi jar
Amoureux   et   nasillards,
amorous   and   nasal

ʃa kœ̃   a vɛk   sa   kɔ mɛ rə
chacun   avec   sa   commère,
each   with   her   crony

il   võ   le   pœ ti   ka nar
ils   vont,   les   petits   canards,
they   go   the   little   ducks

kɔ mœ   dœ   bõ   kã pa ɲar
comme   de   bons   campagnards!
like   (of)   good   countrymen

Hébé

music: Ernest Chausson
text: Louise Ackermann

e be
Hébé
Hébé

lɛ‿   zjø   bɛ se   ru ʒi sã‿   te   kã di dœ
Les   yeux   baissés,   rougissante   et   candide,
the   eyes   lowered   blushing   and   ingenuous

vɛr   lœr   bã kɛ   kãt   e be   sa vã sɛ
vers   leur   banquet,   quand   Hébé   s'avançait,
toward   their   banquet   when   Hébé   approached

lɛ   djø   ʃar me   tã dɛ   lœr   ku pœ   vi dœ
les   Dieux   charmés   tendaient   leur   coupe   vide,
the   Gods   charmed   held out   their   cup   empty

e   dœ   nɛk tar   lã fã   la   rã pli sɛ
et   de   nectar   l'enfant   la   remplissait.
and   with   nectar   the child   it   refilled

nu   tus   o si   kã   pɑ sœ   la   ʒœ nɛ sœ
Nous   tous   aussi,   quand   passe   la   jeunesse,
we   all   also   when   passes   the   youth

nu   lɥi   tã dõ   nɔ trœ   ku‿   pa   lã vi
nous   lui   tendons   notre   coupe   à   l'envi.
we   to her   hold out   our   cup   at   the longing

kɛ‿   le   lœ vɛ̃   ki   vɛr sœ   la   de ɛ sœ
Quel   est   le   vin   qu'y   verse   la   Déesse?
what   is   the   wine   that there   pours   the   Goddess

nu   li ɲɔ rõ   i‿   lã ni‿   vre   ra vi
Nous   l'ignorons;   il   enivre   et   ravit.
we   it are ignorant of   it   intoxicates   and   ravishes

ɛ jã   su ri   dã   sa   grɑ‿   si mɔr tɛ lə
Ayant   souri   dans   sa   grâce   immortelle,
having   smiled   in   her   grace   immortal

e be   se lwa ɲœ   õ   la   ra pɛ‿   lã   vɛ̃
Hébé   s'éloigne;   on   la   rappelle   en   vain.
Hébé   withdraws   one   her   calls   in   vain

lõ tã‿		zã kɔr	syr	la	ru‿	te tɛr nɛ lœ	
Longtemps		**encor,**	**sur**	**la**	**route**	**éternelle,**	
a long time		more	on	the	path	eternal	

nɔ‿	trœ‿	jã	plœr	sɥi	le ʃã sõ	di vẽ
notre	**œil**	**en**	**pleurs**	**suit**	**l'échanson**	**divin.**
our	eye	in	tears	follows	the cup-bearer	divine

Le charme

music: Ernest Chausson
text: Armand Silvestre

lə	ʃarm
Le	**charme**
the	charm

kã	tõ	su ri rœ	mœ	syr pri
Quand	**ton**	**sourire**	**me**	**surprit,**
when	your	smile	me	caught unawares

ʒœ	sã ti	fre mir	tu	mõ‿	ne trœ
je	**sentis**	**frémir**	**tout**	**mon**	**être,**
I	felt	to tremble	all	my	being

mɛ	sœ	ki	dõ tɛ	mõ‿	nɛ spri
mais	**ce**	**qui**	**domptais**	**mon**	**esprit**
but	that	which	subdued	my	spirit

ʒœ	nœ	py	da bɔr	lœ	kɔ nɛ trœ
je	**ne**	**pus**	**d'abord**	**le**	**connaître.**
I	not	was able	at first	it	to know

kã	tõ	rœ gar	tõ ba	syr	mwa
Quand	**ton**	**regard**	**tomba**	**sur**	**moi,**
when	your	glance	fell	upon	me

ʒœ	sã ti	mõ‿	na mœ	sœ fõ drœ
je	**sentis**	**mon**	**âme**	**se fondre,**
I	felt	my	soul	to melt

mɛ	sœ	kœ	sœ rɛ	sɛ‿	te mwa
mais	**ce**	**que**	**serait**	**cet**	**émoi,**
but	that	which	would be	this	emotion

ʒœ	nœ	py	da bɔ‿	rã	re põ drœ
je	**ne**	**pus**	**d'abord**	**en**	**répondre.**
I	not	was able	at first	to it	to respond

sœ	ki	mœ	vẽ ki‿	ta ʒa mɛ
Ce	**qui**	**me**	**vainquit**	**à jamais,**
that	which	me	vanquished	forever

sœ	fy‿	tœ̃	ply	du lu rø	ʃar mœ
ce	**fut**	**un**	**plus**	**douloureux**	**charme,**
that	was	a	more	sorrowful	charm

e	ʒœ	ne	sy	kœ	ʒœ	tɛ mɛ
et	**je**	**n'ai**	**su**	**que**	**je**	**t'aimais,**
and	I	only have	known	that	I	you loved

kã		vwa jã	ta	prœ mjɛ rœ	lar mœ
qu'en		**voyant**	**ta**	**première**	**larme.**
(when) in		seeing	your	first		tear

Le colibri

music: Ernest Chausson
text: Charles-Marie-René Leconte de Lisle

lə	kɔ li bri				
Le	**colibri**				
the	hummingbird				

lœ	vɛr	kɔ li bri	lœ	rwa	dɛ	kɔ li nœ
Le	**vert**	**colibri,**	**le**	**roi**	**des**	**collines,**
the	green	hummingbird	the	king	of the	hills

vwa jɑ̃	la	ro se	e	lœ	sɔ lɛj	klɛr
voyant	**la**	**rosée**	**et**	**le**	**soleil**	**clair**
seeing	the	dew	and	the	sun	bright

lɥi rœ	dɑ̃	sõ	ni	ti se	dɛr bœ	fi nœ
luire	**dans**	**son**	**nid**	**tissé**	**d'herbes**	**fines,**
to shine	into	his	nest	woven	of grasses	fine

kɔ‿	mœ̃	frɛ	rɛ jõ	se ʃa pœ	dɑ̃	lɛr
comme	**un**	**frais**	**rayon**	**s'échappe**	**dans**	**l'air.**
like	a	fresh	ray of light	he breaks loose	into	the air

il	sœ ɑ‿	te	vɔ‿	lo	sur sœ	vwa zi nœ
Il	**se hâte**	**et**	**vole**	**aux**	**sources**	**voisines,**
he	hurries	and	flies	to the	springs	neighboring

u	le	bɑ̃ bu	fõ	lœ	brɥi	dœ	la	mer
où	**les**	**bambous**	**font**	**le**	**bruit**	**de**	**la**	**mer,**
where	the	bamboos	make	the	sound	of	the	sea

u	la sɔ ka	ru‿	ʒɔ‿	zo dœr	di vi nœ
où	**l'açoka**	**rouge,**	**aux**	**odeurs**	**divines,**
where	the hibiscus	red	with the	fragrances	divine

su‿	vre	pɔr‿	to	kœ‿	rœ̃‿	ny mi‿	de klɛr
s'ouvre	**et**	**porte**	**au**	**cœur**	**un**	**humide**	**éclair.**
opens	and	bears	to the	heart	a	dewy	flash of light

vɛr	la	flœr	dɔ re	il	dɛ sɑ̃	sœ po zœ
Vers	**la**	**fleur**	**dorée**	**il**	**descend,**	**se pose,**
toward	the	flower	gilded	he	descends	alights

e	bwa	tɑ̃	da mur	dɑ̃	la	ku pœ	ro sœ
et	**boit**	**tant**	**d'amour**	**dans**	**la**	**coupe**	**rose**
and	drinks	so much	(of) love	in	the	cup	rosy

kil	mœr	nœ	sa ʃɑ̃	sil	la	py	ta rir
qu'il	**meurt,**	**ne**	**sachant**	**s'il**	**l'a**	**pu**	**tarir.**
that he	dies	not	knowing	if he	it has	been able	to exhaust

syr	ta	lɛ vrœ	py rœ	o	ma	bjɛ̃‿ ne me ə
Sur	**ta**	**lèvre**	**pure,**	**ô**	**ma**	**bien-aimée,**
upon	the	lip	pure	o	my	beloved one

tɛ‿	lo si	mõ‿	nɑ‿	my	vu ly	mu rir
telle	**aussi**	**mon**	**âme**	**eut**	**voulu**	**mourir**
likewise	also	my	soul	had	wanted	to die

dy	prœ mje	bɛ ze	ki	la	par fy me œ
du	**premier**	**baiser**	**qui**	**l'a**	**parfumée!**
of the	first	kiss	which	it has	perfumed

Le temps des lilas

music: Ernest Chausson
text: Maurice Bouchor

lœ	tɑ̃	de	li lɑ	e	lœ	tɑ̃	de	ro zœ
Le	**temps**	**des**	**lilas**	**et**	**le**	**temps**	**des**	**roses**
the	time	of	lilacs	and	the	time	of	roses

nœ	rœ vjɛ̃ dra	ply	a	sœ	prɛ̃ tɑ̃ si
ne	**reviendra**	**plus**	**à**	**ce**	**printemps-ci;**
not	will return	more	to	this	spring-here

lœ	tɑ̃	de	li lɑ	e	lœ	tɑ̃	de	ro zœ
le	**temps**	**des**	**lilas**	**et**	**le**	**temps**	**des**	**roses**
the	time	of	lilacs	and	the	time	of	roses

ɛ	pɑ se	lœ	tɑ̃	de‿	zœ jɛ‿	zo si
est	**passée,**	**le**	**temps**	**des**	**œillets**	**aussi.**
is	past	the	time	of	carnations	also.

lœ	vɑ̃	a	ʃɑ̃ ʒe	le	sjø	sɔ̃	mɔ ro zœ
Le	**vent**	**a**	**changé,**	**les**	**cieux**	**sont**	**moroses,**
the	wind	has	changed	the	skies	are	gloomy

e	nu	ni rɔ̃	ply	ku rir	e	kœ jir
et	**nous**	**n'irons**	**plus**	**courir,**	**et**	**cueillir**
and	we	not will go	more	to seek	and	to gather

le	li lɑ‿	zɑ̃	flœr	e	le	bɛ lœ	ro zœ
les	**lilas**	**en**	**fleur**	**et**	**les**	**belles**	**roses;**
the	lilacs	in	flower	and	the	beautiful	roses

lœ	prɛ̃ tɑ̃	ɛ	tri‿	ste	nœ	pø	flœ rir
le	**printemps**	**est**	**triste**		**et**	**ne**	**peut**	**fleurir.**
the	spring	is	sad	and	not	is able	to blossom

o	ʒwa jø‿	ze	du	prɛ̃ tɑ̃	dœ	la ne ə
Oh!	**joyeux**	**et**	**doux**	**printemps**	**de**	**l'année,**
oh	joyous	and	sweet	spring	of	the year

ki	vɛ̃	lɑ̃	pɑ se	nu‿	zɑ̃ sɔ lɛ je
qui	**vins,**	**l'an**	**passé,**	**nous**	**ensoleiller,**
which	came	the year	past	us	to shine upon

nɔ trœ	flœr	da mu‿	rɛ	si	bjɛ̃	fa ne œ
notre	**fleur**	**d'amour**	**est**	**si**	**bien**	**fanée,**
our	flower	of love	is	so	well	faded

lɑs	kœ	tɔ̃	bɛ ze	nœ	pø	le vɛ je
las	**que**	**ton**	**baiser**	**ne**	**peut**	**l'éveiller!**
alas	that	your	kiss	not	is able	it to arouse

e	twa	kœ	fɛ ty	pɑs	dœ	flœr‿	ze klo sə
Et	**toi,**	**que**	**fais-tu?**	**pas**	**de**	**fleurs**	**écloses,**
and	you	what	do you	no	of	flowers	blooming

pwɛ̃	dœ	ge	sɔ lɛj	ni	dɔ̃ bra ʒœ	frɛ
point	**de**	**gai**	**soleil**	**ni**	**d'ombrages**	**frais;**
none	of	cheerful	sun	nor	of shades	cool

lœ	tɑ̃	de	li lɑ	e	lœ	tɑ̃	de	ro zœ
le	**temps**	**des**	**lilas**	**et**	**le**	**temps**	**des**	**roses**
the	time	of	lilacs	and	the	time	of	roses

a vɛk	nɔ‿	tra mu‿	rɛ	mɔr	a ʒa mɛ
avec	**notre**	**amour**	**est**	**mort**	**à jamais.**
with	our	love	is	dead	forever

Beau soir

music: Claude Debussy
text: Paul Bourget

bo	swar
Beau	**soir**
beautiful	evening

lɔr sko	sɔ lɛj	ku ʃɑ̃	le	ri vjɛ rœ	sɔ̃	ro zœ
Lorsque au	**soleil**	**couchant**	**les**	**rivières**	**sont**	**roses,**
when at the	sun	setting	the	rivers	are	rosy

e	kœ̃	tje dœ‿	fri sɔ̃	kur	syr	lɛ	ʃɑ̃	dœ	ble
et	**qu'un**	**tiède**	**frisson**	**court**	**sur**	**les**	**champs**	**de**	**blé,**
and	when a	mild	shiver	runs	over	the	fields	of	corn

œ̃	kɔ̃ sɛj	dɛ‿	trœ rø	sɑ̃ blœ	sɔr tir	de	ʃo zə
un	**conseil**	**d'être**	**heureux**	**semble**	**sortir**	**des**	**choses**
an	advice	(of) to be	happy	seems	to come out	from	things

e	mɔ̃ te	vɛr	lœ	kœr	tru ble
et	**monter**	**vers**	**le**	**cœur**	**troublé.**
and	to rise	toward	the	heart	troubled

œ̃	kɔ̃ sɛj	dœ	gut e	lœ	ʃar mœ	dɛ‿	tro	mɔ̃ dœ
Un	**conseil**	**de**	**goûter**	**le**	**charme**	**d'être**	**au**	**monde**
an	advice	(of)	to relish	the	charm	of being	in the	world

sœ pɑ̃ dɑ̃	kɔ̃‿	nɛ	ʒœ‿	ne	kœ	lœ	swa‿	rɛ	bo
cependant	**qu'on**	**est**	**jeune**	**et**	**que**	**le**	**soir**	**est**	**beau,**
while	that one	is	young	and	that	the	evening	is	beautiful

kar	nu	nu zɑ̃ na lɔ̃	kɔ mœ	sɑ̃ va	sɛ‿	tɔ̃ də
car	**nous**	**nous en allons,**	**comme**	**s'en va**	**cette**	**onde:**
for	we	we go away	as	goes away	this	water

ɛl	a	la	mɛr	nu	o	tɔ̃ bo
elle	**à**	**la**	**mer,**	**nous**	**au**	**tombeau.**
it	to	the	sea	we	to the	tomb

Les cloches

music: Claude Debussy
text: Paul Bourget

lɛ	klɔʃ
Les	**cloches**
the	bells

lɛ	fœ jœ	su vrɛ	syr	lœ	bɔr	dɛ	brɑ̃ ʃœ
Les	**feuilles**	**s'ouvraient**	**sur**	**le**	**bord**	**des**	**branches,**
the	leaves	opened	on	the	edge	of the	branches

de li ka tœ mɑ̃
délicatement,
delicately

lɛ	klɔ ʃœ	tɛ̃ tɛ	le ʒɛ rœ‿	ze	frɑ̃ ʃə
les	**cloches**	**tintaient,**	**légères**	**et**	**franches,**
the	bells	rang	light	and	clear

dɑ̃	lœ	sjɛl	kle mɑ̃
dans	**le**	**ciel**	**clément.**
in	the	sky	mild

rit mi͜   ke   fɛr vɑ̃   kɔ͜   my͜   nɑ̃ ti ɛ nœ
Rythmique   et   fervent   comme   une   antienne,
rhythmic   and   fervent   like   an   anthem

sœ   lwɛ̃ tɛ͜   na pɛl
ce   lointain   appel
that   distant   call

mœ   rœ me mɔ rɛ   la   blɑ̃ ʃœr   kre tjɛ nœ
me   remémorait   la   blancheur   chrétienne
to me   reminded me of   the   whiteness   Christian

dɛ   flœr   dœ   lo tɛl
des   fleurs   de   l'autel.
of the   flowers   of   the altar

sɛ   klɔ ʃœ   par lɛ   dœ rø zœ͜   za ne œ
Ces   cloches   parlaient   d'heureuses   années,
those   bells   spoke   of happy   years

e   dɑ̃   lœ   grɑ̃   bwɑ
et   dans   le   grand   bois,
and   in   the   great   forest

sɑ̃ blɛ   rœ vɛr dir   lɛ   fœ jœ   fa ne œ
semblaient   reverdir   les   feuilles   fanées
they seemed   to turn green again   the   leaves   withered

dɛ   jur   do trœ fwa
des   jours   d'autrefois.
of the   days   bygone

Mandoline
music: Claude Debussy
text: Paul Verlaine

mɑ̃ dɔ lin
Mandoline
mandoline

lɛ   dɔ nœr   dœ   se re na də
Les   donneurs   de   sérénades
the   givers   of   serenades

e   lɛ   bɛ lœ͜   ze ku tœ zə
et   les   belles   écouteuses,
and   the   beautiful   (female) listeners

e ʃɑ̃ ʒœ   dɛ   prɔ po   fa dœ
échangent   des   propos   fades
exchange   (of)   talk   banal

su   lɛ   ra my rœ   ʃɑ̃ tø zœ
sous   les   ramures   chanteuses.
beneath   the   branches   singing

sɛ   tir si͜   se   sɛ͜   ta mɛ̃ tœ
C'est   Tircis   et   c'est   Aminte,
it is   Tircis   and   it is   Aminte

e   sɛ   le tɛr nɛl   kli tɑ̃ drœ
et   c'est   l'éternel   Clitandre,
and   it is   the eternal   Clitandre

e	sɛ	da mis	ki	pur	mɛ̃ tœ
et	**c'est**	**Damis**	**qui**	**pour**	**mainte**
and	it is	Damis	who	for	many a

cry ɛ lœ		fɛ	mɛ̃	vɛr	tɑ̃ drœ
cruelle		**fait**	**maint**	**vers**	**tendre.**
cruel one [woman]		creates	many a	verse	tender

lœr	kur tœ	vɛ stœ	dœ	swa
Leurs	**courtes**	**vestes**	**de**	**soie,**
their	short	jackets	of	silk

lœr	lõ gœ	rɔ bœ‿	za kø
leurs	**longues**	**robes**	**à queues,**
their	long	dresses	with trains

lœ‿	re le gɑ̃ sə	lœr	ʒwa
leur	**élégance,**	**leur**	**joie,**
their	elegance	their	joy

e	lœr	mɔ lœ‿	zõ brœ	blø
et	**leurs**	**molles**	**ombres**	**bleues,**
and	their	soft	shadows	blue

tur bi jɔ nœ	dɑ̃	lɛk stɑ zə
Tourbillonnent	**dans**	**l'extase**
whirl	in	the ecstasy

dy nœ	ly nœ	ro‿	ze	gri zə
d'une	**lune**	**rose**	**et**	**grise,**
of a	moon	pink	and	gray

e	la	mɑ̃ dɔ li nœ	ʒa zœ
et	**la**	**mandoline**	**jase**
and	the	mandoline	chatters

par mi	lɛ	fri sõ	dœ	bri zœ
parmi	**les**	**frissons**	**de**	**brise.**
amidst	the	quiverings	of	breeze

[la	la	la	la	la	la]
[la,	**la,**	**la,**	**la,**	**la,**	**la...]**
[la	la	la	la	la	la]

Noël des enfants qui n'ont plus de maisons

music: Claude Debussy
text: Claude Debussy

nɔ ɛl	dɛ‿	zɑ̃ fɑ̃	ki	nõ	ply	dœ	mɛ sõ
Noël	**des**	**enfants**	**qui**	**n'ont**	**plus**	**de**	**maisons**
Christmas carol	of the	children	who	not have	anymore	(of)	homes

nu	na võ	ply	dœ	mɛ sõ
Nous	**n'avons**	**plus**	**de**	**maisons!**
we	not have	anymore	(of)	homes

lɛ‿	zɛ nœ mi‿	zõ	tu	pri
Les	**ennemis**	**ont**	**tout**	**pris,**
the	enemies	have	everything	taken

tu	pri	tu	pri
tout	**pris,**	**tout**	**pris,**
everything	taken	everything	taken

jys ka	nɔ trœ	pœ ti	li
jusqu'à	**notre**	**petit**	**lit!**
(even) up to	our	little	bed

il‿	zõ	bry le	le kɔ‿	le	nɔ trœ	mɛ‿		tro si
Ils	**ont**	**brûlé**	**l'école**	**et**	**notre**	**maître**		**aussi.**
they	have	burned	the school	and	our	(school) master		also

il‿	zõ	bry le	le gli‿	ze	mœ sjø	ʒe zu kri
Ils	**ont**	**brûlé**	**l'église**	**et**	**monsieur**	**Jésus-Christ**
they	have	burned	the church	and	mister	Jesus Christ

e	lœ	vjø	po vrœ	ki	na	pɑ	py	sã na le
et	**le**	**vieux**	**pauvre**	**qui**	**n'a**	**pas**	**pu**	**s'en aller!**
and	the	old	poor man	who	not has	(not)	been able	to escape

nu	na võ	ply	dœ	mɛ sõ
Nous	**n'avons**	**plus**	**de**	**maisons!**
we	not have	anymore	(of)	homes

lɛ‿	ze nœ mi‿	zõ	tu	pri
Les	**ennemis**	**ont**	**tout**	**pris,**
the	enemies	have	everything	taken

tu	pri	tu	pri
tout	**pris,**	**tout**	**pris,**
everything	taken	everything	taken

jys ka	nɔ trœ	pœ ti	li
jusqu'à	**notre**	**petit**	**lit!**
(even) up to	our	little	bed

bjẽ	syr	pa pa	ɛ‿	ta	la	gɛ rœ
Bien	**sûr!**	**Papa**	**est**	**à**	**la**	**guerre,**
well	sure	papa	is	at	the	war

po vrœ	ma mã	ɛ	mɔr tœ
pauvre	**maman**	**est**	**morte!**
poor	mama	is	dead

a vã	da vwar	vy	tu	sa
avant	**d'avoir**	**vu**	**tout**	**ça.**
before	of to have	seen	all	that

kɛ‿	skœ	lõ	va	fɛ rœ
Qu'est-ce	**que**	**l'on**	**va**	**faire?**
what is it	that	the one	is going	to do

nɔ ɛl	pœ ti	nɔ ɛl		na le	pɑ	ʃe‿		zø
Noël!	**Petit**	**Noël!**		**N'allez**	**pas**	**chez**		**eux,**
Christmas	little	(Father) Christmas		not go	(not)	to the home(s) of		them

na le	ply	ʒa mɛ	ʃe‿	zø
n'allez	**plus**	**jamais**	**chez**	**eux.**
not go	more	ever	to the home(s) of	them

py ni se lɛ
Punissez-les!
punish them

vã ʒe	lɛ‿	zã fã	dœ	frã sœ
Vengez	**les**	**enfants**	**de**	**France!**
avenge	the	children	of	France

lɛ	pœ ti	bɛl ʒœ	lɛ	pœ ti	sɛr bœ
Les	**petits**	**Belges,**	**les**	**petits**	**Serbes,**
the	little	Belgians	the	little	Serbs

e	lɛ	pœ ti	pɔ lɔ nɛ	o si
et	**les**	**petits**	**Polonais**	**aussi!**
and	the	little	Polish ones	also

si	nu‿	zã‿	nu bli õ	par dɔ ne nu
Si	**nous**	**en**	**oublions,**	**pardonnez-nous.**
if	we	of any	forget	pardon us

nɔ ɛl   nɔ ɛl   syr tu   pɑ   dœ   ʒu ʒu
Noël!   **Noël!**   **surtout,** **pas** **de** **joujoux,**
Christmas   (Father) Christmas   above all not   of   toys

tɑ ʃe   dœ   nu   rœ dɔ ne   lœ   pɛ̃   kɔ ti djɛ̃
tâchez **de** **nous** **redonner**   **le** **pain** **quotidien.**
try   (of)   to us   to give us again the bread daily

nɔ ɛl   e ku te nu
Noël!   **écoutez-nous,**
(Father) Christmas   hear us

nu   na võ   ply   dœ   pœ ti   sa bo
nous **n'avons** **plus** **de** **petits** **sabots:**
we   not have anymore (of) little wooden shoes

mɛ   dɔ ne   la   vik twa‿ ro‿ zɑ̃ fɑ̃ dœ frɑ̃ sə
mais **donnez** **la** **victoire** **aux** **enfants** **de** **France!**
but   give   the   victory to the children of France

Chanson triste

music: Henri Duparc
text: Jean Lahor

ʃɑ̃ sõ   trist
Chanson **triste**
song   sad

dɑ̃   tõ   kœr   dɔ‿ rœ̃ kler dœ ly nœ
Dans **ton** **cœur** **dort** **un** **clair** **de** **lune,**
in   your heart sleeps a   light of   moon

œ̃   du   kler   dœ   ly nœ   de te
un **doux** **clair** **de** **lune** **d'été,**
a   soft light of moon of summer

e   pur   fɥir   la   vi   ɛ̃ pɔr ty nœ
et **pour** **fuir** **la** **vie** **importune**
and   for   to escape the life troublesome

ʒœ   mœ nwa re   dɑ̃   ta   klar te
je **me noierai**   **dans** **ta** **clarté.**
I   myself will drown in your glow

ʒu bli re   lɛ   du lœr   pɑ se œ
J'oublierai **les** **douleurs** **passées,**
I will forget the sorrows past

mõ‿ na mur   kɑ̃   ty   bɛr sœ ra
mon **amour,** **quand** **tu** **berceras**
my   love when you will cradle

mõ   tri stœ kœ‿ re   mɛ   pɑ̃ se œ
mon **triste** **cœur** **et** **mes** **pensées,**
my   sad heart and my thoughts

dɑ̃   lœ   kal‿   mɛ mɑ̃ dœ tɛ bra
dans **le** **calme** **aimant** **de** **tes** **bras.**
in   the peacefulness loving of your arms

ty   prɑ̃ dra ma   tɛ tœ ma la dœ
Tu **prendras** **ma** **tête** **malade**
you   will take my head ailing

o   kɛl kœ fwa   syr   tɛ   ʒœ nu
oh! **quelquefois** **sur** **tes** **genoux,**
oh   sometimes   upon   your   knees

e   lɥi   di ra‿   zy nœ   ba la dœ
et **lui** **diras**   **une** **ballade**
and   to it   you will tell a   ballad

ki   sɑ̃ blœ ra   par le   dœ   nu
qui **semblera** **parler** **de** **nous.**
which   will seem   to speak   of   us

e   dɑ̃   tɛ‿   zjø   plɛ̃   dœ   tri stɛ sœ
Et **dans** **tes** **yeux** **pleins** **de** **tristesses,**
and   in   your   eyes   full   of   sadnesses

dɑ̃   tɛ‿   zjø   a lɔr   jœ   bwa re
dans **tes** **yeux** **alors** **je** **boirai**
in   your   eyes   then   I   will drink

tɑ̃   dœ   bɛ ze   e   dœ   tɑ̃ drɛ sœ
tant **de** **baisers** **et** **de** **tendresses**
so many (of)   kisses   and   (of)   tendernesses

kœ   pø tɛ trœ   ʒœ   ge ri re
que, **peut-être,** **je** **guérirai...**
that   perhaps   I   will get well

La vie antérieure
music: Henri Duparc
text: Charles Baudelaire

la   vi   ɑ̃ te jœr
La **vie** **antérieure**
the   life   former

ʒe   lõ tɑ̃‿   za bi te   su   dœ   vas tœ   pɔr ti kœ
J'ai **longtemps** **habité** **sous** **de** **vastes** **portiques**
I have   a long time   lived   beneath (of)   vast   porticos

kœ   le   sɔ lɛj   ma rɛ̃   tɛ ɲɛ   dœ   mi lœ   fø
que **les** **soleils** **marins** **teignaient** **de** **mille** **feux,**
which   the   suns   sea   colored   with   thousand fires

e   kœ   lœr   grɑ̃   pi lje   drwa‿   ze   ma ʒɛ sty ø
et **que** **leurs** **grands** **piliers,** **droits** **et** **majestueux,**
and   which   their   grand   columns   straight   and   majestic

rɑ̃ dɛ   pa rɛj   lœ   swar   o   grɔ tœ   ba zal ti kœ
rendaient **pareils,** **le** **soir,** **aux** **grottes** **basaltiques.**
made   similar   the   evening   to the   grottos   basaltic

lɛ‿   u lœ   ɑ̃   ru lɑ̃   lɛ‿   zi ma ʒœ   de   sjø
Les **houles,** **en** **roulant** **les** **images** **des** **cieux,**
the   sea surges in   rolling along the   reflections of the   skies

mɛ lɛ   dy nœ   fa sõ   sɔ la nɛ‿   le   mi sti kœ
mêlaient **d'une** **façon** **solennelle** **et** **mystique**
mingled   in a   way   solemn   and   mystical

lɛ	tu pɥi sɑ̃		za kɔr	dœ	lœr	ri ʃœ	mu zi kə
les	**tout-puissants**		**accords**	**de**	**leur**	**riche**	**musique**
the	all-powerful		harmonies	of	their	rich	music

o	ku lœr	dy	ku ʃɑ̃	rœ fle te	par	mɛ	zjø
aux	**couleurs**	**du**	**couchant**	**reflété**	**par**	**mes**	**yeux.**
with the	colors	of the	sunset	reflected	by	my	eyes

sɛ	la	kœ	ʒe	ve ky	dɑ̃	lɛ	vɔ lyp te	kal mœ
C'est	**là**	**que**	**j'ai**	**vécu**	**dans**	**les**	**voluptés**	**calmes,**
It is	there	that	I have	lived	in	the	sensual pleasures	peaceful

o	mi ljø	dœ	la zyr		dɛ	va gə	dɛ	splɑ̃ dœr
au	**milieu**	**de**	**l'azur,**		**des**	**vagues,**	**des**	**splendeurs**
in the	midst	of	the azure (sky)		of the	waves	of the	spendors

e	dɛ	zɛ sklɑ vœ	ny	tu	tɛ̃ pre ɲe	do dœr
et	**des**	**esclaves**	**nus,**	**tout**	**imprégnés**	**d'odeurs,**
and	of the	slaves	naked	all	permeated	with fragrances

ki	mœ	ra frɛ ʃi sɛ	lœ	frõ	a vɛk	dɛ	pal mə
qui	**me**	**rafraîchissaient**	**le**	**front**	**avec**	**des**	**palmes,**
who	to me	refreshed	the	brow	with	(of)	palm branches

e	dõ	ly ni kœ	swɛ̃	e tɛ	da prɔ fõ dir
et	**dont**	**l'unique**	**soin**	**était**	**d'approfondir**
and	of whom	the sole	care	was	(of) to deepen

lœ	sœ krɛ	du lu rø	ki	mœ	fœ zɛ	lɑ̃ gir
le	**secret**	**douloureux**	**qui**	**me**	**faisait**	**languir.**
the	secret	sorrowful	which	me	made	to languish

Lamento

music: Henri Duparc
text: Théophile Gautier

la ˈmen to
Lamento*
Lament   *the title is an Italian word, as is the pronunciation

kɔ nɛ se vu		la	blɑ̃ ʃœ	tõ bœ
Connaissez-vous		**la**	**blanche**	**tombe**
know you		the	white	tomb

u	flɔ	ta vɛk	œ̃	sõ	plɛ̃ tif
où	**flotte**	**avec**	**un**	**son**	**plaintif**
where	hovers	with	a	sound	plaintive

	lõ brœ	dœ̃	nif
	l'ombre	**d'un**	**if?**
	the shadow	of a	yew tree

syr	lif	y nœ	pɑ lœ	kɔ lõ bœ
Sur	**l'if**	**une**	**pâle**	**colombe,**
on	the yew tree	a	pale	dove

tri	ste	sœ	lo	sɔ lɛj	ku ʃɑ̃
triste	**et**	**seule**	**au**	**soleil**	**couchant,**
sad	and	alone	in the	sun	setting

	ʃɑ̃ tœ	sõ	ʃɑ̃
	chante	**son**	**chant.**
	sings	its	song

õ	di rɛ	kœ	lɑ	me vɛ je œ
On	**dirait**	**que**	**l'âme**	**éveillée**
One	would say	that	the soul	awakened

plœ rœ   su   tɛr   a   ly ni sõ
pleure **sous**   **terre** **à** **l'unisson**
weeps   beneath earth   at   the unison

            dœ   la   ʃã sõ
         de **la** **chanson,**
         with the song

e   dy   ma lœr   dɛ‿   tru bli e œ
et **du**   **malheur**   **d'être**   **oubliée**
and from the unhappiness of to be   forgotten

sœ plɛ̃   dã‿   zœ   ru ku lœ mã
se plaint   **dans**   **un**   **roucoulement,**
(itself) laments in   a   cooing

         bjɛ̃   du sœ mã
      bien   **doucement.**
      very   gentle

ɑ   ʒa mɛ   ply   prɛ   dœ   la   tõ bœ
Ah!   **jamais** **plus**   **près**   **de** **la** **tombe**
ah   never   more   near   (to) the tomb

ʒœ   ni re   kã   de sã   lœ   swa‿
je   **n'irai,**   **quand**   **descend**   **le**   **soir**
I   not will go   when   descends   the evening

         ro   mã to   nwar
      au   **manteau**   **noir,**
      with its cloak   black

e ku te   la   pɑ lœ   kɔ lõ bœ
écouter   **la**   **pâle**   **colombe**
to listen to   the pale   dove

ʃã te   syr   la   brã ʃœ   dœ   lif
chanter,   **sur**   **la**   **branche**   **de**   **l'if,**
to sing   on   the branch   of   the yew tree

         sõ   ʃã   plɛ̃ tif
      son   **chant**   **plaintif?**
      its   song   plaintive

Après un rêve

music: Gabriel Fauré
text: Romain Bussine

a prɛ‿   zœ   rɛv
Après   **un**   **rêve**
after   a   dream

dã‿   zœ   sɔ mɛj   kœ   ʃar mɛ   tõ‿   ni ma ʒœ
Dans   **un**   **sommeil**   **que**   **charmait**   **ton**   **image**
in   a   sleep   which charmed   your   image

jœ   rɛ vɛ   lœ   bɔ nœr   ar dã   mi ra ʒœ
je   **rêvais**   **le**   **bonheur,**   **ardent**   **mirage;**
I   dreamed of   the   happiness   ardent   mirage

tɛ‿   zjø‿   ze tɛ   ply   du   ta   vwa   py‿   re   sɔ nɔ rœ
tes   **yeux**   **étaient** **plus**   **doux,**   **ta**   **voix**   **pure**   **et**   **sonore,**
your   eyes   were   more   gentle   your voice   pure   and   sonorous

ty   rɛ jɔ nɛ   kɔ‿   mœ   sjɛ‿   le klɛ re   par   lo rɔ rœ
tu   **rayonnais**   **comme**   **un**   **ciel**   **éclairé**   **par**   **l'aurore.**
you radiated   like   a   sky   lit   by   the daybreak

ty	ma pœ lɛ	e	jœ	ki tɛ	la	tɛ rœ
Tu	**m'appelais**	**et**	**je**	**quittais**	**la**	**terre**
you	me called	and	I	I left	the	earth

pur	mã fɥi‿	ra vɛk	twa	ver	la	ly mjɛ rœ
pour	**m'enfuir**	**avec**	**toi**	**vers**	**la**	**lumière;**
for	to fly	with	you	toward	the	light

lɛ	sjø	pur	nu	ã tru vrɛ	lœr	ny œ
les	**cieux**	**pour**	**nous,**	**entr'ouvraient**	**leurs**	**nues,**
the	skies	for	us	opened up	their	clouds

splã dœr‿	zɛ̃ kɔ ny œ	ly œr	di vi nœ‿	zã trœ vy œ
splendeurs	**inconnues,**	**lueurs**	**divines**	**entrevues...**
splendors	unknown	glimmers	divine	caught sight of

e lɑs	e lɑs	tri stœ	re vɛj	dɛ	sõ ʒœ
Hélas,	**hélas,**	**triste**	**réveil**	**des**	**songes!**
alas	alas	sad	awakening	from the	dreams

ʒœ	ta pɛl	o	nɥi	rã mwa	tɛ	mã sõ ʒœ
Je	**t'appelle,**	**ô**	**nuit,**	**rends-moi**	**tes**	**mensonges;**
I	to you call	o	night	give back to me	your	illusions

rœ vjɛ̃	rœ vjɛ̃	ra di ø zœ
reviens,	**reviens**	**radieuse,**
come back	come back	radiant

rœ vjɛ̃	o	nɥi	mi ste ri ø zœ
reviens,	**ô**	**nuit**	**mystérieuse!**
come back	o	night	mysterious

Automne

music: Gabriel Fauré
text: Armand Silvestre

o tɔ‿	no	sjɛl	bry mø	o‿	zɔ ri zõ	na vrã
Automne	**au**	**ciel**	**brumeux,**	**aux**	**horizons**	**navrants,**
autumn	with the	sky	misty	with the	horizons	heart-rending

o	ra pi dœ	ku ʃã	o‿	zo rɔ rœ	pɑ li œ
aux	**rapides**	**couchants,**	**aux**	**aurores**	**pâlies,**
with the	rapid	sunsets	with the	dawns	pale

ʒœ	rœ gar dœ	ku le	kɔ mœ	lo	dy	tɔ rã
je	**regarde**	**couler,**	**comme**	**l'eau**	**du**	**torrent,**
I	watch	to flow by	like	the water	of the	torrent

tɛ	ʒur	fɛ	dœ	me lã kɔ li œ
tes	**jours**	**faits**	**de**	**mélancolie.**
your	days	made	of	melancholy.

syr	lɛ lœ	dɛ	rœ grɛ	me‿	ze pri‿	zã pɔr te
Sur	**l'aile**	**des**	**regrets**	**mes**	**esprits**	**emportés,**
on	the wing	of	regrets	my	spirits	carried away

kɔ mœ	sil	sœ pu vɛ	kœ	nɔ‿	trɑ ʒœ	rœ ne sœ
comme	**s'il**	**se pouvait**	**que**	**notre**	**âge**	**renaisse!**
as	if it	was possible	that	our	age	be reborn

par ku rœ‿	tã	re vã	lɛ	kɔ to‿	zã ʃã te
parcourent	**en**	**rêvant**	**les**	**coteaux**	**enchantés,**
travel through	in	dreaming	the	hillsides	enchanted

u	ʒa dis	su ri	ma	jœ ne sœ
où	**jadis,**	**sourit**	**ma**	**jeunesse!**
where	once	smiled	my	youth

ʒœ	sã	o	klɛr	so lɛj	dy	su vœ nir	vɛ̃ kœr
Je	**sens**	**au**	**clair**	**soleil**	**du**	**souvenir**	**vainqueur,**
I	feel	in the	clear	sun	of	memory	victorious

rœ flœ ri‿		rã	bu kɛ	lɛ	ro zœ	de li e œ
refleurir		**en**	**bouquets**	**les**	**roses**	**déliées,**
to flower again		in	bouquets	the	roses	fallen

e	mõ te‿	ra	mɛ‿	zjø	dɛ	lar mœ
et	**monter**	**à**	**mes**	**yeux**	**des**	**larmes,**
and	to rise	in	my	eyes	(of)	tears

kã	mõ	kœr
qu'en	**mon**	**cœur**
which in	my	heart

mɛ	vɛ̃‿	tã	a vɛ‿	tu bli e œ
mes	**vingt**	**ans**	**avaient**	**oubliées!**
my	twenty	years	had	forgotten

Chanson d'amour

music: Gabriel Fauré
text: Armand Silvestre

ʃã sõ	da mur
Chanson	**d'amour**
song	of love

ʒɛ mœ	te‿	zjø	ʒɛ mœ	tõ	frõ
J'aime	**tes**	**yeux,**	**j'aime**	**ton**	**front,**
I love	your	eyes	I love	your	brow

o	ma	rœ bɛ‿	lo	ma	fa ru ʃœ
o	**ma**	**rebelle,**	**ô**	**ma**	**farouche,**
o	my	rebel	o	my	wild one

ʒɛ mœ	te‿	zjø	ʒɛ mœ	ta	bu ʃə
j'aime	**tes**	**yeux,**	**j'aime**	**ta**	**bouche**
I love	your	eyes	I love	your	mouth

u	mɛ	bɛ ze	se pɥi zœ rõ
où	**mes**	**baisers**	**s'épuiseront.**
where	my	kisses	will run dry

ʒɛ mœ	ta	vwa	ʒɛ mœ	le trã ʒœ
J'aime	**ta**	**voix,**	**j'aime**	**l'étrange**
I love	your	voice	I love	the strange

grɑ sœ	dœ	tu	sœ	kœ	ty	di
grâce	**de**	**tout**	**ce**	**que**	**tu**	**dis,**
grace	of	everything	that	which	you	say

o	ma	rœ bɛ‿	lo	mõ	ʃɛ‿	rã ʒœ
o	**ma**	**rebelle,**	**ô**	**mon**	**cher**	**ange,**
o	my	rebel	o	my	dear	angel

mõ‿	nã fɛr	e	mõ	pa ra di
mon	**enfer**	**et**	**mon**	**paradis!**
my	hell	and	my	paradise

ʒɛ mœ	tu	sœ	ki	tœ	fɛ	bɛ lə
J'aime	**tout**	**ce**	**qui**	**te**	**fait**	**belle,**
I love	everything	that	which	you	makes	beautiful

dœ	tɛ	pje	ʒy ska	tɛ	ʃœ vø
de	**tes**	**pieds**	**jusqu'à**	**tes**	**cheveux,**
from	your	feet	up as far as to	your	hair

o twa vɛr ki mõ tœ me vø
o **toi** **vers** **qui** **montent** **mes** **vœux,**
o you toward whom rise my desires

o ma fa ru˯ ʃo ma rœ bɛ lœ
o **ma** **farouche,** **ô** **ma** **rebelle!**
o my wild one o my rebel

Clair de lune
music: Gabriel Fauré
text: Paul Verlaine

klɛr dœ lyn
Clair **de** **lune**
light of moon

vɔ˯ trɑ˯ mɛ˯ tœ̃ pɛ i za ʒœ ʃwa zi
Votre **âme** **est** **un** **paysage** **choisi**
your soul is a landscape chosen

kœ võ ʃar mɑ̃ ma skœ˯ ze bɛr ga ma skœ
que **vont** **charmant** **masques** **et** **bergamasques**
(to) which go delighting maskers and bergamaskers

ʒu ɑ̃ dy ly˯ te dɑ̃ sɑ̃ e ka zi
jouant **du** **luth** **et** **dansant** **et** **quasi**
playing (on the) lute and dancing and almost

tri tœ su lœr de gi zœ mɑ̃ fɑ̃ ta skœ
tristes **sous** **leurs** **déguisements** **fantasques.**
sad beneath their disguises fantastic

tu˯ tɑ̃ ʃɑ̃ tɑ̃ syr lœ mɔ dœ mi nœr
Tout **en** **chantant** **sur** **le** **mode** **mineur**
all in singing on [in] the mode minor

la mur vɛ̃ kœ˯ re la vi ɔ pɔr ty nœ
l'amour **vainqueur** **et** **la** **vie** **opportune,**
the love victorious and the life opportune

il nõ pɑ lɛr dœ krwɑ˯ ra lœr bɔ nœr
ils **n'ont** **pas** **l'air** **de** **croire** **à** **leur** **bonheur**
they not have (not) the air of believing in their happiness

e lœr ʃɑ̃ sõ sœ me˯ lo klɛr dœ ly nœ
et **leur** **chanson** **se mêle** **au** **clair** **de** **lune.**
and their song mingles with the light of moon

o kal mœ klɛr dœ ly nœ tri˯ ste bo
Au **calme** **clair** **de** **lune** **triste** **et** **beau,**
with the calm light of moon sad and beautiful

ki fɛ rɛ ve le˯ zwa zo dɑ̃ le˯ zar brœ
qui **fait** **rêver** **les** **oiseaux** **dans** **les** **arbres**
which makes to dream the birds in the trees

e sɑ̃ glɔ te dɛk stɑ zœ lɛ ʒɛ do
et **sangloter** **d'extase** **les** **jets d'eau,**
and to sob with ecstasy the jets of water [fountains]

lɛ grɑ̃ ʒɛ do svɛl tœ par mi le mar brœ
les **grands** **jets** **d'eau** **sveltes** **parmi** **les** **marbres.**
the tall jets of water slender among the marbles [marble statues]

Lydia

music: Gabriel Fauré
text: Charles-Marie-René Leconte de Lisle

li di a	syr	tɛ	ro zœ	ʒu œ		
Lydia,	**sur**	**tes**	**roses**	**joues,**		
Lydia	on	your	rosy	cheeks		

e	syr	tõ	kɔl	frɛ‿ ze	si	blã
et	**sur**	**ton**	**col**	**frais et**	**si**	**blanc,**
and	on	your	neck	fresh and	so	white

[kœ	lœ	lɛ]	ru‿	le tɛ̃ sœ lã		
[que	**le**	**lait,]**	**roule**	**étincelant**		
[as	the	milk]	roll	glistening		

lɔr	flɥ i dœ	kœ	ty	de nu œ		
l'or	**fluide**	**que**	**tu**	**dénoues.**		
the gold	flowing	which	you	unbind		

lœ	ʒur	ki	lɥi	ɛ	lœ	me jœr
Le	**jour**	**qui**	**luit**	**est**	**le**	**meilleur;**
the	day	that	breaks	is	the	best

u bli õ	le tɛr nɛ lœ	tõ bœ				
oublions	**l'éternelle**	**tombe.**				
let us forget	the eternal	tomb				

lɛ sœ	tɛ	bɛ ze	tɛ	bɛ ze	dœ	kɔ lõ bœ
Laisse	**tes**	**baisers,**	**tes**	**baisers**	**de**	**colombe**
let	your	kisses	your	kisses	of	dove

ʃã te	syr	ta	lɛ‿	vrã	flœr	
chanter	**sur**	**ta**	**lèvre**	**en**	**fleur.**	
to sing	upon	your	lip	in	bloom	

œ̃	lis	ka ʃe	re pã	sã	sɛ sœ	
Un	**lys**	**caché**	**répand**	**sans**	**cesse**	
a	lily	hidden	gives off	without	cease	

y‿	no dœr	di vi‿	nã	tõ	sɛ̃	
une	**odeur**	**divine**	**en**	**ton**	**sein:**	
a	fragrance	divine	in	your	breast	

lɛ	de li sœ	kɔ‿	mœ̃	ne sɛ̃		
les	**délices,**	**comme**	**un**	**essaim,**		
the	delights	like	a	swarm		

sɔr tœ	dœ	twa	ʒœ nœ	de ɛ sœ		
sortent	**de**	**toi,**	**jeune**	**Déesse!**		
come out	from	you	young	goddess		

ʒœ	tɛ‿	me	mœr	o	mɛ‿	za mur
Je	**t'aime**	**et**	**meurs,**	**ô**	**mes**	**amours,**
I	you love	and	I die	o	my	loves

mõ‿	nɑ‿	mã	bɛ ze	me	ra vi œ	
mon	**âme**	**en**	**baisers**	**m'est**	**ravie!**	
my	soul	in	kisses	to me is	ravished	

o	li di a	rã mwa		la	vi œ	
O	**Lydia,**	**rends-moi**		**la**	**vie,**	
o	Lydia	give back to me		the	life	

kœ	ʒœ	pɥi sœ		mu rir	tu ʒur	
que	**je**	**puisse**		**mourir**	**toujours!**	
that	I	may be able		to die	always	

Mandoline

music: Gabriel Fauré
text: Paul Verlaine

mã dɔ lin
Mandoline
mandoline

lɛ	dɔ nœr	dœ	se re na dœ
Les	**donneurs**	**de**	**sérénades**
the	givers	of	serenades

e	lɛ	bɛ lœ‿	ze ku tœ zœ
et	**les**	**belles**	**écouteuses**
and	the	beautiful	(female) listeners

e ʃã ʒœ	de	prɔ po	fa dœ
échangent	**des**	**propos**	**fades**
exchange	(of)	talk	banal

su	lɛ	ra my rœ	ʃã tø zœ
sous	**les**	**ramures**	**chanteuses.**
beneath	the	branches	singing

sɛ	tir si‿	se	sɛ‿	ta mɛ̃ tœ
C'est	**Tircis**	**et**	**c'est**	**Aminte,**
it is	Tircis	and	it is	Aminte

e	sɛ	le tɛr nɛl	kli tã drœ
et	**c'est**	**l'éternel**	**Clitandre,**
and	it is	the eternal	Clitandre

e	sɛ	da mis	ki	pur	mɛ̃ tœ
et	**c'est**	**Damis**	**qui**	**pour**	**mainte**
and	it is	Damis	who	for	many a

cry ɛ lœ		fɛ	mɛ̃	vɛr	tã drœ
cruelle		**fait**	**maint**	**vers**	**tendre.**
cruel one (woman)		creates	many a	verse	tender

lœr	kur tœ	vɛ stœ	dœ	swa
Leurs	**courtes**	**vestes**	**de**	**soie,**
their	short	jackets	of	silk

lœr	lõ gœ	rɔ bœ‿	za kø
leurs	**longues**	**robes**	**à queues,**
their	long	dresses	with trains

lœ‿	re le gã sœ	lœr	ʒwa
leur	**élégance,**	**leur**	**joie**
their	elegance	their	joy

e	lœr	mɔ lœ‿	zõ brœ	blø
et	**leurs**	**molles**	**ombres**	**bleues,**
and	their	soft	shadows	blue

tur bi jɔ nœ	dã	lɛk stɑ zə
Tourbillonnent	**dans**	**l'extase**
whirl	in	the ecstasy

dy nœ	ly nœ	rɔ‿	ze	gri zœ
d'une	**lune**	**rose**	**et**	**grise,**
of a	moon	pink	and	gray

e	la	mã dɔ li nœ	ʒa zœ
et	**la**	**mandoline**	**jase**
and	the	mandoline	chatters

par mi	lɛ	fri sõ	dœ	bri zœ
parmi	**les**	**frissons**	**de**	**brise.**
amidst	the	quiverings	of	breeze

Notre amour

music: Gabriel Fauré
text: Armand Silvestre

nↄ‿	tra mu‿	rε	ʃo zœ	le ʒɛ rœ
Notre	**amour**	**est**	**chose**	**légère**
our	love	is	thing	light

kↄ mœ	lε	par fœ̃	kœ	lœ	vɑ̃
comme	**les**	**parfums**	**que**	**le**	**vent**
like	the	perfumes	that	the	wind

prɑ̃‿	to	si mœ	dœ	la	fu ʒɛ rœ
prend	**aux**	**cimes**	**de**	**la**	**fougère,**
takes	from the	tips	of	the	fern

pur	kõ	lε	rɛ spi‿	rɑ̃	rɛ vɑ̃
pour	**qu'on**	**les**	**respire**	**en**	**rêvant.**
in order	that one	them	may breathe	in	dreaming

nↄ‿	tra mu‿	rε	ʃo zœ	ʃar mɑ̃ tœ
Notre	**amour**	**est**	**chose**	**charmante,**
our	love	is	thing	charming

kↄ mœ	lε	ʃɑ̃ sõ	dy	ma tɛ̃
comme	**les**	**chansons**	**du**	**matin,**
like	the	songs	of the	morning

u	nyl	rœ grɛ	nœ	sœ la mɑ̃ tə
où	**nul**	**regret**	**ne**	**se lamente,**
where	no	regret	(not)	one laments

u	vi‿	brœ̃‿	nɛ spwa‿	rɛ̃ sɛr tɛ̃
où	**vibre**	**un**	**espoir**	**incertain.**
where	vibrates	a	hope	uncertain

nↄ‿	tra mu‿	rε	ʃo zœ	sa kre œ
Notre	**amour**	**est**	**chose**	**sacrée,**
our	love	is	thing	sacred

kↄ mœ	lε	mi stɛ rœ	dɛ	bwɑ
comme	**les**	**mystères**	**des**	**bois**
like	the	mysteries	of the	woods

u	tre sa‿	jy‿	nɑ‿	mi ɲↄ re œ
où	**tressaille**	**une**	**âme**	**ignorée,**
where	quivers	a	soul	unknown

u	lε	si lɑ̃ sœ‿	zõ	dɛ	vwa
où	**les**	**silences**	**ont**	**des**	**voix.**
where	the	silences	have	(of)	voices

nↄ‿	tra mu‿	rε	ʃo‿	zɛ̃ fi ni œ
Notre	**amour**	**est**	**chose**	**infinie,**
our	love	is	thing	infinite

kↄ mœ	lε	ʃœ mɛ̃	dɛ	ku ʃɑ̃
comme	**les**	**chemins**	**des**	**couchants,**
like	the	paths	of the	setting suns

u	la	mɛ‿	ro	sjø	re y ni œ
où	**la**	**mer,**	**aux**	**cieux**	**réunie,**
where	the	sea	to the	skies	joined together

sɑ̃ dↄr	su	lε	sↄ lɛj	pɑ̃ ʃɑ̃
s'endort	**sous**	**les**	**soleils**	**penchants.**
falls asleep	beneath	the	suns	inclining

nɔ‿	tra mu‿	rɛ	ʃo‿	ze tɛr nɛ lœ
Notre	**amour**	**est**	**chose**	**éternelle,**
our	love	is	thing	eternal

kɔ mœ	tu	sœ	kœ̃	djø	vɛ̃ kœ‿
comme	**tout**	**ce**	**qu'un**	**dieu**	**vainqueur**
like	all	that	which a	god	victorious

ra	tu ʃe	dy	fø	dœ	sõ‿	nɛ lœ
a	**touché**	**du**	**feu**	**de**	**son**	**aile,**
has	touched	with the	fire	of	his	wing

kɔ mœ	tu	sœ	ki	vjɛ̃	dy	kœr
comme	**tout**	**ce**	**qui**	**vient**	**du**	**cœur.**
like	all	that	which	comes	from the	heart

Nocturne

music: César Franck
text: Louis de Fourcaud

nɔk tyrn
Nocturne
Nocturne

o	frɛ ʃœ	nɥi	nɥi	trɑ̃ spa rɑ̃ tœ
Ô	**fraîche**	**nuit,**	**nuit**	**transparente,**
o	cool	night	night	transparent

mi stɛ rœ	sɑ̃‿	zɔp sky ri te
mystère	**sans**	**obscurité,**
mystery	without	obscurity

la	vi	ɛ	nwa‿	re	de vɔ rɑ̃ tœ
la	**vie**	**est**	**noire**	**et**	**dévorante;**
the	life	is	black	and	devouring

o	frɛ ʃœ	nɥi	nɥi	trɑ̃ spa rɑ̃ tœ
ô	**fraîche**	**nuit,**	**nuit**	**transparente,**
o	cool	night	night	transparent

dɔ nœ mwa	ta	pla si di te
donne-moi	**ta**	**placidité.**
give me	your	serenity

o	bɛ lœ	nɥi	nɥi	e twa le ə
Ô	**belle**	**nuit,**	**nuit**	**étoilée,**
o	beautiful	night	night	starlit

vɛr	mwa	tɛ	rœ gar	sõ	bɛ se
vers	**moi**	**tes**	**regards**	**sont**	**baissés,**
toward	me	your	glances	are	lowered

e klɛ rœ	mõ‿	nɑ mœ	tru ble ə
éclaire	**mon**	**âme**	**troublée;**
give light to	my	soul	troubled

o	bɛ lœ	nɥi	nɥi	e twa le ə
ô	**belle**	**nuit,**	**nuit**	**étoilée,**
o	beautiful	night	night	starlit

mɛ	tõ	su ri‿	rɑ̃	me	pɑ̃ se
mets	**ton**	**sourire**	**en**	**mes**	**pensers.**
put	your	smile	in	my	thoughts

356

ɔ	sɛ̃ tœ	nɥi	nɥi	ta sit yr nœ
Ô	**sainte**	**nuit,**	**nuit**	**taciturne,**
o	saintly	night	night	taciturn

plɛ nœ	dœ	pɛ	e	dœ	du sœr
pleine	**de**	**paix**	**et**	**de**	**douceur,**
full	of	peace	and	of	tenderness

mõ	kœr	bu jɔ nœ	kɔ‿	my‿	nyr nœ
mon	**cœur**	**bouillonne**	**comme**	**une**	**urne;**
my	heart	seethes	like	an	urn

ɔ	sɛ̃ tœ	nɥi	nɥi	ta sit yr nœ
ô	**sainte**	**nuit,**	**nuit**	**taciturne,**
o	saintly	night	night	taciturn

fɛ	lœ	si lɑ̃ sœ	dɑ̃	mõ	kœr
fais	**le**	**silence**	**dans**	**mon**	**cœur.**
make	the	silence	in	my	heart

ʊ	grɑ̃ dœ	nɥi	nɥi	sɔ la nɛ lœ
Ô	**grande**	**nuit,**	**nuit**	**solennelle,**
o	great	night	night	solemn

ɑ̃	ki	tu‿	tɛ	de li si ø
en	**qui**	**tout**	**est**	**délicieux,**
in	which	everything	is	delightful

prɑ̃	mõ‿	nɛ‿	trɑ̃ tje	su	tõ‿	nɛ lœ
prends	**mon**	**être**	**entier**	**sous**	**ton**	**aile;**
take	my	being	entire	under	your	wing

ɔ	grɑ̃ dœ	nɥi	nɥi	sɔ la nɛ lœ
ô	**grande**	**nuit,**	**nuit**	**solennelle,**
o	great	night	night	solemn

vɛr sœ	lœ	sɔ mɛ‿	jɑ̃	mɛ‿	zjø
verse	**le**	**sommeil**	**en**	**mes**	**yeux.**
pour	the	sleep	into	my	eyes

L'asbent

music: Charles Gounod
text: Charles Gounod

lap sɑ̃
L'absent
The absent one

ɔ	si lɑ̃ sœ	de	nɥi	dõ	la	vwa	sœ	lɛ	du sœ
O	**silence**	**des**	**nuits**	**dont**	**la**	**voix**	**seule**	**est**	**douce,**
o	silence	of the	nights	of whom	the	voice	alone	is	sweet

kɑ̃	ʒœ	ne	ply	sa	vwa
quand	**je**	**n'ai**	**plus**	**sa**	**voix,**
when	I	not have	more	her	voice

mi ste ri ø	rɛ jõ	ki	gli se	syr	la	mu sœ
mystérieux	**rayons,**	**qui**	**glissez**	**sur**	**la**	**mousse**
mysterious	rays	which	glide	over	the	moss

dɑ̃	lõ brœ	dœ	sɛ	bwɑ
dans	**l'ombre**	**de**	**ses**	**bois,**
in	the shadow	of	her	woods

di tœ mwa	si	sɛ‿	zjø	a	lœ‿	ru	tu	sɔ mɛ jœ
dites-moi	**si**	**ses**	**yeux,**	**à**	**l'heure**	**où**	**tout**	**sommeille**
tell me	if	her	eyes	at	the hour	when	all	is sleeping

sœ ru vrœ   du sœ mã
se rouvrent doucement
reopen   gently

e   si ma bjɛ̃ ne me a lɔr   kœ   mwa ʒœ vɛ jœ
et si ma bien-aimée alors   que   moi je veille,
and if my beloved one at the time that me   I   am waking

sœ su vjɛ̃ dœ   lap sã
se souvient de   l'absent.
remembers   (of) the absent one

kã   la ly nɛ tʊ   sjø   bɛ ɲã   dœ   sa ly mjɛ rœ
Quand la lune est aux cieux, baignant de   sa lumière
when the moon is   in the skies bathing   with its light

lɛ grã bwɑ ze   la zyr
les grands bois et   l'azure;
the great forests and   the azure (sky)

kã de klɔ ʃœ dy   swar   ki   tɛ̃ tœ   la pri jɛ rœ
quand des cloches du   soir   qui tintent la prière
when of the bells   of the evening which toll   the prayer

vi brœ le ko si pyr
vibre l'écho si pur,
vibrates the echo so pure

di tœ mwa si sɔ̃ nɑ mœ̃ nɛ̃ stã rœ kœ ji œ
dites-moi si son âme, un   instant recueillie
tell me   if her soul an   instant contemplative

se lɛ va vɛk lœr ʃã
s'élève avec leur chant,
rises   with their song

e   si dœ lœr za kɔr la pɛ zi blœ ar mɔ ni œ
et si de leurs accords la paisible harmonie
and if of their chords the peaceful harmony

lɥi ra pɛ lœ lap sã
lui rappelle l'absent!
to her recalls the absent one

O ma belle rebelle

music: Charles Gounod
text: Jean-Antoine de Baïf

o ma bɛ lœ   rœ bɛ lœ
O ma belle   rebelle!
o my beautiful rebel

lɑs kœ ty mɛ   kry ɛ lœ
Las! que tu m'es   cruelle!
alas that you to me are cruel

u   kã   dœ du   su ri
ou   quand d'un doux souris,
either when with a sweet smile

la rõ   dœ   mɛ̯   zɛ spri
larron   de   mes   esprits,
robber   of   my   spirits

u   kã   dy nœ   pa rɔ lœ
ou   quand   d'une   parole
or   when   with a   word

mi ɲar de tœ mã   mɔ lœ
mignardètement   molle,
delicately   soft

u   kã   dœ̃   rœ gar dø
ou   quand   d'un   regard   d'yeux
or   when   from a   glace   of eyes

fjɛ rœ mã   gra si ø
fièrement   gracieux,
boldly   pleasing

u   kã   dœ̃   pœ ti   ʒɛ stə
ou   quand   d'un   petit   geste,
or   when   from a   small   gesture

tu   di vẽ   tu   se lɛ stœ
tout   divin,   tout   céleste
all   divine   all   celestial

ã̯   na mu rø̯   zar dœr
en   amoureuse   ardeur
in   amorous   ardor

ty   plõ ʒœ   tu   mõ   kœr
tu   plonges   tout   mon   cœur!
you   plunge   all   my   heart

o   ma   bɛ lœ   rœ bɛ lœ
O   ma   belle   rebelle!
o   my   beautiful   rebel

lɑs   kœ   ty   mɛ   kry ɛ lœ
Las!   que   tu   m'es   cruelle!
alas   that   you   to me are   cruel

kã   la   kɥi zã̯   tar dœr
Quand   la   cuisante   ardeur
when   the   burning   ardor

ki   mœ   bry lœ   lœ   kœr
qui   me   brûle   le   cœur
which   of me   consumes   the   heart

fɛ   kœ   ʒœ   tœ   dœ mã dœ
fait   que   je   te   demande
makes   that   I   you   ask of

a   sa   bry ly rœ   grã dœ
à   sa   brûlure   grande
from   its   burning   great

œ̃   ra frɛ ʃi sœ mã
un   rafraîchissement
a   refreshment

dœ̃   bɛ ze   sœ lœ mã
d'un   baiser   seulement.
with one   kiss   only

o   ma   bɛ lœ   rœ bɛ lœ
O   ma   belle   rebelle!
o   my   beautiful   rebel

lɑs	kœ	ty	mɛ	kry ɛ lœ
Las!	**que**	**tu**	**m'es**	**cruelle!**
alas	that	you	to me are	cruel

kɑ̃	dœ̃	pœ ti	bɛ ze
quand	**d'un**	**petit**	**baiser**
when	with one	little	kiss

ty	nœ	vø	ma pɛ ze
tu	**ne**	**veux**	**m'apaiser.**
you	not	want	me to appease

mœ	pɥi sɛ‿		ʒœ̃	ʒur	dy rœ
Me	**puissé-je**		**un**	**jour,**	**dure!**
me	[if] would be able I		one	day	callous one

vɑ̃ ʒe	dœ	tõ‿	nɛ̃ ʒy rœ
venger	**de**	**ton**	**injure,**
to avenge	(of)	your	abuse

mõ	pœ ti	mɛ‿	tra mur
mon	**petit**	**maître**	**Amour**
my	little	master	Cupid

tœ	pɥi‿	su tre‿	rœ̃	ʒur
te	**puisse**	**outrer**	**un**	**jour,**
you	would be able	to provoke	one	day

e	pur	mwa	lɑ̃ gu rø‿
et	**pour**	**moi**	**langoureuse**
and	for	me	languishing

zil	tœ	fɑ‿	sa mu rø zœ
il	**te**	**fasse**	**amoureuse,**
he	you	would make	amorous

kɔ‿	mil	ma	lɑ̃ gu rø
comme	**il**	**m'a**	**langoureux**
as	he	me has	languishing

pur	twa	fɛ‿	ta mu rø
pour	**toi**	**fait**	**amourcux.**
for	you	made	amorous

a lɔr	par	ma	vɑ̃ ʒɑ̃ sœ
Alors	**par**	**ma**	**vengeance**
then	through	my	revenge

ty	ɔ ra	kɔ nɛ sɑ̃ sœ
tu	**auras**	**connaissance**
you	will have	knowledge

kɛl	mal	fɛ	dy	bɛ ze
quel	**mal**	**fait,**	**du**	**baiser**
what	harm	(it) does	(of the)	kiss

œ̃‿	na mɑ̃	rœ fy ze
un	**amant**	**refuser.**
a	lover	to refuse

Venise

music: Charles Gounod
text: Alfred de Musset

vœ niz
Venise
Venice

dɑ̃	vœ ni zœ	la	ru ʒə
Dans	**Venise**	**la**	**rouge,**
in	Venice	the	red

pɑ‿	zœ̃	ba to	ki	bu ʒə
pas	**un**	**bateau**	**qui**	**bouge,**
not	a	boat	which	moves

pɑ‿	zœ̃	pɛ ʃœr	dɑ̃	lo
pas	**un**	**pêcheur**	**dans**	**l'eau,**
not	a	fisherman	in	the water

pɑ‿	zœ̃	fa lo
pas	**un**	**falot!**
not	a	lantern

la	ly nœ	ki	se fa sœ
La	**lune**	**qui**	**s'efface**
the	moon	which	fades away

ku vrœ	sõ	frõ	ki	pɑ sœ
couvre	**son**	**front**	**qui**	**passe**
covers	its	brow	which	passes

dœ̃	nɥ a‿	ʒe twa le
d'un	**nuage**	**étoilé**
with a	cloud	starry

dœ mi vwa le
demi-voilé!
half veiled

tu	sœ tɛ	fɔr	lɛ	gar də
Tout	**se tait,**	**fors**	**les**	**gardes**
all	is silent	except	the	watchmen

o	lõ gœ	a lœ bar dœ
aux	**longues**	**hallebardes,**
with	long	halberds

ki	vɛ jœ‿	to	kre no
qui	**veillent**	**aux**	**créneaux**
who	keep watch	over the	battlements

dɛ‿	zar sœ no
des	**arsenaux.**
of the	arsenals

a	mɛ̃ tœ nɑ̃	ply	dy nə
—Ah!	**maintenant**	**plus**	**d'une**
ah	now	more	than one (female)

a tɑ̃‿	to	klɛ	dœ	ly nœ
attend,	**au**	**clair**	**de**	**lune,**
waits for	in the	light	of	moon

kɛl kœ	ʒœ nœ	my gɛ
quelque	**jeune**	**muguet,**
some	young	gallant

lɔ rɛ‿	jo	gɛ
l'oreille	**au**	**guet.**
the eye	on the	lookout

su   la   bri zœ   a mu rœ zœ
Sous   la   brise   amoureuse
under   the   breeze   amorous

la   va ni na   rɛ vø zœ
la   Vanina   rêveuse
the   Vanina   dreaming

dã   sõ   bɛr so   flɔ tã
dans   son   berceau   flottant
in   her   cradle   floating

pɑ   sã   ʃã tã
passe   en   chantant;
goes by   in   singing

tã di kœ   pur   la   fɛ tœ
tandis que   pour   la   fête
while   for   the   festival

nar si sa   ki   sa prɛ tœ
Narcissa   qui   s'apprête,
Narcissa   who   gets ready

mɛ   dœ vã   sõ   mi rwar
met,   devant   son   miroir,
puts   in front of   her   mirror

lœ   ma skœ   nwar
le   masque   noir.
the   mask   black

lɛ sõ   la   vjɛ   jɔr lɔ
Laissons   la   vieille   horloge,
let us leave   the   old   clock

ʒo   pa lɛ   dy   vjø   dɔ ʒœ
au   palais   du   vieux   doge,
at the   palace   of the   old   doge

lɥi   kõ te   dœ   sɛ   nɥi
lui   compter   de   ses   nuits
for him   to count   of   his   nights

lɛ   lõ   zã nɥi
les   longs   ennuis.
the   lengthy   boredoms

syr   sa   mɛr   nõ ʃa lã tœ
Sur   sa   mer   nonchalante,
upon   her   sea   listless

vœ ni zœ   lɛ̃ dɔ lã tœ
Venise   l'indolente
Venice   the indolent

nœ   kõ tœ   ni   sɛ   jur
ne   compte   ni   ses   jours
not   counts   neither   her   days

ni   sɛ   za mur
ni   ses   amours.
nor   her   loves

kar   vœ ni   zɛ   si   bɛ lœ
Car   Venise   est   si   belle
for   Venice   is   so   beautiful

ky nœ   ʃɛ nœ   sy   rɛ lœ
qu'une   chaîne,   sur   elle
that a   chain   on   her

sã blœ	œ̃	kɔ lje	ʒœ te
semble	**un**	**collier**	**jeté**
seems like	a	necklace	cast

syr	la	bo te
sur	**la**	**beauté.**
on	the	beauty

À Chloris

music: Reynaldo Hahn
text: Théophile de Viau

a	klɔ ris
À	**Chloris**
To	Chloris

si‿	lɛ	vrɛ	klɔ ris	kœ	ty	mɛ mœ
S'il	**est**	**vrai,**	**Chloris,**	**que**	**tu**	**m'aimes,**
if it	is	true	Chloris	that	you	me love

mɛ	ʒã tã	kœ	ty	mɛ mœ	bjɛ̃
mais	**j'entends**	**que**	**tu**	**m'aimes**	**bien,**
but	I hear	that	you	me love	well

ʒœ	nœ	krwa	pɑ	kœ	lɛ	rwa	mɛ mœ
je	**ne**	**crois**	**pas**	**que**	**les**	**rois**	**mêmes**
I	not	believe	(not)	that	the	kings	themselves

ɛ‿	tœ̃	bɔ nœr	pa rɛ‿	jo	mjɛ̃
aient	**un**	**bonheur**	**pareil**	**au**	**mien.**
have	a	happiness	equal	to the	mine

kœ	la	mɔr	sœ rɛ‿	tɛ̃ pɔr ty nə
Que	**la**	**mort**	**serait**	**importune**
that	the	death	would be	importunate

a	vœ nir	ʃã ʒe	ma	fɔr ty nə
à	**venir**	**changer**	**ma**	**fortune**
to	come	to change	my	fortune

pur	la	fe li si te	dɛ	sjø
pour	**la**	**félicité**	**des**	**cieux!**
for	the	joy	of the	heavens

tu	sœ	kõ	di	dœ	lã brwa zi ə
Tout	**ce**	**qu'on**	**dit**	**de**	**l'ambroisie**
all	that	which one	says	of	the ambrosia

nœ	tu ʃœ	pwɛ̃	ma	fã tɛ zi
ne	**touche**	**point**	**ma**	**fantaisie**
not	touches	at all	my	imagination

o	pri	dɛ	grɑ sœ	dœ	tɛ‿	zjø
au	**prix**	**des**	**grâces**	**de**	**tes**	**yeux.**
in comparison	with the	graces	of	your	eyes	

Offrande

music: Reynaldo Hahn
text: Paul Verlaine

ɔ frɑ̃d
Offrande
offering

vwa si	de	frɥi	de	flœr	de	fœ jœ‿	ze	de	brɑ̃ ʃœ
Voici	**des**	**fruits,**	**des**	**fleurs,**	**des**	**feuilles**	**et**	**des**	**branches**
here are	of	fruits	of	flowers	of	leaves	and	of	branches

e	pɥi		vwa si	mõ	kœr	ki	nœ	ba	kœ	pur	vu
et	**puis**		**voici**	**mon**	**cœur**	**qui**	**ne**	**bat**	**que**	**pour**	**vous.**
and	moreover		here is	my	heart	which	not	beats	but	for	you

nœ	lœ	de ʃi re	pɑ‿	za vɛk	vo	dø	mɛ̃	blɑ̃ ʃœ
Ne	**le**	**déchirez**	**pas**	**avec**	**vos**	**deux**	**mains**	**blanches**
not	it	tear apart	(not)	with	your	two	hands	white

e	ka	vo‿	zjø	si	bo	lœ̃ blœ	pre sɑ̃	swa	du
et	**qu'à**	**vos**	**yeux**	**si**	**beaux**	**l'humble**	**présent**	**soit**	**doux.**
and	may to	your	eyes	so	beautiful	the humble	gift	be	sweet

ʒa ri və	tu	ku vɛr‿	rɑ̃ kɔ rœ	dœ	ro ze ə
J'arrive	**tout**	**couvert**	**encore**	**de**	**rosée**
I arrive	all	covered	still	with	dew

kœ	lœ	vɑ̃	dy	ma tɛ̃	vjɛ̃	gla se‿	ra	mõ	frõ
que	**le**	**vent**	**du**	**matin**	**vient**	**glacer**	**à**	**mon**	**front.**
that	the	wind	of the	morning	comes	to freeze	on	my	brow

su fre	kœ	ma	fa ti‿	ga	vo	pje	rœ po ze ə
Souffrez	**que**	**ma**	**fatigue,**	**à**	**vos**	**pieds**	**reposée,**
allow	that	my	fatigue	at	your	feet	resting

rɛ vœ	de	ʃɛr‿	zɛ̃ stɑ̃	ki	la	de la sœ rõ
rêve	**des**	**chers**	**instants**	**qui**	**la**	**délasseront.**
may dream	of the	dear	moments	which	it	will refresh

syr	vɔ trœ	ʒœ nœ	sɛ̃	lɛ se	ru le	ma	tɛ tə
Sur	**votre**	**jeune**	**sein**	**laissez**	**rouler**	**ma**	**tête**
upon	your	young	breast	let	to roll	my	head

tu tœ	sɔ nɔ‿	rɑ̃ kɔr	dœ	vo	der nje	bɛ ze
toute	**sonore**	**encore**	**de**	**vos**	**derniers**	**baisers;**
all	ringing	still	from	your	last	kisses

lɛ se la	sa pɛ ze	dœ	la	bɔ nœ	tɑ̃ pɛ tə
laissez-la	**s'apaiser**	**de**	**la**	**bonne**	**tempête**
let it	to be appeased	from	the	good	tempest

e	kœ	ʒœ	dɔr‿	mœ̃	pø	pɥi skœ	vu	rœ po ze
et	**que**	**je**	**dorme**	**un**	**peu**	**puisque**	**vous**	**reposez.**
and	that	I	may sleep	a	little	as	you	rest

Si mes vers avaient des ailes

music: Reynaldo Hahn
text: Victor Hugo

si	mɛ	vɛr‿	za vɛ	dɛ‿	zɛl	
Si	**mes**	**vers**	**avaient**	**des**	**ailes**	
if	my	verses	had	(of)	wings	

mɛ	vɛr	fɥi rɛ	du‿	ze	frɛ lœ	
Mes	**vers**	**fuiraient,**	**doux**	**et**	**frêles,**	
my	verses	would fly	sweet	and	frail	

vɛr	vɔ trœ	ʒar dɛ̃	si	bo	
vers	**votre**	**jardin**	**si**	**beau,**	
toward	your	garden	so	beautiful	

si	mɛ	vɛr‿	za vɛ	dɛ‿	ze lœ	
si	**mes**	**vers**	**avaient**	**des**	**ailes**	
if	my	verses	had	(of)	wings	

kɔ mœ	lwa zo	
comme	**l'oiseau.**	
like	the bird	

il	vɔ lœ rɛ	e tɛ̃ sɛ lœ	
Ils	**voleraient,**	**étincelles,**	
they	would fly	sparks	

vɛr	vɔ trœ	fwa je	ki	ri	
vers	**votre**	**foyer**	**qui**	**rit,**	
toward	your	hearth	which	smiles	

si	mɛ	vɛr‿	za vɛ	dɛ‿	zɛ lə	
si	**mes**	**vers**	**avaient**	**des**	**ailes**	
if	my	verses	had	(of)	wings	

kɔ mœ	lɛ spri	
comme	**l'esprit.**	
like	the spirit	

prɛ dœ	vu	pyr‿	ze	fi dɛ lœ	
Près de	**vous,**	**purs**	**et**	**fidèles,**	
close to	you	pure	and	faithful	

il‿	za ku rɛ	nɥi‿	te	ʒur	
ils	**accourraient**	**nuit**	**et**	**jour,**	
they	would hasten	night	and	day	

si	mɛ	vɛr‿	za vɛ	dɛ‿	zɛ lə	
si	**mes**	**vers**	**avaient**	**des**	**ailes**	
if	my	verses	had	(of)	wings	

kɔ mœ	la mur	
comme	**l'amour.**	
like	the love	

Madrigal

music: Vincent d'Indy
text: Robert de Bonnières

ma dri gal
Madrigal
Madrigal

ki	ʒa mɛ	fy	dœ	ply	ʃar mɑ̃	vi za ʒœ
Qui	**jamais**	**fut**	**de**	**plus**	**charmant**	**visage,**
who	ever	was	of	more	charming	face

dœ	kɔl	ply	blɑ̃	dœ	ʃœ vø	ply	swa jø
de	**col**	**plus**	**blanc,**	**de**	**cheveux**	**plus**	**soyeux;**
of	neck	more	white	of	hair	more	silky

ki	ja mɛ	fy	dœ	ply	ʒɑ̃ ti	kɔr sa ʒœ
qui	**jamais**	**fut**	**de**	**plus**	**gentil**	**corsage,**
who	ever	was	of	more	pleasing	bodice

ki	ʒa mɛ	fy	kœ	ma	da‿	mo	du‿	zjø
qui	**jamais**	**fut**	**que**	**ma**	**Dame**	**aux**	**doux**	**yeux!**
who	ever	(it) was	but	my	Lady	with the	gentle	eyes

ki	ʒa mɛ‿	zy	lɛ vrœ	ply	su ri ɑ̃ tœ
Qui	**jamais**	**eut**	**lèvres**	**plus**	**souriantes,**
who	ever	had	lips	more	smiling

ki	su ri ɑ̃	rɑ̃ di	kœr	ply	ʒwa jø
qui	**souriant**	**rendit**	**cœur**	**plus**	**joyeux,**
which	smiling	made	heart	more	joyful

ply	ʃa stœ	sɛ̃	su	gɛ̃ pœ	trɑ̃ spa rɑ̃ tə
plus	**chaste**	**sein**	**sous**	**guimpes**	**transparentes,**
(a) more	chaste	bosom	beneath	neck piece	transparent

ki	ʒa mɛ‿	zy	kœ	ma	da‿	mo	du‿	zjø
qui	**jamais**	**eut**	**que**	**ma**	**Dame**	**aux**	**doux**	**yeux!**
who	ever	had	but	my	Lady	with the	gentle	eyes

ki	ʒa mɛ‿	zy	vwa	dœ̃	ply	du‿	zɑ̃ tɑ̃ drœ
Qui	**jamais**	**eut**	**voix**	**d'un**	**plus**	**doux**	**entendre,**
who	ever	had	voice	of a	more	sweet	intention

mi ɲɔ nœ	dɑ̃	ki	bu‿	ʃɑ̃ per lœ	mjø
mignonnes	**dents**	**qui**	**bouche**	**emperlent**	**mieux;**
dainty	teeth	which	mouth	ornament with pearls	better

ki	ʒa mɛ	fy	dœ	rœ gar de	si	tɑ̃ drœ
qui	**jamais**	**fut**	**de**	**regarder**	**si**	**tendre,**
who	ever	was	of	to look at	so	tender

ki	ʒa mɛ	fy	kœ	ma	da‿	mo	du‿	zjø
qui	**jamais**	**fut**	**que**	**ma**	**Dame**	**aux**	**doux**	**yeux!**
who	ever	was	but	my	Lady	with the	gentle	eyes

Si tu le veux

music: Charles Koechlin
text: Maurice de Marsan

si	ty	lœ	vø	o	mõ‿	na mur
Si	**tu**	**le**	**veux,**	**ô**	**mon**	**amour,**
if	you	it	wish	o	my	love

sœ	swar	dɛ kœ	la	fɛ̃	dy	ʒur
ce	**soir**	**dès que**	**la**	**fin**	**du**	**jour**
this	evening	as soon as	the	end	of the	day

sœ ra	vœ ny ə
sera	**venue,**
will be	come

kã	lɛ‿	ze twa lœ	syr ʒi rõ
quand	**les**	**étoiles**	**surgiront,**
when	the	stars	come into view

e	mɛ trõ	dɛ	klu	dɔr	o	fõ
et	**mettront**	**des**	**clous**	**d'or**	**au**	**fond**
and	put	(of)	nails	of gold	in the	depth

blø	dœ	la	ny ə
bleu	**de**	**la**	**nue,**
blue	of	the	sky

nu	par ti rõ	sœl	tu lɛ dø
nous	**partirons**	**seuls**	**tous les deux**
we	will depart	alone	all the two (*idiom:* = both of us)

dã	la	nɥi	bry nœ	ã‿	na mu rø
dans	**la**	**nuit**	**brune**	**en**	**amoureux,**
into	the	night	dark	in	loving

sã	kõ	nu	vwa ə
sans	**qu'on**	**nous**	**voie,**
without	that one	us	may see

e	tã drœ mã	ʒœ	tœ	di re
et	**tendrement**	**je**	**te**	**dirai**
and	tenderly	I	you	will tell

œ̃	ʃã	da mu‿	ru	ʒœ	mɛ tre
un	**chant**	**d'amour**	**où**	**je**	**mettrai**
a	song	of love	in which	I	will put

tu tœ	ma	ʒwa ə
toute	**ma**	**joie.**
all	my	joy

mɛ	kã	ty	rã trœ ra	ʃe	twa
Mais	**quand**	**tu**	**rentreras**	**chez**	**toi,**
but	when	you	will return	at home	you(r)

si	lõ	tœ	dœ mã dœ	pur kwa
si	**l'on**	**te**	**demande**	**pourquoi,**
if	the one	you	asks	why

mi ɲɔ nœ	fe ə
mignonne	**fée,**
darling	enchanting

tɛ	ʃœ vø	sõ	ply	fu	ka vã
tes	**cheveux**	**sont**	**plus**	**fous**	**qu'avant,**
your	hair [s]	are [is]	more	loose	than before

ty	re põ dra	kœ	sœl	lœ	vã
tu	**répondras**	**que**	**seul**	**le**	**vent**
you	will answer	that	only	the	wind

ta	de kwa fe			
t'a	**décoiffée,**			
you has	ruffled (the hair)			

si	ty	lœ	vø	o	mɔ̃	na mur
si	**tu**	**le**	**veux,**	**ô**	**mon**	**amour.**
if	you	it	wish	o	my	love

Oh! quand je dors

music: Franz Liszt
text: Victor Hugo

o	kɑ̃	ʒœ	dɔr	vjɛ̃	zo prɛ dœ	ma	ku ʃœ
Oh!	**quand**	**je**	**dors,**	**viens**	**auprès de**	**ma**	**couche,**
oh	when	I	am sleeping	come	close to	my	bed

kɔ	ma	pe trar	ka pa rɛ sɛ	lau ra			
comme	**à**	**Pétrarque**	**apparaissait**	**Laura,**			
like	to	Petrarch	appeared	Laura			

e	kɑ̃	pɑ sɑ̃	tɔ̃	na lɛ nœ	mœ	tu ʃœ	
et	**qu'en**	**passant**	**ton**	**haleine**	**me**	**touche...**	
and	that in	passing	your	breath	me	may touch	

su dɛ̃	ma	bu ʃœ
Soudain	**ma**	**bouche**
suddenly	my	mouth

sɑ̃ tru vri ra
s'entr'ouvrira!
will open up

syr	mɔ̃	frɔ̃	mɔr	nu	pø tɛ trœ	sa ʃɛ vœ
Sur	**mon**	**front**	**morne**	**où**	**peut-être**	**s'achève**
upon	my	brow	dejected	where	perhaps	draws to a close

œ̃	sɔ̃ ʒœ	nwar	ki	tro	lɔ̃ tɑ̃	dy ra
un	**songe**	**noir**	**qui**	**trop**	**longtemps**	**dura,**
a	dream	dark	which	too	long time	lasted

kœ	tɔ̃	rœ gar	kɔ	mœ̃	na strœ	se lɛ vœ
que	**ton**	**regard**	**comme**	**un**	**astre**	**s'élève...**
that	your	glance	like	a	star	may arise

su dɛ̃	mɔ̃	rɛ vœ
Soudain	**mon**	**rêve**
suddenly	my	dream

rɛ jɔ nœ ra
rayonnera!
will be radiant

pɥi	syr	ma	lɛ vrœ	u	vɔl ti	ʒy nœ	flɑ mœ
Puis	**sur**	**ma**	**lèvre**	**où**	**voltige**	**une**	**flamme,**
then	upon	my	lip	where	hovers	a	flame

e klɛr	da mur	kœ	djø	mɛ	me py ra
éclair	**d'amour**	**que**	**Dieu**	**même**	**épura,**
flash	of love	which	God	himself	purified

po	zœ̃	bɛ ze	e	dɑ̃ ʒœ	dœ vjɛ̃	fa mœ
pose	**un**	**baiser,**	**et**	**d'ange**	**deviens**	**femme...**
place	a	kiss	and	from angel	become	woman

su dɛ̃	mõ‿	nɑ mœ
Soudain	**mon**	**âme**
suddenly	my	soul

se vɛ jœ ra
s'éveillera!
will awaken

o	vjɛ̃	kɔ‿	ma	pe trar‿	ka pa rɛ sɛ	lau ra
Oh	**viens!**	**comme**	**à**	**Pétrarque**	**apparaissait**	**Laura!**
oh	come	like	to	Petrarch	appeared	Laura

Plaisir d'amour

music: Johann-Paul Martini
text: Jean-Pierre Claris de Florian

plɛ zir	da mur	nœ	dy rœ	kœ̃	mɔ mã
Plaisir	**d'amour**	**ne**	**dure**	**qu'un**	**moment,**
pleasure	of love	not	lasts	but a	moment

ʃa grɛ̃	da mur	dy rœ	tu tœ	la	vi œ
chagrin	**d'amour**	**dure**	**toute**	**la**	**vie.**
sorrow	of love	lasts	all	the	life

ʒe	tu	ki te	pur	lɛ̃ gra tœ	sil vi œ
J'ai	**tout**	**quitté**	**pour**	**l'ingrate**	**Sylvie,**
I have	everything	given up	for	the ungrateful	Sylvia

ɛ lœ	mœ	ki‿	te	prã‿	tœ̃‿	no‿	tra mã
elle	**me**	**quitte**	**et**	**prend**	**un**	**autre**	**amant.**
she	me	leaves	and	takes	an	other	lover

plɛ zir	da mur	nœ	dy rœ	kœ̃	mɔ mã
Plaisir	**d'amour**	**ne**	**dure**	**qu'un**	**moment,**
pleasure	of love	not	lasts	but a	moment

ʃa grɛ̃	da mur	dy rœ	tu tœ	la	vi œ
chagrin	**d'amour**	**dure**	**toute**	**la**	**vie.**
sorrow	of love	lasts	all	the	life

tã kœ	sɛ‿	to	ku lœ ra	du sœ mã
Tant que	**cette**	**eau**	**coulera**	**doucement**
as long as	this	water	will flow	gently

vɛr	sœ	rɥi so	ki	bɔr dœ	la	prɛ ri œ
vers	**ce**	**ruisseau**	**qui**	**borde**	**la**	**prairie,**
toward	that	brook	which	borders	the	meadow

ʒœ	tɛ mœ re	mœ	re pe tɛ	sil vi œ
je	**t'aimerai,**	**me**	**répétait**	**Sylvie.**
I	you will love	to me	repeated	Sylvia

lo	ku‿	lã kɔr	ɛ‿	la	ʃã ʒe	pur tã
L'eau	**coule**	**encor,**	**elle**	**a**	**changé**	**pourtant.**
the water	flows	still	she	has	changed	however

plɛ zir	da mur	nœ	dy rœ	kœ̃	mɔ mã
Plaisir	**d'amour**	**ne**	**dure**	**qu'un**	**moment,**
pleasure	of love	not	lasts	but a	moment

ʃa grɛ̃	da mur	dy rœ	tu tœ	la	vi œ
chagrin	**d'amour**	**dure**	**toute**	**la**	**vie.**
sorrow	of love	lasts	all	the	life

Nuit d'Espagne

music: Jules Massenet
text: Louis Gallet

nɥi	dɛ spaɲ				
Nuit	**d'Espagne**				
night	of Spain				

lɛ‿	rɛ‿	tɑ̃ bo me			
L'air	**est**	**embaumé,**			
the air	is	balmy			

la	nɥi‿	tɛ	sœ rɛ nœ		
la	**nuit**	**est**	**sereine**		
the	night	is	serene		

e	mɔ̃‿	nɑ‿	mɛ	plɛ nœ	
et	**mon**	**âme**	**est**	**pleine**	
and	my	soul	is	full	

dœ	pɑ̃ se	ʒwa jø			
de	**pensers**	**joyeux;**			
of	thoughts	joyous			

vjɛ̃	o	bjɛ̃‿ nɛ me œ			
viens!	**ô**	**bien aimée!**			
come	o	dearly beloved one			

vwa si	lɛ̃ stɑ̃	dœ	la mur		
Voici	**l'instant**	**de**	**l'amour!**		
here is	the moment	of	the love		

dɑ̃	lɛ	bwɑ	prɔ fɔ̃		
Dans	**les**	**bois**	**profonds,**		
into	the	woods	deep		

u	lɛ	flœr	ʃɑ̃ dɔr mœ		
où	**les**	**fleurs**	**s'endorment,**		
where	the	flowers	are sleeping		

u	ʃɑ̃ tœ	lɛ	sur sœ		
où	**chantent**	**les**	**sources,**		
where	are singing	the	springs		

vi‿	tɑ̃ fɥi jɔ̃	nu			
vite	**enfuyons**	**nous!**			
quickly	let us flee	(us)			

vwa	la	ly‿	nɛ	klɛ rœ	
Vois,	**la**	**lune**	**est**	**claire**	
see	the	moon	is	clear	

e	nu	su ri	dɑ̃	lœ	sjɛl
et	**nous**	**sourit**	**dans**	**le**	**ciel.**
and	on us	smiles	in	the	sky.

lɛ‿	zjø‿	zɛ̃ di skrɛ			
Les	**yeux**	**indiscrets**			
the	eyes	indiscreet			

nœ	sɔ̃	ply‿	za	krɛ̃ drœ	
ne	**sont**	**plus**	**à**	**craindre.**	
not	are	anymore	(to)	to fear	

vjɛ̃	o	bjɛ̃‿ nɛ me œ			
Viens!	**ô**	**bien aimée!**			
come	o	dearly beloved one			

la	nɥi	prɔ tɛ ʒœ	tɔ̃	frɔ̃	ru ʒi sɑ̃
La	**nuit**	**protège**	**ton**	**front**	**rougissant!**
the	night	shelters	your	brow	blushing

la nɥi̯ tɛ sœ rɛ nœ
La nuit est sereine,
the night is serene

a pɛ zœ mɔ̃ kœr
apaise mon cœur!
appease my heart

vjɛ̃ o bjɛ̯̃ nɛ me œ
Viens! ô bien aimée!
come o dearly beloved one

sɛ lœ rœ da mur
C'est l'heure d'amour!
it is the hour of love

dɑ̃ lœ sɔ̯̃ bra zyr
Dans le sombre azur,
in the dark blue (sky)

lɛ blɔ̃ dœ̯ ze twa lœ
les blondes étoiles
the pale stars

e kar tœ lœr vwa lœ
écartent leurs voiles
open their veils

pur tœ vwar pɑ se
pour te voir passer,
for you to see to pass by

vjɛ̃ o bjɛ̯̃ nɛ me œ
Viens! ô bien aimée!
come o dearly beloved one

vwa si lɛ̃ stɑ̃ dœ la mur
Voici l'instant de l'amour!
here is the moment of the love

ʒe vy sɑ̃ tru vrir
J'ai vu s'entr'ouvrir
I have seen to draw slightly aside

tɔ̃ ri do dœ gɑ zœ
ton rideau de gaze.
your curtain of gauze

ty mɑ̃ tɑ̃ kry ɛ̯
Tu m'entends, cruelle,
you me hear cruel one

le ty nœ vjɛ̃ pɑ
et tu ne viens pas!
and you not come (not)

vwa la ru̯ tɛ sɔ̃ brœ
Vois, la route est sombre
look the path is dark

su lɛ ra mo̯ zɑ̃ la se
sous les rameaux enlacés!
beneath the branches intertwined

kœ̯ jɑ̃ lœr splɑ̃ dœr
Cueille en leur splendeur
gather in their splendor

tɛ	ʒœ nœ‿	za ne œ			
tes	**jeunes**	**années,**			
your	young	years			

vjɛ̃	kar	lœ‿	rɛ	brɛ vœ		
viens!	**car**	**l'heure**	**est**	**brève,**		
come	for	the hour	is	brief		

œ̃	ju‿	re fœ jœ	lɛ	flœr	dy	prɛ̃ tɑ̃
Un	**jour**	**effeuille**	**les**	**fleurs**	**du**	**printemps!**
one	day	plucks off	the	flowers	of the	springtime

la	nɥi‿	tɛ	sœ rɛ nœ	a pɛ zœ	mõ	kœr
La	**nuit**	**est**	**sereine,**	**apaise**	**mon**	**cœur!**
the	night	is	serene	appease	my	heart

vjɛ̃	o	bjɛ̃‿ nɛ me œ				
Viens!	**ô**	**bien aimée!**				
come	o	dearly beloved one				

Si tu veux, Mignonne

music: Jules Massenet
text: Abbé Claude Georges Boyer

si	ty	vø	mi ɲɔ‿	no	prɛ̃ tɑ̃
Si	**tu**	**veux,**	**Mignonne,**	**au**	**printemps**
if	you	wish	Mignonne	in the	springtime

nu	vɛ rõ	flœ rir	lo be pi nə		
nous	**verrons**	**fleurir**	**l'aubépine,**		
we	will see	to flower	the hawthorn		

ki	sɛ mœ	dɑ̃	lɛ	pre	ne sɑ̃
qui	**sème**	**dans**	**les**	**prés**	**naissants**
which	sows	in	the	meadows	budding

la	nɛ ʒœ	dœ	sa	tɛ tœ	fi nœ
la	**neige**	**de**	**sa**	**tête**	**fine,**
the	snow	from	its	head	delicate

si	ty	vø	mi ɲɔ‿	no	prɛ̃ tɑ̃
Si	**tu**	**veux,**	**Mignonne,**	**au**	**printemps**
if	you	wish	Mignonne	in the	springtime

nu	vɛ rõ	flœ rir	lo be pi nə		
nous	**verrons**	**fleurir**	**l'aubépine!**		
we	will see	to flower	the hawthorn		

si	ty	vø	kɑ̃	vjɛ̃ dra	le te
Si	**tu**	**veux,**	**quand**	**viendra**	**l'été,**
if	you	wish	when	will come	the summer

nu‿	ze ku tœ rõ	dɑ̃	lɛ	brɑ̃ ʃœ	
nous	**écouterons**	**dans**	**les**	**branches**	
we	will listen to	in	the	branches	

lɛ	ʃɑ̃	da mu‿	re	dœ	ge te
les	**chants**	**d'amour**	**et**	**de**	**gaîté**
the	songs	of love	and	of	gaiety

dɛ	pœ ti tœ	kɔ lõ bœ	blɑ̃ ʃœ		
des	**petites**	**colombes**	**blanches,**		
of the	little	doves	white		

si	ty	vø	kɑ̃	vjɛ̃ dra	le te
Si	**tu**	**veux,**	**quand**	**viendra**	**l'été,**
if	you	wish	when	will come	the summer

372

nu‿	ze ku tœ rõ	dã	lɛ	brã ʃœ
nous	**écouterons**	**dans**	**les**	**branches!**
we	will listen to	in	the	branches

nu‿	zi rõ	dã	lɛ	bwɑ	ʒo ni
Nous	**irons**	**dans**	**les**	**bois**	**jaunis,**
we	will go	into	the	woods	turned yellow

si	ty	vø	kã	vjɛ dra	lo tɔ nœ
si	**tu**	**veux,**	**quand**	**viendra**	**l'automne,**
if	you	wish	when	will come	the autumn

pur	kɛ lœ‿	zɛ	ʃo	dã	lœr	ni
pour	**qu'elles**	**aient**	**chaud**	**dans**	**leurs**	**nids**
for	that they	have	warmth	in	their	nests

lœr	pɔr te	de	brɛ	da ne mɔ nœ
leur	**porter**	**des**	**brins**	**d'anémone,**
to them	to bring	(of)	sprigs	of anemone

si	ty	vø	mi ɲɔ‿
Si	**tu**	**veux,**	**Mignonne,**
if	you	wish	Mignonne

nu‿	zi rõ	dã	lɛ	bwɑ	ʒo ni
nous	**irons**	**dans**	**les**	**bois**	**jaunis,**
we	will go	into	the	woods	turned yellow

kã	vjɛ dra	lo tɔ nœ
quand	**viendra**	**l'automne...**
when	will come	the autumn

e	pɥi	kã	rœ vjɛ dra	li vɛr
Et	**puis,**	**quand**	**reviendra**	**l'hiver...**
and	then	when	will return	the winter

nu	nu rœ su vjɛ drõ	de	ro zœ
nous	**nous ressouviendrons**	**des**	**roses,**
we	we will remember	(of) the	roses

dy	prɛ tã	e	dy	sã tje	vɛr
du	**printemps,**	**et**	**du**	**sentier**	**vert**
(of) the	springtime	and	(of) the	path	green

u	ty	ma	ʒy re	tã dœ	ʃo zœ
où	**tu**	**m'as**	**juré**	**tant de**	**choses!**
where	you	to me have	sworn	so many (of)	things

a lɔr	kã	rœ vjɛ dra	li vɛr
Alors...	**quand**	**reviendra**	**l'hiver...**
and then	when	will return	the winter

nu	nu rœ su vjɛ drõ	de	ro zœ
nous	**nous ressouviendrons**	**des**	**roses!**
we	we will remember	(of) the	roses

si	ty	vø	mi ɲɔ‿
Si	**tu**	**veux,**	**Mignonne!**
if	you	wish	Mignonne

Dans un bois solitaire

music: Wolfgang Amadeus Mozart
text: Antoine Houdar de la Motte

dã‿	zœ̃	bwɑ	sɔ li tɛ rœ	e	sõ brœ
Dans	**un**	**bois**	**solitaire**	**et**	**sombre**
in	a	forest	deserted	and	dark

ʒœ	mœ prɔ mœ nɛ	lotr[ə] ʒur
je	**me promenais**	**l'autr'jour,**
I	was taking a walk	the other day

œ̃‿	nɑ̃ fɑ̃‿ ti	dɔr mɛ‿	ta	lõ brœ
Un	**enfant y**	**dormait**	**à**	**l'ombre;**
a	child there	was sleeping	in	the shade

se tɛ	lœ	rœ du tab lœ	a mur
c'était	**le**	**redoutable**	**Amour.**
it was	the	formidable	Cupid

ʒa prɔ ʃœ	sa	bo te	mœ	fla tœ
J'approche,	**sa**	**beauté**	**me**	**flatte,**
I draw near	his	beauty	me	charms

mɛ	ʒœ	dœ vɛ	mã	de fje
mais	**je**	**devais**	**m'en**	**défier;**
but	I	should	me of it	to distrust

i‿	la vɛ	lɛ	trɛ	dy‿	nɛ̃ gra tœ
il	**avait**	**les**	**traits**	**d'une**	**ingrate,**
he	had	the	traits	of an	unfaithful one

kœ	ʒa vɛ	ʒy re	du bli e
que	**j'avais**	**juré**	**d'oublier.**
whom	I had	sworn	(of) to forget

i‿	la vɛ	la	bu ʃœ	vɛr mɛ jœ
Il	**avait**	**la**	**bouche**	**vermeille,**
he	had	the	mouth	vermilion

lœ	tɛ̃‿	to si	frɛ	kœ	lœ	sjɛ̃
le	**teint**	**aussi**	**frais**	**que**	**le**	**sien.**
the	complexion	as	fresh	as	the	hers

œ̃	su pir	me ʃa pœ	il	se vɛ jœ
Un	**soupir**	**m'échappe,**	**il**	**s'éveille;**
a	sigh	from me escapes	he	wakes up

la mur	sœ re vɛ jœ	dœ	rjɛ̃
l'Amour	**se réveille**	**de**	**rien.**
the love	wakes up	from	anything

o si to	de plwa jã	sɛ‿	zɛ lœ	e	sɛ zi sã
Aussitôt	**deployant**	**ses**	**ailes**	**et**	**saisissant**
immediately	spreading	his	wings	and	seizing

sõ‿	nark	vã ʒœr
son	**arc**	**vengeur,**
his	bow	avenging

ly nœ	dœ	sɛ	flɛ ʃœ	kry ɛ lœ	ã	par tã
l'une	**de**	**ses**	**flêches,**	**cruelles**	**en**	**partant,**
the one	of	his	arrows	cruel	in	setting off

il	mœ	blɛ sœ	o	kœr
il	**me**	**blesse**	**au**	**cœur.**
he	me	wounds	at the	heart

va	va	di til	o	pje	dœ	sil vi œ
Va!	**va,**	**dit-il,**	**aux**	**pieds**	**de**	**Sylvie,**
go	go	says he	to the	feet	of	Sylvia

374

dœ nu vo	lã gi‿	re	bry le
de nouveau	**languir**	**et**	**brûler!**
again	to languish	and	burn

ty	lɛ mœ ra	tu tœ	ta	vi œ
Tu	**l'aimeras**	**toute**	**ta**	**vie,**
you	her will love	all	your	life

pu‿	ra vwa‿	ro ze	me vɛ je
pour	**avoir**	**osé**	**m'éveiller.**
for	to have	dared	to wake me up

Psyché

music: Emile Paladilhe
text: Pierre Corneille

psi ʃe
Psyché
Psyche

ʒœ	sɥi	ʒa lu	psi ʃe	dœ	tu tœ	la	na ty rœ
Je	**suis**	**jaloux,**	**Psyché,**	**de**	**toute**	**la**	**nature:**
I	am	jealous	Psyche	of	all	the	nature

lɛ	rɛ jõ	dy	sɔ lɛj	vu	bɛ zœ	tro	su vã
les	**rayons**	**du**	**soleil**	**vous**	**baisent**	**trop**	**souvent;**
the	rays	of the	sun	you	kiss	too	often

vos	ʃœ vø	su frœ	tro	lɛ	ka rɛ sœ	dy	vã
vos	**cheveux**	**souffrent**	**trop**	**les**	**caresses**	**du**	**vent:**
your	hair(s)	endure	too much	the	caresses	of the	wind

kã‿	til	lɛ	fla tœ	ʒã	myr my rœ
quand	**il**	**les**	**flatte,**	**j'en**	**murmure;**
when	it	them [your hair(s)]	strokes	I of it	complain

lɛr	mɛ mœ	kœ	vu	rɛ spi re
l'air	**même**	**que**	**vous**	**respirez**
the air	itself	which	you	breathe

a vɛk	tro	dœ	plɛ zir	pɑ sœ	syr	vɔ trœ	bu ʃə
avec	**trop**	**de**	**plaisir**	**passe**	**sur**	**votre**	**bouche;**
with	too much	(of)	pleasure	passes	over	your	mouth

vɔ‿	tra bi	dœ	tro	prɛ	vu	tu ʃœ
votre	**habit**	**de**	**trop**	**près**	**vous**	**touche;**
your	dress	(of)	too much	close to	you	touches

e	si to	kœ	vu	su pi re
et	**sitôt**	**que**	**vous**	**soupirez,**
and	as soon	that	you	sigh

ʒœ	nœ	sɛ	kwa	ki	me fa ru ʃœ
je	**ne**	**sais**	**quoi**	**qui**	**m'effarouche**
I	not	know	what	which	me scares away

krɛ̃	par mi	vos	su pir	dɛ	su pi‿	ze ga re
craint	**parmi**	**vos**	**soupirs**	**des**	**soupirs**	**égarés.**
fears	amidst	your	sighs	of (the)	sighs	gone astray

LE BESTIAIRE

lə	bɛ stjɛr	
LE	**BESTIAIRE**	
the	Bestiary	

u	kɔr tɛʒ	dɔr fe
ou	**Cortège**	**d'Orphée**
or	Retinue	of Orpheus

Le dromadaire
music: Francis Poulenc
text: Guillaume Apollinaire

lœ	drɔ ma dɛr		
Le	**dromadaire**		
the	dromedary		

a vɛk	sɛ	ka trœ	drɔ ma dɛr [ə]
Avec	**ses**	**quatre**	**dromadaires**
with	his	four	dromedaries

dõ	pe dro	dal fa ru bɛ ra
Don	**Pedro**	**d'Alfaroubeira**
Don	Pedro	d'Alfaroubeira

ku ry		lœ	mõ	de	lad mi ra
courut		**le**	**monde**	**et**	**l'admira.**
roamed throughout		the	world	and	it admired

il	fi	sœ	kœ	ʒœ	vu drɛ	fɛ rə
Il	**fit**	**ce**	**que**	**je**	**voudrais**	**faire**
he	did	that	which	I	would like	to do

si	ʒa vɛ	ka trœ	drɔ ma dɛ rə
si	**j'avais**	**quatre**	**dromadaires.**
if	I had	four	dromedaries

La chèvre du Thibet
music: Francis Poulenc
text: Guillaume Apollinaire

la	ʃɛ vr	dy	ti bɛ
La	**chèvre**	**du**	**Thibet**
the	goat	from (the)	Tibet

lɛ	pwal	dœ	sɛ tœ	ʃɛ vrə	e	mɛ mə
Les	**poils**	**de**	**cette**	**chèvre**	**et**	**même**
the	hair(s)	of	this	goat	and	even

sø	dɔr	pur	ki	pri	tã	dœ	pe nœ
ceux	**d'or**	**pour**	**qui**	**prit**	**tant**	**de**	**peine**
those	of gold	for	which	took	so much	(of)	trouble

ʒa zõ	nœ	va lœ	rjɛ̃	no	pri
Jason	**ne**	**valent**	**rien**	**au**	**prix**
Jason	not	are worth	anything	in	comparison

dɛ	ʃœ vø	dõ	ʒœ	sɥi	ze pri
des	**cheveux**	**dont**	**je**	**suis**	**épris.**
with the	hair(s)	of which	I	am	smitten

La sauterelle

music: Francis Poulenc
text: Guillaume Apollinaire

la	so trɛl	
La	**sauterelle**	
the	grasshopper	

vwa si	la	fi nœ	so tœ rɛ lœ
Voici	**la**	**fine**	**sauterelle,**
here is	the	delicate	grasshopper

la	nu ri tyr	dœ	sɛ̃	ʒɑ̃
la	**nourriture**	**de**	**Saint**	**Jean,**
the	food	of	Saint	John

pɥi sœ		mɛ	vɛr‿	zɛ trœ kɔ‿	mɛ lœ
Puissent		**mes**	**vers**	**être comme**	**elle**
may be able		my	verses	to be like	it

lœ	re gal	dɛ	mɛ jœ rœ	ʒɑ̃
le	**régal**	**des**	**meilleures**	**gens.**
the	feast	of the	best	people

Le dauphin

music: Francis Poulenc
text: Guillaume Apollinaire

lœ	do fɛ̃	
Le	**dauphin**	
the	dolphin	

do fɛ̃		vu	ʒu e	dɑ̃	la	mɛr
Dauphins,		**vous**	**jouez**	**dans**	**la**	**mer,**
dolphins		you	play	in	the	sea

mɛ	lœ	flo	ɛ	tu ʒu‿	ra mɛr
mais	**le**	**flot**	**est**	**toujours**	**amer.**
but	the	wave	is	always	briny

par fwa	ma	ʒwa	e kla tœ tɛ lə
Parfois,	**ma**	**joie**	**éclate-t-elle?**
at times	my	joy	bursts forth to you it

la	vi	ɛ‿ tɑ̃ kɔ rœ	cry ɛ lə
La	**vie**	**est encore**	**cruelle.**
the	life	is still	cruel

L'écrevisse

music: Francis Poulenc
text: Guillaume Apollinaire

le krə vis
L'écrevisse
The crayfish

ɛ̃ sɛr ti tyd [ə]	o	mɛ	de li sə
Incertitude,	**ô**	**mes**	**délices**
uncertainty	o	my	delight(s)

vu‿	ze	mwa‿	nu	nu‿ zɑ̃ na lõ
vous	**et**	**moi**	**nous**	**nous en allons**
you	and	me	we	(we) move

kɔ mœ	sɑ̃ võ		lɛ‿	ze crœ vi sə
comme	**s'en vont**		**les**	**écrevisses,**
like	(they) move		the	crayfish

a rœ ky lõ	a rœ ky lõ
à reculons,	**à reculons.**
backwards	backwards

La carpe

music: Francis Poulenc
text: Guillaume Apollinaire

la karp
La carpe
the carp

dɑ̃	vo	vi vje	dɑ̃	vo‿	ze tɑ̃
Dans	**vos**	**viviers,**	**dans**	**vos**	**étangs,**
in	your	ponds	in	your	pools

kar pœ	kœ	vu	vi ve	lõ tɑ̃
carpes,	**que**	**vous**	**vivez**	**longtemps!**
carps	how	you	live	a long time

ɛ sœ	kœ	la	mɔr	vu‿	zu bli
Est-ce	**que**	**la**	**mort**	**vous**	**oublie,**
is it	that	the	death	you	forgets

pwa sõ	dœ	la	me lɑ̃ kɔ li
poissons	**de**	**la**	**mélancolie?**
fish	of	the	melancholy

Sainte

music: Maurice Ravel
text: Stéphane Mallarmé

sɛ̃t
Sainte
Saint

a   la   fœ nɛ trœ   rœ se lɑ̃
À   **la**   **fenêtre**   **recélant**
at   the   window   concealing

lœ   sɑ̃ tal   vjø   ki   sœ de dɔ rœ
le   **santal**   **vieux**   **qui**   **se dédore**
the   sandalwood   old   which   loses its gilt

dœ   sa   vi ɔ‿   le tɛ̃ sœ lɑ̃
de   **sa**   **viole**   **étincelant**
of   her   viol   sparkling

ʒa dis   sœ lõ   fly‿   tu   mɑ̃ dɔr
jadis   **selon**   **flûte**   **ou**   **mandore,**
formerly   in accordance with   flute   or   mandola

ɛ   la   sɛ̃ tœ   pɑ‿   le ta lɑ̃
est   **la**   **Sainte**   **pâle,**   **étalant**
is   the   Saint   pale   displaying

lœ   li vrœ   vjø   ki   sœ de pli œ
le   **livre**   **vieux**   **qui**   **se déplie**
the   book   old   which   opens up

dy   ma ɲi fi kat   rɥi sœ lɑ̃
du   **Magnificat**   **ruisselant**
to the   Magnificat   brimming

ʒa dis   sœ lõ   vɛ p‿   [ru]   kõ pli
jadis   **selon**   **vêpres**   **[ou]**   **complie:**
formerly   in accordance with   vespers   [or]   compline

a   sœ   vi tra ʒœ   dɔ stɑ̃ swar
À   **ce**   **vitrage**   **d'ostensoir**
at   this   glass window   of [like a] monstrance

kœ   fro‿   ly nœ   ar pœ   par   lɑ̃ ʒœ
que   **frôle**   **une**   **harpe**   **par**   **l'Ange**
which   touches lightly   a   harp   by   the Angel

fɔr me   a vɛk   sõ   vɔl   dy   swar
formée   **avec**   **son**   **vol**   **du**   **soir**
created   with   his   flight   of the   evening

pur   la   de li ka tœ   fa lɑ̃ ʒœ
pour   **la**   **délicate**   **phalange**
for   the   delicate   (finger) bone

dy   dwa   kœ   sɑ̃   lœ   vjø   sɑ̃ tal
du   **doigt**   **que,**   **sans**   **le**   **vieux**   **santal,**
of the   finger   which   without   the   old   sandalwood

ni   lœ   vjø   li‿   vrɛ lœ   ba lɑ̃ sœ
ni   **le**   **vieux**   **livre,**   **elle**   **balance**
nor   the   old   book   she   balances

syr   lœ   ply ma‿   ʒɛ̃ stry mɑ̃ tal
sur   **le**   **plumage**   **instrumental,**
on   the   plumage   instrumental

my zi si ɛ nœ   dy   si lɑ̃s
musicienne   **du**   **silence.**
musician   of the   silence

CINQ MÉLODIES POPULAIRES GRECQUES

sɛ̃k	me lɔ di	pɔ py lɛr	grɛk
Cinq	**mélodies**	**populaires**	**grecques**
five	songs	popular	Greek

Le réveil de la mariée

music: Maurice Ravel
text: Traditional Greek folk song
translation: M.D. Calvocoressi

lə	re vɛj	də	la	ma rje
Le	**réveil**	**de**	**la**	**mariée**
the	waking up	of	the	bride-to-be

re vɛ jœ twa	re vɛ jœ twa	pɛr dri	mi ɲɔ nœ
Réveille-toi,	**réveille-toi,**	**perdrix**	**mignonne.**
wake up	wake up	partridge	darling

[ɑ	re vɛ jœ twa	re vɛ jœ twa	pɛr dri	mi ɲɔ nœ]
[Ah!	**Réveille-toi,**	**réveille-toi,**	**perdrix**	**mignonne.]**
[Ah	wake up	wake up	partridge	darling]

u‿	vro	ma tɛ̃	tɛ‿	zɛ lœ
Ouvre	**au**	**matin**	**tes**	**ailes.**
open	to the	morning	your	wings

trwɑ	grɛ̃	dœ	bo te	mɔ̃	kœ‿	rɑ̃‿	ne	bry le
Trois	**grains**	**de**	**beauté,**	**mon**	**cœur**	**en**	**est**	**brûlé.**
three	spots	of	beauty	my	heart	from them	is	on fire

vwa	lœ	ry bɑ̃	lœ	ry bɑ̃	dɔr	kœ	ʒœ	ta pɔr tœ
Vois	**le**	**ruban,**	**le**	**ruban**	**d'or**	**que**	**je**	**t'apporte**
see	the	ribbon	the	ribbon	of gold	which	I	to you bring

pur	lœ	nu e	o tur	dœ	tɛ	ʃœ vø
pour	**le**	**nouer**	**autour**	**de**	**tes**	**cheveux.**
for	it	to tie	around	(of)	your	hair

si	ty	vø	ma	bɛ lœ	vjɛ̃	nu	ma ri e
Si	**tu**	**veux,**	**ma**	**belle,**	**viens**	**nous**	**marier:**
if	you	wish	my	beautiful one	come	us	to get married

dɑ̃	no	dø	fa mi jœ	tus	sɔ̃	ta li e
dans	**nos**	**deux**	**familles,**	**tous**	**sont**	**alliés.**
in	our	two	families	all	are	related

Là-bas, vers l'église

music: Maurice Ravel
text: Traditional Greek folk song
translation: M.D. Calvocoressi

la bɑ	vɛr	le gli zœ
Là-bas,	**vers**	**l'église,**
over there	toward	the church

vɛr	le gli‿	za jo	si de ro
vers	**l'église**	**Ayio**	**Sidéro,**
toward	the church	Saint	Sideros

le gliz	o	vjɛr ʒœ	sɛ̃ tœ
l'église,	**ô**	**Vierge**	**sainte,**
the church	o	Virgin	Holy

le gli͜   za jo   ko stan di no
l'église,   **Ayio**   **Costanndino**
the church   Saint   Constantine

sœ sõ   re y ni   ra sã ble͜   zã   nõ͜   brɛ̃ fi ni
se sont   **réunis,**   **rassemblés**   **en**   **nombre**   **infini,**
are   re-united   assembled   in   number   infinite

dy   mõd   o   vjɛr ʒœ   sɛ̃ tœ
du   **monde,**   **ô**   **Vierge**   **sainte,**
in the   world   o   Virgin   Holy

dy   mõ dœ   tu   lɛ   ply   bra vœ
du   **monde**   **tous**   **les**   **plus**   **braves!**
in the   world   all   the   most   brave ones

Quel galant m'est comparable?

music: Maurice Ravel
text: Traditional Greek folk song
translation: M.D. Calvocoressi

kɛl   ga lã   mɛ   kõ pa ra blœ
Quel   **galant**   **m'est**   **comparable,**
what   gallant   to me is   comparable

dã trœ   sø   kõ   vwa   pa se
d'entre   **ceux**   **qu'on**   **voit**   **passer?**
(of) among   those   whom one   sees   to pass by

di   da mœ   va si li ki
Dis,   **Dame**   **Vassiliki?**
say   Lady   Vassiliki

vwa   pã dy   pã dy͜   za   ma   sɛ̃ ty rœ
Vois,   **pendus,**   **pendus**   **à**   **ma**   **ceinture,**
see   hanging   handing   at   my   belt

pi stɔ lɛ͜   ze   sa͜   brɛ gy
pistolets   **et**   **sabre**   **aigu...**
pistols   and   sabre   sharp-pointed

e   sɛ   twa   kœ   ʒɛ mœ
et   **c'est**   **toi**   **que**   **j'aime!**
and   it is   you   whom   I love

Chanson des cueilleuses de lentisques

music: Maurice Ravel
text: Traditional Greek folk song
translation: M.D. Calvocoressi

ʃã sõ   de   kœ jøz   də   lã tisk
Chanson   **des**   **cueilleuses**   **de**   **lentisques**
song   of the   gatherers   of   lentisks

o   ʒwa   dœ   mõ͜   na mœ
Ô   **joie**   **de**   **mon**   **âme,**
o   joy   of   my   soul

ʒwa   dœ   mõ   kœr   tre zɔr   ki   mɛ   si   ʃɛr
joie   **de**   **mon**   **cœur,**   **trésor**   **qui**   **m'est**   **si**   **cher;**
joy   of   my   heart   treasure   which   to me is   so   dear

ʒwa   dœ   lɑ‿   me   dy   kœr
joie de   l'âme et   du   cœur,
joy   of   the soul and of the heart

twa   kœ   ʒɛ‿   mar dɑ̃ mɑ̃
toi   que   j'aime ardemment,
you   whom I love   ardently

ty   e   ply   bo   kœ̃‿   nɑ̃ ʒœ
tu   es   plus beau qu'un ange.
you are more beautiful than an angel

o   lɔr skœ   ty   pa rɛ   ɑ̃ ʒœ   si   du
Ô   lorsque tu   parais, ange si   doux,
oh when   you   appear angel so   sweet

dœ vɑ̃   no‿   zjø
devant   nos   yeux,
before   our   eyes

kɔ‿   mœ̃   bɛ‿   lɑ̃ ʒœ   blõ
comme un   bel   ange blond,
like   a   beautiful angel blond

su   lœ   klɛr   sɔ lɛj
sous le   clair soleil,
under the bright sun

e lɑs   tu   no   po vrœ   kœr   su pi rœ
hélas, tous nos   pauvres cœurs soupirent!
alas   all   our   poor   hearts sigh

Tout gai!

music: Maurice Ravel
text: Traditional Greek folk song
translation: M.D. Calvocoressi

tu   ge
Tout gai,
all   merry

a   tu   ge
ha,   tout gai;
ah   all   merry

bɛ lœ   ʒɑ̃ bœ   ti rœ li   ki   dɑ̃ sœ
belle   jambe, tireli   qui   danse,
beautiful leg   tireli   which dances

bɛ lœ   ʒɑ̃ bœ   la   vɛ sɛ lœ   dɑ̃ sœ
belle   jambe, la   vaisselle danse,
beautiful leg   the crockery   dances

tra   la   la
tra   la   la!
tra   la   la

[la   ra   la   la i   la   la   la]
[la   ra   la,   laï   la,   la   la.]
[la   ra   la   lai   la   la   la]

Le bachelier de Salamanque

music: Albert Roussel
text: René Chalupt

lə	ba ʃə lje	də	sa la mãk			
Le	**bachelier**	**de**	**Salamanque**			
the	student	from	Salamanca			

u	va ty	twa	ki	pɑ sœ	si	tar
Où	**vas-tu,**	**toi**	**qui**	**passes**	**si**	**tard**
where	go you	you	who	pass by	so	late

dã	lε	ry	de zεr tə	dœ	sa la mã kə
dans	**les**	**rues**	**désertes**	**de**	**Salamanque,**
in	the	streets	deserted	of	Salamanca

a vεk	ta	tɔ kœ	nwa re	ta	gi ta rə
avec	**ta**	**toque**	**noire et**	**ta**	**guitare,**
with	your	hat	black and	your	guitar

kœ	ty	di si my lœ	su	ta	mã tɔ
que	**tu**	**dissimules**	**sous**	**ta**	**mante?**
which	you	hide	under	your	cloak

lœ	ku vrœ fø	ε	de ʒa	sɔ ne
Le	**couvre-feu**	**est**	**déjà**	**sonné**
the	curfew	is [has]	already	rung

e	dœ pɥi	lõ tã	dã	lœr	pε zi blœ	me zõ
et	**depuis**	**longtemps**	**dans**	**leurs**	**paisibles**	**maisons**
and	since	a long time	in	their	peaceful	houses

lε	bur ʒwa	dɔr mœ	ta pwɛ̃ fεr me
les	**bourgeois**	**dorment**	**à poings fermés.**
the	townspeople	are sleeping	with fists closed (*idiom:* soundly)

nœ	sε ty	pɑ	kœ̃	ne di	dœ	lal ka
Ne	**sais-tu**	**pas**	**qu'un**	**édit**	**de**	**l'alcade**
not	know you	(not)	that an	edict	of	the mayor

dɔr dɔ nœ	dœ	ʒœ te	rã	pri sõ
ordonne	**de**	**jeter**	**en**	**prison**
orders	(of)	to throw	into	prison

tu	lε	dɔ nœr	dœ	se re na də
tous	**les**	**donneurs**	**de**	**sérénade,**
all	the	givers	of	serenade

kœ	lε	ma lã drɛ̃	ku pœ rõ	ta	ʃε nœ	dɔr
que	**les**	**malandrins**	**couperont**	**ta**	**chaîne**	**d'or,**
that	the	brigands	will cut	your	chain	of gold

e	kœ	la	fi jə	dœ	lal mi rã tə
et	**que**	**la**	**fille**	**de**	**l'Almirante,**
and	that	the	daughter	of	the Admiral

pur	ki	vε nœ mã ty	tœ	tur mã tə
pour	**qui**	**vainement tu**	**te**	**tourmentes,**
for	whom	in vain you	yourself	torment

sœ mɔ kœ	dœ	twa	de rjε rœ	sõ	mi ra dɔr
se moque	**de**	**toi,**	**derrière**	**son**	**mirador?**
makes fun	of	you	behind	her	turret

Sarabande
music: Albert Roussel
text: René Chalupt

sa ra bɑ̃d
Sarabande
Saraband

lε	ʒε	do	dɑ̃ sœ	dε	sa ra bɑ̃ də
Les	**jets**	**d'eau**	**dansent**	**des**	**sarabandes**
the	jets	of water	are dancing	(of)	sarabands

syr	lεr bœ	par fy me ə	dε	bu lɛ̃ grɛ̃
sur	**l'herbe**	**parfumée**	**des**	**boulingrins;**
upon	the grass	perfumed	of the	lawns

i̯ li a	dε	ry mœr	dœ	swa	dɑ̃	lœ	ʒar dɛ̃
il y a	**des**	**rumeurs**	**de**	**soie**	**dans**	**le**	**jardin**
there are	(of)	sounds	of	silk	in	the	garden

e	dœ	mi ste ri ø zœ	pre zɑ̃ sə
et	**de**	**mystérieuses**	**présences.**
and	of	mysterious	presences

syr	lœ	mar brœ	ro zœ	dy nœ	mar ʒε lœ
Sur	**le**	**marbre**	**rose**	**d'une**	**margelle,**
on	the	marble	pink	of a	rim

trwɑ	tur tœ rε lœ	sœ sõ		po ze œ
trois	**tourterelles**	**se sont**		**posées,**
three	turtle-doves	(themselves) have		alighted

kɔ mœ	syr	tε	lε vrœ	trwɑ	bε se
comme	**sur**	**tes**	**lèvres**	**trois**	**baisers;**
like	on	your	lips	three	kisses

lœr	ply mœ	se fœ jœ	dɑ̃	lœ	ba sɛ̃
leurs	**plumes**	**s'effeuillent**	**dans**	**le**	**bassin.**
their	feathers	(themselves) shed	into	the	basin (of a fountain)

lε	flœr	frε ʃœ	dε	mɑ rɔ nje
Les	**fleurs**	**fraîches**	**des**	**marronniers**
the	flowers	fresh	of the	chestnut trees

nε ʒœ	lɑ̃ tœ mɑ̃	syr	tε	sɛ̃
neigent	**lentement**	**sur**	**tes**	**seins**
snow down	slowly	upon	your	breast(s)

e	fõ	fri sɔ ne	ta	ʃεr	ny ə
et	**font**	**frissonner**	**ta**	**chair**	**nue,**
and	make	to quiver	your	flesh	naked

kar	ty	e	ny œ	su	tõ	mɑ̃ to
car	**tu**	**es**	**nue**	**sous**	**ton**	**manteau.**
for	you	are	naked	beneath	your	cloak

e	sε	pur	twa	kœ	lε	ʒε	do
Et	**c'est**	**pour**	**toi**	**que**	**les**	**jets**	**d'eau**
and	it is	for	you	that	the	jets	of water

dɑ̃ sœ		dœ	svεl tœ	sa ra bɑ̃ də
dansent		**de**	**sveltes**	**sarabandes,**
are dancing		(of)	slender	sarabands

kœ	lœ	par̯	kε	plɛ̃	dœ	pre sɑ̃ sə
que	**le**	**parc**	**est**	**plein**	**de**	**présences,**
that	the	park	is	full	of	presences

e	kœ	lε	tur tœ rε lœ	blɑ̃ ʃə
et	**que**	**les**	**tourterelles**	**blanches,**
and	that	the	turtle-doves	white

kɔ mœ	dœ	vi vɑ̃ tœ	gir lɑ̃ də
comme	**de**	**vivantes**	**guirlandes,**
like	(of)	living	garlands

vjε nœ	flœ rir	o	bɔr	dœ	lo
viennent	**fleurir**	**au**	**bord**	**de**	**l'eau.**
come	to flower	at the	edge	of	the water

Aimons-nous

music: Camille Saint-Saëns
text: Théodore de Banville

ε mõ nu		e	dɔr mõ
Aimons-nous		**et**	**dormons**
let us love each other		and	let us sleep

sɑ̃	sõ ʒe‿	ro	rε stœ	dy	mõ dœ
sans	**songer**	**au**	**reste**	**du**	**monde!**
without	to muse	on the	rest	of the	world

ni	lœ	flo	dœ	la	mεr	ni	lu ra gɑ̃	dε	mõ
Ni	**le**	**flot**	**de**	**la**	**mer,**	**ni**	**l'ouragan**	**des**	**monts**
neither	the	wave	of	the	sea	nor	the hurricane	of the	mountains

tɑ̃ kœ	nu	nu‿	zε mõ
tant que	**nous**	**nous**	**aimons**
as long as	we	each other	we love

nœ	kur bœ ra	ta	tε tœ	blõ dœ
ne	**courbera**	**ta**	**tête**	**blonde,**
not	will bend	your	head	blond

kar	la mu‿	rε	ply	fɔr
car	**l'amour**	**est**	**plus**	**fort**
for	the love	is	more	strong

kœ	lε	djø	e	la	mɔr
que	**les**	**Dieux**	**et**	**la**	**Mort!**
than	the	gods	and	the	death

lœ	sɔ lεj	se tɛ̃ drε
Le	**soleil**	**s'éteindrait**
the	sun	would fade away

pur	lε se	ta	blɑ̃ ʃœr	ply	py rœ
pour	**laisser**	**ta**	**blancheur**	**plus**	**pure,**
in order	to leave	your	paleness	more	pure

lœ	vɑ̃	ki	ʒy ska	tε‿	rɛ̃ kli nœ	la	fɔ rε
le	**vent**	**qui**	**jusqu'à**	**terre**	**incline**	**la**	**forêt,**
the	wind	which	as far as to	ground	bends	the	forest

ɑ̃	pɑ sɑ̃	no zœ rε
en	**passant**	**n'oserait**
in	passing by	not would dare

ʒu e‿	ra vεk	ta	ʃœ vœ ly rœ
jouer	**avec**	**ta**	**chevelure,**
to play	with	your	head of hair

tã	kœ	ty	ka ʃœ ra
tant	**que**	**tu**	**cacheras**
as long	as	you	will hide

ta	tɛ‿	tã trœ	mɛ	bra
ta	**tête**	**entre**	**mes**	**bras!**
your	head	between	my	arms

e	lɔr skœ	no	dø	kœr
Et	**lorsque**	**nos**	**deux**	**cœurs**
and	when	our	two	hearts

sã‿ ni rõ‿	to	sfɛ rœ‿	zø rø zœ
s'en iront	**aux**	**sphères**	**heureuses**
will go away	to the	spheres	happy

u	lɛ	se lɛs tœ	li‿	se klɔ rõ	su	no	plœr
où	**les**	**célestes**	**lys**	**écloront**	**sous**	**nos**	**pleurs,**
where	the	celestial	lilies	will blossom	beneath	our	tears

a lɔr	kɔ mœ	dø	flœr
alors,	**comme**	**deux**	**fleurs,**
then	like	two	flowers

ʒwa ɲõ	no	lɛ vrœ‿	za mu rø zœ
joignons	**nos**	**lèvres**	**amoureuses,**
we (will) join	our	lips	loving

e	tɑ ʃõ	de pɥi ze
et	**tâchons**	**d'épuiser**
and	we (will) try	(of) to exhaust

la	mɔr	dã‿	zœ̃	bɛ ze
la	**mort**	**dans**	**un**	**baiser!**
the	death	with	a	kiss

L'attente

music: Camille Saint-Saëns
text: Victor Hugo

la tãt
L'attente
the anticipation

mõ‿	te ky rœj	mõ‿	to	grɑ̃	ʃɛ nə
Monte,	**écureuil,**	**monte**	**au**	**grand**	**chêne,**
climb	squirrel	go up	(at) the	great	oak tree

syr	la	brã ʃœ	dɛ	sjø	prɔ ʃɛ nœ
sur	**la**	**branche**	**des**	**cieux**	**prochaine,**
upon	the	branch	to the	skies	nearest

ki	pli	e	trã blœ	kɔ‿	mœ̃	ʒõ
qui	**plie**	**et**	**tremble**	**comme**	**un**	**jonc.**
which	bends	and	trembles	like	a	reed

si gɔ‿	ɲo	vjɛj	tur	fi dɛ lə
Cigogne,	**aux**	**vieilles**	**tours**	**fidèle,**
stork	to the	old	towers	faithful

o	vɔ‿	le	mõ‿	ta ti rœ dɛ lə
oh!	**vole**	**et**	**monte**	**à tire-d'aile**
oh	fly	and	ascend	swiftly

dœ	le gli͜	za	la	si ta dɛ lœ		
de	**l'église**	**à**	**la**	**citadelle,**		
from	the church	to	the	citadel		

dy	o	klɔ ʃe	o	grã	dõ ʒõ	
du	**haut**	**clocher**	**au**	**grand**	**donjon.**	
from the	high	bell-tower	to the	great	donjon	

vjø͜	zɛ glœ	mõ tœ	dœ	tõ	nɛ rœ	
Vieux	**aigle,**	**monte**	**de**	**ton**	**aire**	
old	eagle	rise	from	your	eyrie	

a	la	mõ ta ɲœ	sã tœ nɛ rœ			
à	**la**	**montagne**	**centenaire**			
to	the	mountain	a hundred years old			

kœ	blã ʃi	li vɛ͜	re tɛr nɛl			
que	**blanchit**	**l'hiver**	**éternel.**			
which	turns white	the winter	eternal			

e	twa	kã	ta	ku͜	ʃɛ̃ ki jɛ tə	
Et	**toi**	**qu'en**	**ta**	**couche**	**inquiète**	
and	you	who on	your	bed	restless	

ʒa mɛ	lo bœ	nœ	vi͜	mɥ ɛ tə		
jamais	**l'aube**	**ne**	**vit**	**muette,**		
never	the dawn	not	saw	speechless		

mõ tœ	mõ tœ	vi͜	va lu ɛ tœ			
monte,	**monte,**	**vive**	**alouette,**			
rise	rise	lively	lark			

vi͜	a lu ɛ tœ	mõ͜	to	sjɛl		
vive	**alouette,**	**monte**	**au**	**ciel!**		
lively	lark	rise	to the	sky		

e	mɛ̃ tœ nã	dy	o	dœ	lar brœ	
Et	**maintenant,**	**du**	**haut**	**de**	**l'arbre,**	
and	now	from the	top	of	the tree	

dɛ	flɛ ʃœ	dœ	la	tur	dœ	mar brœ
des	**flèches**	**de**	**la**	**tour**	**de**	**marbre,**
from the	spires	of	the	tower	of	marble

dy	grã	mõ	dy	sjɛ͜	lã fla me	
du	**grand**	**mont,**	**du**	**ciel**	**enflammé,**	
from the	great	mountain	from the	sky	flaming	

a	lɔ ri zõ	par mi	la	bry mə		
à	**l'horizon,**	**parmi**	**la**	**brume,**		
on	the horizon	among	the	mist		

vwa je vu	flɔ te͜	ry nœ	ply mə			
voyez-vous	**flotter**	**une**	**plume,**			
see you	to wave	a	feather			

e	ku rir	œ̃	ʃœ val	ki	fy mə	
et	**courir**	**un**	**cheval**	**qui**	**fume,**	
and	to race	a	horse	which	steams	

e	rœ vœ nir	mõ	bjɛ͜ nɛ me			
et	**revenir**	**mon**	**bien-aimé?**			
and	to return	my	dearly beloved one			

Je te veux

music: Erik Satie
text: Henry Pacory

ʒœ	tœ	vø			
Je	**te**	**veux**			
I	you	want			

ʒe	kõ pri		ta	de trɛ sœ	
J'ai	**compris**		**ta**	**détresse,**	
I have	understood		your	distress	

ʃɛ‿	ra mu rø				
cher	**amoureux,**				
dear	lover				

e	ʒœ	sɛ‿	da	tɛ	vø
et	**je**	**cède**	**à**	**tes**	**vœux:**
and	I	yield	to	your	desires

fɛ	dœ	mwa	ta	mɛ trɛ sœ	
fais	**de**	**moi**	**ta**	**maîtresse.**	
make	of	me	your	mistress	

lwɛ̃	dœ	nu	la	sa ʒɛ sœ	
Loin	**de**	**nous**	**la**	**sagesse,**	
away	from	us	the	discretion	

ply	dœ	tri stɛ sœ			
plus	**de**	**tristesse,**			
no more	of	sadness			

ʒa spi‿	ra	lɛ̃ stɑ̃		pre si ø‿	
j'aspire	**à**	**l'instant**		**précieux**	
I aspire	to	the moment		precious	

zu	nu	sœ rõ‿	zœ rø		
où	**nous**	**serons**	**heureux:**		
when	we	will be	happy		

ʒœ	tœ	vø			
Je	**te**	**veux.**			
I	you	want			

ʒœ	ne	pɑ	dœ	rœ grɛ	
Je	**n'ai**	**pas**	**de**	**regrets,**	
I	not have	(not)	of	regrets	

e	ʒœ	ne	ky‿	nɑ̃ vi œ	
et	**je**	**n'ai**	**qu'une**	**envie:**	
and	I	not have	but one	desire	

prɛ dœ	twa	la	tu	prɛ	
près de	**toi,**	**là,**	**tout**	**près,**	
close to	you	there	very	close	

vi vrœ	tu tœ	ma	vi œ		
vivre	**toute**	**ma**	**vie.**		
to live	all	my	life		

kœ	mõ	kœr	swa	lœ	tjɛ̃
Que	**mon**	**cœur**	**soit**	**le**	**tien**
that	my	heart	may be	the	yours

e	ta	lɛ vrœ	la	mjɛ nœ	
et	**ta**	**lèvre**	**la**	**mienne,**	
and	your	lip	the	mine	

kœ tõ kɔr swa lœ mjɛ̃
que **ton** **corps** **soit** **le** **mien,**
that your body may be the mine

e kœ tu tœ ma ʃɛr swa tjɛ nœ
et **que** **toute** **ma** **chair** **soit** **tienne.**
and that all my flesh may be yours

wi ʒœ vwa dɑ̃ tɛ‿ zjø
Oui, **je** **vois** **dans** **tes** **yeux**
yes I see in your eyes

la di vi nœ prɔ mɛ sœ
la **divine** **promesse**
the divine promise

kœ tõ kœ‿ ra mu rø
que **ton** **cœur** **amoureux**
that your heart loving

vjɛ̃ ʃɛr ʃe ma ka rɛ sœ
vient **chercher** **ma** **caresse.**
comes to seek my caress

ɑ̃ la se pur tu ʒur
Enlacés **pour** **toujours,**
entwined for ever

bry le dɛ mɛ mœ flɑ mœ
brûlés **des** **mêmes** **flammes,**
consumed by the same flames

dɑ̃ dɛ rɛ vœ da mur
dans **des** **rêves** **d'amours,**
in (of) dreams of love

nu‿ ze ʃɑ̃ ʒœ rõ no dø‿ zɑ mœ
nous **échangerons** **nos** **deux** **âmes.**
we will exchange our two souls

La statue de bronze

music: Erik Satie
text: Léon-Paul Fargue

la sta ty də brõz
La **statue** **de** **bronze**
the statue of bronze

la grœ nu jœ dy ʒø dœ tɔ no
La **grenouille** **du** **jeu** **de** **tonneau**
the frog of the game of toad in the hole

sɑ̃ nɥi ə lœ swar su la tɔ nɛ lœ
s'ennuie, **le** **soir,** **sous** **la** **tonnelle...**
becomes bored the evening beneath the arbor

ɛ‿ lɑ̃‿ na a se
Elle **en** **a** **assez!**
she of it has enough

dɛ trœ la sta ty œ
D'être **la** **statue**
of to be the statue

ki va prɔ nõ se‿ rœ̃ grɑ̃ mo lœ mo
qui **va** **prononcer** **un** **grand** **mot,** **le** **Mot!**
which is going to utter a great word the Word

ɛ‿ lɛ mœ rɛ mjø‿ zɛ‿ tra vɛk lɛ‿ zo trœ
Elle aimerait mieux être avec les autres
she would like better to be with the others

ki fõ dɛ by lœ dœ mu zi kœ
qui font des bulles de musique
who are making (of) bubbles of music

a vɛk lœ sa võ dœ la ly nə
avec le savon de la lune
with the soap of the moon

o bɔr dy la vwar mɔr dɔ re
au bord du lavoir mordoré
at the side of the wash-house bronze colored

kõ vwa la bɑ lɥi‿ rã trœ lɛ brã ʃœ
qu'on voit, là-bas, luire entre les branches...
which one sees over there to shine between the branches

õ lɥi lã‿ sa kœr dœ ʒur ne ə
On lui lance à cœur de journée
One to her throws at the height of daytime

y nœ pɑ ty rœ dœ pi stɔ lə
une pâture de pistols
a fodder of metal disks

ki la tra vɛr sœ sã lɥi prɔ fi te
qui la traversent sans lui profiter
which her pass through without to her to be of benefit

e sã võ sɔ ne
et s'en vont sonner
and go away to rattle

dã lɛ ka bi nɛ
dans les cabinets
into the chambers

dœ sõ pje dɛ stal ny me rɔ te
de son piédestal numéroté!
of her pedestal numbered

e lœ swar lɛ‿ zɛ̃ sɛk tœ ku ʃœ
Et le soir les insectes couchent
and the evening the insects sleep

dã sa bu ʃœ
dans sa bouche.
in her mouth

Les hiboux
music: Déodat de Sévérac
text: Charles Baudelaire

lɛ i bu
Les hiboux
the owls

su lɛ‿ zif nwar ki lɛ‿ za bri tœ
Sous les ifs noirs qui les abritent,
under the yew trees black which them shade

lɛ i bu sœ tjɛ nœ rã ʒe
les hiboux se tiennent rangés,
the owls sit in a row

ɛ̃ si kœ   dɛ   djø‿   ze trɑ̃ ʒe
ainsi que   **des**   **Dieux**   **étrangers;**
as   of (the)   gods   alien

dar dɑ̃   lœ‿   rœj   ru ʒœ   il   me di tœ
dardant   **leur**   **œil**   **rouge**   **ils**   **méditent.**
darting   their   eye   red   they   meditate

sɑ̃   rœ my e   il   sœ tjɛ̃ drɔ̃
Sans   **remuer**   **ils**   **se tiendront**
without   to move   they   will sit

jy ska   lœ rœ   me lɑ̃ kɔ li kœ
jusqu'a   **l'heure**   **mélancolique**
up until   the hour   melancholy

u   pu sɑ̃   lœ   sɔ lɛ‿   jɔ bli kœ
où,   **poussant**   **le**   **soleil**   **oblique,**
when   pushing away   the   sun   inclining

lɛ   te nɛ brœ   se ta bli rɔ̃
les   **ténèbres**   **s'établiront.**
the   darknesses   will settle

lœ‿   ra ti ty‿   do   sa‿   ʒɑ̃ sɛ ɲœ
Leur   **attitude**   **au**   **sage**   **enseigne**
their   behavior   to the   wise one   teaches

kil   fo‿   tɑ̃   sœ   mɔ̃ dœ   kil   krɛ ɲœ
qu'il   **faut**   **en**   **ce**   **monde**   **qu'il**   **craigne**
that it   is necessary   in   this   world   that one   fear

lœ   ty myl tœ   e   lœ   mu vœ mɑ̃
le   **tumulte**   **et**   **le**   **mouvement;**
the   commotion   and   the   movement

lɔ mə   i vrœ   dy‿   nɔ̃ brœ   ki   pɑ sœ
l'homme   **ivre**   **d'une**   **ombre**   **qui**   **passe**
the man   intoxicated   by a   shadow   which   passes by

pɔr tœ   tu ʒur   lœ   ʃɑ ti mɑ̃
porte   **toujours**   **le**   **châtiment**
bears   always   the   chastisement

da vwar   vu ly   ʃɑ̃ ʒe dœ pla sœ
d'avoir   **voulu**   **changer de place!**
of to have   wished   to change (of) position [= to move around]

Philis

music: Déodat de Sévérac
text: Anonymous

fi lis
Philis
Phyllis

pa͜ rœ su ri la mur syr pri
Par un souris l'Amour surpris
by a smile the Love [= Cupid] surprised

mal gre psi ʃe vu rã le͜ zar mœ
malgré Psyché vous rend les armes;
despite Psyche to you surrenders the weapons

ba ky͜ so prε dœ vo͜ za trε
Bacchus auprès de vos attraits
Bacchus close by (of) your allurements

da ri ja nœ bra vœ lε ʃar mœ
d'Ariane brave les charmes.
of Ariadne braves the charms

ʃa kœ̃ dø o za pre tã drœ
Chacun d'eux osa prétendre
each of them dared to claim

œ̃ ʃa vɔ ra blœ syk sε
un favorable succès;
a favorable success

pur vu rã drœ lœ kœr tã drœ
pour vous rendre le cœur tendre
for you to make the heart tender

il vu͜ zɔ frœ tu͜ tεk sprε
ils vous offrent tout exprès
they to you offer completely intentionally

lœ̃ sõ vε rœ lo trœ sε trε
l'un son verre, l'autre ses traits.
the one his glass the other his arrows

dœ sε tœ du blœ vik twa rœ
De cette double victoire
of this double victory

vo͜ za pɑ͜ ze tε ga rã
vos appas étaient garants;
your physical charms were guaranteed

mε fi lis dε ɲe mã krwɑ rœ
mais Philis, daignez m'en croire,
but Phyllis deign to me of it to believe

pre fe re͜ za dœ tεl͜ za mã
préférez à de tels amants
prefer to (of) such lovers

œ̃ mɔr tεl kl vu͜ za dɔ rœ
un mortel qui vous adore
a mortal who you adores

mi lœ fwa ply kø͜ zã kɔ rœ
mille fois plus qu'eux encore.
thousand times more than they still

o fi lis
Ô Philis!
Oh Phyllis

Fleur desséchée

music: Pauline Viardot
text: Alexandre Pushkin
translation: Louis Pomey

flœr	de se ʃe			
Fleur	**desséchée**			
flower	dried			

dã	sœ	vjø	li vrœ	lõ	tu bli œ
Dans	**ce**	**vieux**	**livre**	**l'on**	**t'oublie,**
in	this	old	book	the one	you forgets

flœr	sã	par fœ͜	me	sã	ku lœr
fleur	**sans**	**parfum**	**et**	**sans**	**couleur,**
flower	without	fragrance	and	without	color

mɛ͜	zy͜	ne trã ʒœ	rɛ vœ ri œ		
mais	**une**	**étrange**	**rêverie,**		
but	a	strange	reverie		

kã	ʒœ	tœ	vwa	ɑ pli	mõ	kœr
quand	**je**	**te**	**vois,**	**emplit**	**mon**	**cœur.**
when	I	you	see	fills	my	heart

kɛl	jur	kɛl	ljø	tœ	vi rœ	nɛ trœ
Quel	**jour,**	**quel**	**lieu**	**te**	**virent**	**naître?**
what	day	what	place	you	saw	to be born

kɛl	fy	tõ	sɔr	ki	ta ra ʃa
Quel	**fut**	**ton**	**sort?**	**qui**	**t'arracha?**
what	was	your	fate	who	you uprooted

ki	sɛ	ʒœ	lɛ	kɔ ny	pø tɛ trœ
Qui	**sait?**	**Je**	**les**	**connus**	**peut-être,**
who	knows	I	them	knew	perhaps

sœ	dõ	la mur	tœ	kõ sɛr va
ceux	**dont**	**l'amour**	**te**	**conserva!**
those	of whose	the love	you	preserved

ra pœ lɛ ty	ro zœ	fle tri œ
Rappelais-tu,	**rose**	**flétrie,**
remember you	rose	faded

la	prœ mjɛ͜	rœ͜	ru	le͜	za djø
la	**première**	**heure**	**ou**	**les**	**adieux?**
the	first	hour	or	the	farewells

le͜	zã trœ tjẽ	dã	la	prɛ ri œ
Les	**entretiens**	**dans**	**la**	**prairie**
the	conversations	in	the	meadow

u	dã	lœ	bwɑ	si lã si ø
ou	**dans**	**le**	**bois**	**silencieux?**
or	in	the	forest	silent

vi ti͜	lã kɔr	ɛg zis tœ tɛ lœ
Vit-il	**encor?**	**existe-t-elle?**
lives he	still	exists she

a	kɛl	ra mo	flɔ tœ	lœr	ni
À	**quels**	**rameaux**	**flottent**	**leurs**	**nids?**
on	what	branches	hover	their	nests

u	kɔ mœ	twa	ki	fy	si	bɛ lœ
Ou	**comme**	**toi,**	**qui**	**fus**	**si**	**belle,**
or	like	you	who	were	so	beautiful

lœr	frõ	ʃar mã	sõ til	fle tri
leurs	**fronts**	**charmants**	**sont-ils**	**flétris?**
their	brows	charming	are they	faded

Accompaniments for The French Song Anthology

Low Voice

Laura Ward, pianist

Accompaniments

HECTOR BERLIOZ
Villanelle

GEORGES BIZET
Chanson d'avril
Guitare
Ouvre ton cœur

EMMANUEL CHABRIER
Les cigales
Villanelle des petits canards

ERNEST CHAUSSON
Hébé
Le charme
Le colibri
Le temps des lilas

CLAUDE DEBUSSY
Beau soir
Les cloches
Mandoline
Noël des enfants
qui n'ont plus de maisons

HENRI DUPARC
Chanson triste
La vie antérieure
Lamento

GABRIEL FAURÉ
Après un rêve
Automne
Chanson d'amour
Clair de lune
Lydia
Mandoline
Notre amour

CÉSAR FRANCK
Nocturne

CHARLES GOUNOD
L'absent
O ma belle rebelle

Accompaniments

CHARLES GOUNOD (continued)
Venise

REYNALDO HAHN
À Chloris
Offrande
Si mes vers avaient des ailes

VINCENT D'INDY
Madrigal

CHARLES KOECHLIN
Si tu le veux

FRANZ LISZT
Oh! quand je dors

JOHANN-PAUL MARTINI
Plaisir d'amour

JULES MASSENET
Nuit d'Espagne
Si tu veux, Mignonne

WOLFGANG AMADEUS MOZART
Dans un bois solitaire

EMILE PALADILHE
Psyché

FRANCIS POULENC
Le Bestiaire:
Le dromadaire
La chèvre du Thibet
La sauterelle
Le dauphin
L'écrevisse
La carpe

MAURICE RAVEL
Sainte

*Cinq mélodies
populaires grecques:*
Le réveil de la mariée
Là-bas, vers l'église
Quel galant m'est comparable?
Chanson des cueilleuses
de lentisques
Tout gai!

ALBERT ROUSSEL
Le bachelier de Salamanque
Sarabande

CAMILLE SAINT-SAËNS
Aimons-nous
L'attente

ERIK SATIE
Je te veux
La statue de bronze

DÉODAT DE SÉVERAC
Les hiboux
Philis

PAULINE VIARDOT
Fleur desséchée

About the Accompaniments

We've made every effort to choose a reasonable tempo for the recorded piano accompaniments, based on performance precedents. Other tempos could be explored for individual interpretations. We also deliberately attempted to make the accompaniment recordings musically alive, incorporating rubato, ritardandos, accelerandos, and dynamics to inspire a spirited performance. Nevertheless, by the very nature of recording, ours is only one interpretation.

Ideally, you will be using these recorded accompaniments for practice only. You will come up with a more individual interpretation, conjured from the ground up in the manner in which all the best artists work, if you learn the song on your own, built into your unique singing voice, without imitating a recorded performance.

We could have chosen technological options in recording these accompaniments, using MIDI or other devices. These were rejected on aesthetic grounds as being inappropriate to art music. The accompaniments were played on a Yamaha concert grand piano.

Richard Walters
Series Editor and Producer

About the Pianist

Laura Ward has recorded more piano accompaniments than any other pianist, with nearly 2000 tracks to her credit. Her recordings include twenty volumes in *The First Book of Solos* series (G. Schirmer), eight volumes of *Easy Songs for Beginning Singers* (G. Schirmer), *The First Book of Broadway Solos* series (four volumes, Hal Leonard), five volumes of *Standard Vocal Literature* (Hal Leonard, *The Vocal Library*), eleven other volumes in *The Vocal Library*, *The New Imperial Edition* (six volumes, Boosey & Hawkes), and various other collections. She has been a vocal coach and collaborative pianist at the Washington Opera, the Academy of Vocal Arts, the Ravinia Festival, the Music Academy of the West, the Blossom Festival, the University of Maryland, and Temple University. She is the official pianist for the Washington International Vocal competition and the Marian Anderson Award. She has performed at several international music festivals such as the Spoleto Festival in Spoleto, Italy and the Colmar International Music Festival and Saint Denis Festival in France. A native of Texas, Laura received her Bachelor of Music degree from Baylor University, Master of Music degree in Piano Accompanying at the Cincinnati College-Conservatory of Music and a Doctor of Musical Arts in Piano Accompanying from the University of Michigan with Martin Katz. There she was pianist for the Contemporary Directions Ensemble and she performed with the Ann Arbor Symphony. She is co-editor of *Richard Strauss: 40 Songs*, *Gabriel Fauré: 50 Songs*, and *Johannes Brahms: 75 Songs*. She is co-founder and pianist for Lyric Fest, a dynamic and creative song series in Philadelphia.